Der Verstand ist ein durchtriebener Schuft

Guido Eckert, Jahrgang 1964, hat als Autor unter anderem für *Vanity Fair*, für die *Süddeutsche Zeitung* und das *Zeit-Magazin* geschrieben. Er lebt mit seiner Frau und seinem Sohn in einem kleinen Dorf im Sauerland. Neben Reportagen schreibt er Romane und Erzählungen. Sein letztes, vieldiskutiertes Sachbuch ist *Zickensklaven. Wenn Männer zu sehr lieben* (Solibro).

Preise:

1991 *Axel-Springer-Preis für junge Journalisten*
1997 *Theodor-Wolff-Preis für literarischen Journalismus*
1998 *Förderpreis des Landes Nordrhein-Westfalen für Literatur*

GUIDO ECKERT

DER VERSTAND IST EIN DURCHTRIEBENER SCHUFT

SOLIBRO Verlag Münster

1. Guido Eckert:
   Zickensklaven. Wenn Männer zu sehr lieben.
   Münster: Solibro Verlag 1. Aufl. 2009
   ISBN 978-3-932927-43-0

2. Peter Wiesmeier:
   Ich war Günther Jauchs Punching-Ball!
   Ein Quizshow-Tourist packt aus.
   Münster: Solibro Verlag 1. Aufl. 2010
   ISBN 978-3-932927-45-4

3. Guido Eckert:
   Der Verstand ist ein durchtriebener Schuft.
   Wie Sie garantiert weise werden.
   Münster: Solibro Verlag 1. Aufl. 2010
   ISBN 978-3-932927-47-8

ISBN 978-3-932927-47-8
1. Auflage 2010 / Originalausgabe
© SOLIBRO® Verlag, Münster 2010
Alle Rechte vorbehalten.

Umschlaggestaltung: *Cornelia Niere, München*

Umschlagfotos: *Getty Images / Li Kim Goh*

Foto des Autors: *privat*

Druck und Bindung: *CPI – Ebner & Spiegel, Ulm*

Gedruckt auf elementar chlorfrei gebleichtem und alterungsbeständigem Papier. Printed in Germany

www.solibro.de   verlegt. gefunden.gelesen.

»Was fehlt zu Ihrem Glück?«
»Die Erkenntnis, dass nichts fehlt.«

Helge Timmerberg

INHALT

Vorwort   **9**

Erster Schritt: Die Nase   **15**

Warum wir keine Voraussetzungen mitbringen müssen, um »Leichtigkeit« zu leben. Und wie wir es schaffen können »das Wesentliche« zu sehen.

Zweiter Schritt: Die Faust   **36**

Wie wir lernen uns selbst zu beobachten, um zu sehen, wie wir wirklich sind. Und warum wir nur dann frei sind, wenn wir uns beherrschen. Ohne unsere Leidenschaften zu bekämpfen.

Dritter Schritt: Das Knie   **84**

Warum unsere Wunden so wichtig sind. Und wie wir unsere Wut umwandeln können. Über die Abgründe dieser Welt auch in uns und die Aussöhnung mit unseren Schwächen und denen der anderen.

Vierter Schritt: Das Auge   **116**

Warum wir unentwegt und ausschließlich in der Gegenwart leben sollten und der Alltag dabei ein ideales Übungsfeld ist. Um einen Zustand von Einheit und von Frieden zu erreichen. Und warum wir unsere Sorgen loslassen müssen.

Fünfter Schritt: Das Ohr   **146**

Warum wir alle eine bestimmte Sehnsucht in uns tragen und wir deshalb dualistische Gedanken aufgeben sollten. Denn alles ist miteinander verbunden.

Sechster Schritt: Der Mund 162

Warum wir uns das Leben auf der Zunge zergehen lassen müssen. Und warum wir für alles danken werden. Ohne Widerstände.

Siebter Schritt: Der Rücken 176

Warum das Scheitern zum Leben gehört und wie wir uns von Illusionen lösen können. Bis wir uns vor dem Leben verbeugen.

Achter Schritt: Die Zunge 187

Warum Schweigen ein Heilmittel darstellt, um freizukommen vom pausenlosen Beurteilen und Verurteilen. Und wie wir es schaffen, nicht mehr über andere Menschen zu reden.

Neunter Schritt: Der Po 203

Warum es das größte Abenteuer ist, sich selbst zu begegnen. Und wie wir lernen ruhig zu bleiben, wenn uns der Boden unter den Füßen weggezogen wird. Über die grundlegenden Gemeinsamkeiten der Meditationsformen.

Zehnter Schritt: Die Träne 238

Warum wir nichts bereuen sollten. Und warum all das, wonach wir uns sehnen, schon Teil unseres Leben ist. Und wie wir es schaffen, uns mit unserer Biografie zu versöhnen.

Nachwort 247
Quellen 249
Literaturverzeichnis 251

Weise hätt ich schon gern sein woll'n,
wenn's net so anstrengend g'wesen wär.

frei nach Karl Valentin

Vorwort

Karl Valentin ist leider nicht mehr zu helfen. Dabei wäre dieses Buch wie für ihn gemacht (wenn er denn überhaupt noch einen Zugang zur Weisheit benötigt hätte). Denn es hilft, ohne anzustrengen.

Es besteht vor allem aus Handlungsvorschlägen und Erklärungen, ist also keine intellektuelle Auseinandersetzung mit philosophischen Denkströmungen der vergangenen Jahrtausende. Jedes Kapitel soll das Hirn freipusten und dient nur dem Weg zur Weisheit.

Geht das? Und ob!

Wir machen gerne den Fehler, Weisheit mit einer stattlichen Bibliothek oder zumindest mit einem beeindruckenden Wissen zu verbinden, dabei waren viele beeindruckende Persönlichkeiten der Vergangenheit, die wir als weise kennen, keine Intellektuellen. Auch die sogenannten Wüstenmönche waren bis auf wenige Ausnahmen keine Gelehrten, sondern von einfacher Herkunft, Bauern oftmals (die mit der berühmten spezifischen Schläue), die weder lesen noch schreiben konnten. Und die oft nur nach wenigen, klaren »Vorschriften« lebten.

Seit mehr als zwanzig Jahren fasziniert mich deshalb schon die Idee eines »Handbuchs der Weisheit«. In der es darum geht, aus möglichst vielen Weisheitstexten der vergangenen Jahrtausende nicht den bekannten inhaltlichen Kern, sondern nur die handwerklichen (mentalen) Grundlagen, sozusagen die »Fingertechnik« herauszufiltern. Wenn ich mit anderen Menschen über diese Idee sprach, gab es stets auch Kritiker, die mir vorhielten, es genüge zu meditieren. Man brauche keine Grundlagen. Jeder Unbedarfte aber, der schon einmal versucht hat »einfach so« zu meditieren, wird wissen, dass es eben nicht möglich ist »einfach so« zu meditieren. Die Gedankenflut erweist sich als zu verwirrend, ein unerwartetes Gefühlschaos wühlt unkontrolliert auf und das Unterbewusstsein drängt sich mit belastenden Inhalten in den Vordergrund.

Erst, wenn wir wirklich begriffen haben, was sich in unserem Inneren abspielt, sind wir in der Lage ruhig und »leer« zu werden. Und deshalb stehen diese mentalen Zusammenhänge in den einzelnen Kapiteln immer wieder im Mittelpunkt.

Aus diesem Grund ist es auch so wichtig, dass dieses Buch »funktioniert«. Alle diese Varianten sind erprobt und haben bei verschiedenen Menschen Wirkung gezeigt (was leider nicht automatisch heißt, dass es bei allen Menschen unbedingt zum Erfolg führt). Ihre Auswahl erfolgte also einzig und allein aus diesem Grund: weil es das Denken, Fühlen und Leben tatsächlich verändern kann.

Anders gesagt: Dieses Buch trainiert das »Fahren«. Unabhängig vom Fortbewegungsmittel und der Richtung. Ob Sie im Sportwagen oder auf hoher See, ob Sie letztlich nach Norden oder Süden, Westen oder Osten, nach links, rechts oder rückwärts steuern, das bleibt Ihnen überlassen.

Für die meisten Menschen ist es wichtig, *überhaupt* fahren zu lernen. Dieses Buch sagt Ihnen nicht, wohin.

Natürlich gab und gibt es Vorbehalte gegen so ein Vorhaben. Schließlich verbinden wir Weisheit gerne (ungeprüft) mit einem biblischen Alter, möglichst gekoppelt an eine umfangreiche Erfahrungsliste. Dagegen ist auch nichts einzuwenden. Außer vielleicht, dass es eine große Zahl älterer Menschen gibt, die von Weisheit ebenso weit entfernt sind, wie Steinkohle von Schokoladentorte. Unsere Straßen, auffälliger noch: Unsere Fernsehkanäle wimmeln von alten Idioten, die sich für wenige Euro zum Narren machen und deren größtes Ziel zu sein scheint, für jünger gehalten zu werden.

Ebenso gibt es eine große Zahl Menschen, die zwar stetig und emsig durch die Welt brettern, aber außer einer Armada von (digitalen) Fotos und einem Schwall von belanglosen Eindrücken kaum etwas vorzuweisen haben.

»Ich sehe nirgendwo weise Menschen«, sagte kürzlich eine Frau in einem Fernsehinterview. »Eher Leute, die sich von den modernen Kommunikationsmitteln verrückt machen lassen. Wir lesen oberflächlich, wir schreiben keine Briefe mehr, zappen unruhig durch Fernsehen und Internet – aber mit Weisheit hat das alles nichts zu tun.«

Dabei gab es noch nie so viele alte Menschen in unserem Land.

Auf der anderen Seite wurde Jesus Christus mit Ende zwanzig tätig. Und auch Buddha, genannt Siddhartha Gautama, erreichte schon mit 35 Jahren das vollkommene Erwachen. Beide übrigens erst nach praktischen Übungen. (Für die theologisch versierten Leser unter uns: Ich will selbstverständlich nicht den *Geist* unterschlagen, ohne den Christus nicht zum Sohn Gottes geworden wäre bzw. es immer schon war, vor Erschaffung der Welt, gottgleich, und umgekehrt nicht das stets betonte, buddhistische Mantra vergessen, dass ein Buddha sich selbst nicht »erschaffen« kann – aber Fakt ist, dass Jesus vor aller Tätigkeit 40 Tage in die Wüste geführt wurde, fastete, und auch Buddha asketische Übungen vollbringen musste.)

»Um Himmels willen, kommt jetzt so ein Askese-Zeugs?«

Nein.

Im Gegenteil: Dieses Buch mit seinen Einfahrtstoren zur Weisheit kommt zum einen ohne »amtskirchlichen« Hintergrund aus. Weisheit benötigt keine religiöse Unterfütterung. (Leider ist nicht jeder religiöse Mensch »erleuchtet«. Umgekehrt übrigens zeigt sich das Gleiche. Auch Atheismus führt nicht automatisch zur Weisheit.)

Es muss möglich sein, unabhängig von der religiösen Orientierung, eine Form von Weisheit zu erreichen, die international zusammen führt. Und unabhängig von einer diffusen Tiefe eines irgendgearteten Glaubens. Und zum anderen geht es nicht um Kasteiung. Und nicht um irgendwelche Gebetstechniken, allenfalls Meditationsformen. Sondern um: *Öffnung.*

Die praktischen Übungen sind durchbrochen von Schilderungen zweier weiser Persönlichkeiten. Ich habe bewusst auf prominente Vorzeigepersönlichkeiten verzichtet, die weit abgehoben den Eindruck entstehen lassen, das Ziel sei ohnehin nicht zu erreichen. Es sind ganz normale Menschen: ein Lebenskünstler und eine bezaubernde Frau, die lange in der Psychiatrie gesessen hat.

»Weisheit garantieren – so eine Unverschämtheit!«

Warum eigentlich?

Vor einigen Jahren erforschte ein Freund von mir geniale Geigenvirtuosen. Wir kennen uns seit der Schulzeit. Während es mich seitdem interessiert, was genau die praktischen, die nachvollziehbaren Grundlagen der Weisheit sind, wollte Benjamin wissen,

12

was konkret der Unterschied zwischen einem Weltklassegeiger und einem begabten Dilettanten ist. Also auf dem Griffbrett. In der Fingerhaltung. Nicht in pathetischen Konzertkritiken.

Und Benjamin träumte davon, das Konzert eines Genies mit Kameras und Computern in Einzelbilder zu zerlegen, wie es zum Beispiel bei Leistungssportlern selbstverständlich ist.

In der Anfangszeit ist Benjamin für diesen Gedankengang verhöhnt worden. (Interessanterweise kaum von professionellen Geigern, sondern von romantisierenden Konzertgängern.) Virtuosen wie Heifetz oder Oistrach seien einfach Jahrhundertbegabungen und damit basta. Es galt als Sakrileg, sich dem Wesen der Musik auf derart »profane« Weise zu nähern.

Der Freund behauptete dabei übrigens gar nicht, dass es keine außergewöhnliche Begabung gäbe, aber er wollte wissenschaftlich aufzeigen, konkret nachweisen, wie ein Genie seine Finger verstellt und verschiebt. Und er entwickelte Videostudien, wie sie bei Leichtathleten zur Selbstverständlichkeit gehören.

Inzwischen ist Benjamin Ramirez mit seinen Analysen weltweit ein gefragter Gesprächspartner.

Wichtig vor diesem Hintergrund ist: Auch die meisten Religionsgründer haben systematisch gearbeitet. Heilige (verwiesen sei zum Beispiel auf Theresa von Avila mit ihren Bildbeschreibungen der »inneren Burg«) versuchten immer wieder, ihre Einblicke zu ordnen und allgemein zugänglich zu machen.

In all diesen »Systemen« werden die Schwerpunkte unterschiedlich gesetzt, und die verschiedenen Verfasser benutzen natürlich auch unterschiedliche Bilder, Beschreibungen und Erklärungen. Im Laufe der Jahrtausende entwickelten sich im Hinduismus die Schulen des Yoga, ansonsten der Buddhismus, der Sufismus, die Kabbala, die christliche Mystik, der Taoismus. Und neben diesen »großen Wegen« gibt es noch eine Menge kleinerer

Schulen, die versuchten, ihr Wissen zu strukturieren. Teilweise wurden ihre Erkenntnisse verschlüsselt (in den sogenannten Geheimbünden), damit sie, im Zuge einer Initiation, nur derjenige Schüler erhält, der auch dazu bereit ist und die entsprechenden Voraussetzungen mitbringt.

In diesem Buch nun stellen wir deren »Werkzeuge« zusammen. Es filtert aus Hunderten Büchern den gemeinsamen *Grund*. Den Bodensatz. Salopp gesagt: das Beste aus Bibel und Bhagavad Gita, von Philosophen und Philanthropen – ohne allerdings den großen Eintopf anzurühren. Es ist falsch zu sagen: »Siehste, is' eh' alles das Gleiche«. So einfach ist die Sache nun auch wieder nicht.

Aber es gibt – und das beschäftigt mich eben schon einige Jahre – sehr viele interessante Einsichten in unterschiedliche Religionen, Mythen und Wissenschaften, die sich gleichen und ergänzen. Und die gemeinsam weise machen.

Allerdings gibt es ein Hindernis auf dem Weg (ich will es nicht verschweigen). Man muss das Gelesene auch umsetzen.

HANDELN ist angesagt.

Es reicht nicht, ein wenig zu blättern. Weisheit findet sich leider nicht von alleine ein. Die Stolpersteine, auf die man tritt, weil der Verstand sich wehrt und aufbegehrt, weil er eben »ein durchtriebener Schuft« ist, wie Dostojewski in seinem Roman »Brüder Karamasow« festhält, dürfen uns nicht aufhalten.

Und eine weitere kleine Einschränkung (seriöserweise): Weisheit heilt keine psychischen Krankheiten. Hier sollte man besser vorher ansetzen. Es gibt einen Spruch, der sinngemäß folgendermaßen lautet: Ein Neurotiker kann erleuchtet werden. Aber er wird immer ein neurotischer Erleuchteter bleiben.

Also vorwärts.

Jedes Kapitel wird ihr Hirn freipusten und Sie weiter auf den Weg zur Weisheit bringen!

Unsere größten Dummheiten können sehr weise sein.

Ludwig Wittgenstein

Erster Schritt: Die Nase

Die eigene (versteht sich): antippen.

Um mit dem zu beginnen, was erst einmal an »Material« vorhanden ist.

Das ist nämlich erst mal ausreichend. Denn der Weg zur Weisheit – ganz wichtig – ist ein Pfad, für den man keine Voraussetzungen mitbringen muss, keine Bücherlisten und keine Vorleistungen. Keine Intelligenz, keine Weltreisen, gar nichts.

Es ist ein beliebtes Vorurteil (und gleichzeitig ein Schutz, um nicht tätig werden zu müssen), dass Weisheit sich vielleicht in Ausnahmefällen einstellt, nach einer beeindruckenden Lebensodyssee. (Insofern: Bitte nicht erschrecken, wenn in diesem ersten Kapitel und nur hier ein wenig Bildung ausgebreitet wird. Das wird weder abgefragt, noch muss es gespeichert werden. Aber es zeigt, wie stark wir in der Gegenwart alle mit vergangenen Generationen verbunden und in ihren Erfahrungen verwurzelt sind.)

Der Weg zur Weisheit ist ein Pfad, auf dem wir nichts »wissen« müssen, d. h. mit einer gewissen Unbedarftheit starten können.

»Der Kern des Glücks«, analysierte Erasmus von Rotterdam schon zu Beginn des 16. Jahrhunderts, ist es, »der sein zu wollen, der du bist.«

Also eben nicht *anders*, reicher, schöner, größer, vor allem klüger, sondern dankbar für das zu sein, was uns in die oft beschworene Wiege gelegt wurde. An Fähigkeiten und Grenzen. Mehr braucht es auch nicht, um weise zu werden. Nur den eigenen Instinkt, die eigene Sensibilität, kurz: die eigene Nase.

Und: Es ist gut so, wie es ist.

Einatmen, ausatmen, und dabei das Leben spüren, uns in unserer Einmaligkeit wahrnehmen. Wir müssen nichts gewaltsam oder verbissen ändern, weder an uns noch an unserer Umwelt, wir brauchen auch nicht hart an uns zu arbeiten und zu feilen.

Wir müssen allerdings erst einmal wirklich dumm sein wollen.

Uns verabschieden vom Zynismus, vom Groß-sein-wollen, von Intelligenz, Bildung und Überlegenheit. Und uns stattdessen ein Beispiel an Ludwig Wittgenstein nehmen, einem als genial deklarierten Philosophen, der sich zu Recht beklagte: »Ich bin nicht gescheit, sondern sehr dumm; weil ich nicht sehe, was unter meiner Nase liegt.« (1) (Nur so am Rande: Wittgenstein hätte auch niemals seinen sogenannten Intelligenzquotienten messen lassen. Immer wieder stoßen wir auf Menschen, die mit unverhohlenem Stolz auf ihre vermeintlich »überdurchschnittliche Intelligenz« hinweisen, weil sie in einem solchen IQ-Test einen Wert weit über 100 erreicht haben. Und dabei meist so zweitklassig wirken. Es ist offensichtlich, dass ein IQ-Test nur die Fähigkeit zum Lösen von IQ-Tests bestätigt.)

Trainer für Führungskräfte sind übrigens genau auf der Suche nach diesem Witttgenstein'schen »Nasen-Faktor«, um aus »eingefahrenen Denkstrukturen auszubrechen«. Einer der Pioniere auf diesem Gebiet war Edward de Bono, der in den 1950er Jahren versuchte, Kreativität zu definieren, um sie messbar zu machen. Dazu entwickelte er eine Vielzahl von Techniken, die helfen sollen, neue Ideen zu finden. Unter anderem prägte er auch den Begriff des »Lateral Thinking«, der als »Querdenken« (unlogisch und unkonventionell) Einzug in den allgemeinen Sprachgebrauch gehalten hat.

Und das ist im Prinzip nichts anderes als: dumm zu werden. Einfach mal nur das zu sehen, was zu sehen ist. Nicht klug sein zu wollen. Es soll ein Denken in Gang gesetzt werden, das nicht von bestimmten, festgefahrenen Prinzipien ausgeht und somit nicht nur zu einem einzigen richtigen Schluss kommt. Wissenschaftlich gesprochen werden beim lateralen Denken die Voraussetzungen außer Kraft gesetzt und, etwa durch Gedankensprünge, in ihr Gegenteil verwandelt. Während das vertikale Denken also die herkömmliche Denkweise mit aufeinanderfolgenden und logischen Schritten repräsentiert, beschreibt laterales Denken einen Prozess und steigert die Wirksamkeit des vertikalen Denkens, indem es ihm viele alternative Lösungsansätze aufzeigt. Beide Denkstile schließen sich dabei nicht gegenseitig aus. Laterales Denken verändert Muster und schafft eine Neuanordnung von Informationen. Man sucht nicht nach der richtigen Antwort, sondern nach einer alternativen Anordnung der Informationen.

Dabei muss nicht jeder Schritt richtig sein. Aber alles wird begrüßt, was sich aufdrängt und es gibt keine Festlegungen.

In diesem Sinne wollen wir dumm sein.

Um weise zu werden.

Nehmen wir nur einmal (zum Einstieg) die berühmte Anekdote um Alexander den Großen beziehungsweise den großen Philosophen Diogenes. Der in einer Tonne lebte. Und besagter

Feldherr Alexander, Gebieter über Leben und Tod, gewährt dem Einsiedler einen Wunsch. Was wird der daraufhin wohl fordern: Diamanten? Jungfrauen? Eine Villa am Meer?

Nicht ganz. Diogenes bittet Alexander, er möge doch bitte aus der Sonne gehen.

Volltreffer!

Zumindest *wirkt* Diogenes' Antwort bis heute und demonstriert eine Lebenshaltung, die »über den Dingen« zu stehen scheint. Eine Einstellung, die durch alle Jahrhunderte hindurch als ein Charakteristikum des Weisen gilt.

»In ihr ist ein Geist«, suchten die Gelehrten im Alten Testament das Wesen der Weisheit zu definieren, »gedankenvoll, heilig, einzigartig, mannigfaltig, zart, beweglich, durchdringend, unbefleckt, klar, unverletzlich, das Gute liebend, scharf, nicht zu hemmen, wohltätig, menschenfreundlich, fest, sicher, ohne Sorge, alles vermögend, alles überwachend und alle Geister durchdringend, die denkenden, reinen und zartesten. Denn die Weisheit ist beweglicher als alle Bewegung; in ihrer Reinheit durchdringt und erfüllt sie alles.« (2)

Und schon davor, vor etwa 5000 Jahren, beschrieb das älteste schriftliche Epos der Menschheitsgeschichte, das Gilgameschepos aus dem Zweistromland, den steinigen Weg des Königs von Uruk zur Weisheit. In manchen Kulturkreisen wird die Weisheit auch als eigene Göttin oder als eine weibliche Seite Gottes verehrt. So kennt etwa das biblische Judentum die Chokmáh als göttliche Weisheit. Im Griechischen wird diese als Sophia übersetzt und besonders in den orthodoxen Kirchen verehrt (Hagia Sophia). Unabhängig aber vom Geschlecht durchläuft der Suchpfad alle Kulturen und Generationen. Er bestimmt das Denken der abendländischen Philosophie, von Sokrates, Platon, Aristoteles, Epikur, Seneca und Augustinus.

»Denn Weisheit ist letztlich nichts anderes als das Maß unseres Geistes«, schreibt Letzterer, »wodurch dieser im Gleichgewicht gehalten wird, damit er weder ins Übermaß ausschweife, noch in die Unzulänglichkeit falle. Verschwendung, Machtgier, Hochmut und Ähnliches, womit ungefestigte und hilflose Menschen glauben, sich Lust und Macht verschaffen zu können, lassen ihn maßlos aufblähen. Habgier, Furcht, Trauer, Neid und anderes, was ins Unglück führt – wie die Unglücklichen selbst gestehen – engen ihn ein. Hat der Geist jedoch Weisheit gefunden, hält dann den Blick fest auf sie gerichtet ... dann brauchte er weder Unmaß, noch Mangel, noch Unglück zu fürchten. Dann hat er sein Maß, nämlich die Weisheit und ist immer glücklich.« (3)

Thomas von Aquin vertiefte sich in die Weisheit, wie auch Jean-Jacques Rousseau, Immanuel Kant suchte seinen Beitrag zu leisten, wie auch Friedrich Nietzsche oder Bertrand Russell, mit dem wir fast schon in der Gegenwart angekommen sind. Gleichzeitig geschah dieses Nachdenken auf allen Kontinenten.

Im Buddhismus beispielsweise bezeichnet Weisheit mit dem Begriff »Shunyata« die Erkenntnis, dass alle erscheinenden Phänomene leer, von einem eigenständigen, ihnen innewohnenden Sein seien. Die Realisation von »Shunyata« in der Wahrnehmung von Phänomenen wird als eine grundlegende Erfahrung bei der Erlangung der Erleuchtung beschrieben. Aber auch im Hinduismus, im Konfuzianismus und im Daoismus sowie in der chinesischen Philosophie hat die Weisheit einen großen Stellenwert. Im Konfuzianismus und in der chinesischen Philosophie ist sie (neben anderen) eine der Kardinaltugenden – und soll bei der Erziehung, beim Lernen und der Bildung einbezogen werden.

Offensichtlich gibt es also Gesetze, Regeln und Werte, die kulturübergreifend, zu allen Zeiten, ihre Gültigkeit behalten haben.

»Große Menschen sind Inhaltsverzeichnisse der Menschheit« schrieb Friedrich Hebbel einmal sogar pathetisch. Allerdings haben alle diese Gemeinsamkeiten und alle großen Menschen nur ein einziges Mal dazu geführt, sich in Deutschland systematisch, sogar didaktisch mit dem Thema zu beschäftigen. 1920 gründete Hermann Graf Keyserling (1880 – 1946) eine solche »Schule der Weisheit« in Darmstadt. Sie veranstaltete Tagungen, zu denen auch berühmte Personen wie Tagore, C. G. Jung und Max Scheler eingeladen wurden. Bis dann die Nationalsozialisten ihren öffentlichen Einfluss systematisch einschränkten. Dazu gehörten Rede-, Publikations- und Ausreiseverbote, Hetzkampagnen, Ausbürgerungsversuche, Hausdurchsuchungen und Beschlagnahmungen. Die Schule der Weisheit musste ihre öffentlichen Aktivitäten einstellen.

Ein wichtiger Schönheitsfehler (der möglicherweise einer erneuten Verschulung im Wege stand) besteht darin, dass Weisheit offensichtlich durch keine Definition zu beschränken ist. Sie verweigert sich einer philosophisch-mathematischen oder gar juristischen Einbalsamierung. Obwohl sich die Weisen aller Epochen als Brüder im Geiste stets »blind« verstanden.

Zu den folgenreichen Schönheitsfehlern muss man ansonsten noch zählen, dass manche Menschen über Einsichten verfügen, die sich auf eigene Erfahrungen beziehen, während andere Erkenntnisse über das Leben »von außen«, aus einer Beobachterperspektive, gewonnen haben. Von daher wurde angemahnt, man müsse unterscheiden zwischen einer selbstbezogenen, persönlichen Weisheit, die auf den Einsichten einer Person über das eigene Leben beruht, und einer eher allgemeinen Weisheit, bei der es sich um Erkenntnisse globaler Art handelt und bei der das eigene Leben nicht direkt betroffen ist.

Ganz abgesehen von der Frage (die in unserer sogenannten aufgeklärten Moderne allerdings nur noch marginal eine Rolle spielt), ob nämlich Weisheit nun göttlich oder menschlich sei.

Es wäre also passender, fasst der Philosoph Malek Hosseini diese Gedanken zusammen, »statt nach dem ›Was‹ der Weisheit zu forschen, einfach zu fragen, ob *das* und *das* weise ist oder nicht.« (4) Bei Interesse gefolgt von einer Untersuchung, ob ein bevorzugtes Denksystem oder eine hervorgehobene Lebenseinstellung weise sei. Um letztlich zu beurteilen, ob die Person selbst weise ist.

Denn dieser bestimmte Menschentyp zeigt zeitlose Übereinstimmungen. Obwohl Weisheit sich in jeder Kultur, in jeder Epoche einzigartig darstellt, scheint sie sich andererseits immer in einer charakteristisch zugewandten, manchmal auch widerborstigen Haltung zu zeigen. Zu sich selbst, zu den Nächsten, zur Welt oder auch zu dem, was jeweils als richtig und falsch, gut und böse erkannt und gelebt werden kann. Weise am Weisen sei die Haltung, meinte Bert Brecht.

So eine gelebte Gesinnung wiederum zeichnet sich dadurch aus, dass sie meilenweit entfernt ist von jeder Besserwisserei und jeglicher Form von Fanatismus, und sich andererseits von machtfixierter Cleverness distanziert.

»Und das zusammengenommen bezeichne ich immer mit: Naivismus«, sagt Tom Doch, ein sechzigjähriger Lebenskünstler, der (unter anderem) als Schriftsetzer, Unternehmer mit kleiner Druckerei und Werbeagentur, Clown und Moderator, Rodeo-Announcer, Zeitungsfotograf, Rundfunkreporter, Speisewagenkellner und Schlafwagenschaffner, Maler, Klangbildner, Schauspieler und Veranstalter gearbeitet und dabei alle denkbaren Hochs und Tiefs sowie diverse lebensbedrohende Krankheiten erlebt und durchlitten hat. »Klar und schlicht in die komplexe Welt gucken, um zu vermeiden, dass man vor lauter Bäumen den Wald nicht mehr sieht. Sondern: Aha, da hinten stehen 5 Bäume. Darunter sind zwei Buchen. Das ist Durchblick, der enorm hilft.«

Der Weise erkennt mit diesem reduzierten Sehen trotzdem mehr als ein sogenannter gewöhnlicher Mensch. Wahlweise, was nun »hinter« oder »über« den Dingen steht. Die Vogelperspektive – in Gestalt von fliegenden Geschöpfen – symbolisierte in vielen Kulturen die Weisheit. Die Eule von Hellas hat als nachtaktiver Vogel sogar im Dunkeln noch den Überblick. Quetzalcoatl, die gefiederte Schlange der Azteken, überwachte vom Firmament aus die Geschicke der Menschen. In Ägypten war der Vogel Ibis das Symbol für Weisheit, und in Indonesien, Tibet, Thailand und anderen asiatischen Ländern steht der mythische Vogel Garuda für die Weitsicht der Weisen. Aber all diese Positionen wären nichts ohne die gute Absicht, die hinter weisem Handeln steht.

»Je mehr jemand davon hat«, schreibt Malek Hosseini, von diesem *Guten,* »desto besser ist er. Der Teilhaber der Weisheit, je nach Grad, hat die Fähigkeit, nach einem guten bzw. richtigen Leben zu streben. Diese Fähigkeit hängt mit dem richtigen Urteilen zusammen, und das fordert seinerseits entsprechende Erkenntnis, und vor allem Selbsterkenntnis. ›Wissen‹ und ›Handeln‹ so verbunden bilden den Kernpunkt der Weisheit, was auch ihre Gegenwörter ›Torheit‹ und ›Dummheit‹ verdeutlichen.« (5)

Die Verkörperung eines solchen Teilhabers zeigt sich dann in einer gewissen »Leichtigkeit« seines Handelns und Strebens. Und in einer »bestechenden Freundlichkeit«, wie es in den Schriften immer wieder heißt. Aus tiefstem Herzen. Der Teilhaber packt sich an die eigene Nase. Allerdings gibt es nirgendwo eine Schriftstelle, die davon spricht, dass er sich brillant, zynisch, fachidiotisch (»Nase hoch«) oder professoral betätigt.

Das ist aber der Wesenszug, der uns oftmals (leider) auszeichnet: Wir wollen vor allem intelligent sein. Und das ausstrahlen. Um Gottes willen nicht dumm wirken!

Die Weisen hingegen haben seit je her die Fahne der (vermeintlichen) Dummheit hochgehalten. »In den Tälern der Dummheit wächst für den Philosophen noch immer mehr Gras als auf den kahlen Höhen der Gescheitheit«, schrieb zum Beispiel Wittgenstein. (6) Und Dostojewski legte einer seiner Romanfiguren geradezu einen flammenden Appell in den Mund:

»Je dümmer man beginnt, umso näher ist man der Sache selber. Je dümmer, umso klarer! Die Dummheit ist kurz angebunden und nicht verschlagen. Der Verstand ist ein durchtriebener Schuft, die Dummheit dagegen offen und ehrlich.« (7)

Um das Wesen dieser wunderbaren Dummheit besser umfassen zu können, scheiden schon die ältesten Texte die Klugheit von der Weisheit. Es handelt sich um die Grenze zwischen dem Geheimnis des Seins – und einer Lebensbewältigungsstrategie, wo es vorrangig darum geht, gewisse Erkenntnisse der Wirklichkeit im praktischen Leben umzusetzen. In letzter Konsequenz sind weise Menschen deshalb auch klug, weil sie in jeder Situation erneut herausfinden, was für sie angemessen ist. Ein interessanter Aspekt zeigt sich dabei, wenn wir in den lateinischen Schriften unserer Vorfahren stöbern. Klugheit heißt dort *prudentia*. Und das bedeutet in seinem Wortstamm *providentia*: Vorsicht. Voraussicht. Kluge Menschen handeln also umsichtig und deshalb kommt Mario Erdheim zu der Schlussfolgerung, von der Weisheit könne man sicherlich sagen, sie sei »ein Wissen, das zum Unbewussten durchlässig ist«. (8)

Der Weise ist eben kein Vielwisser, kein »Klugscheißer«, sondern ein Mensch, der das Wesentliche erkennt und bedenkt. Und

23

er ist trotzdem klug, weil er immer wieder eine Lösung findet, die für den jeweiligen Augenblick angemessen ist.

Wir verbinden die Klugheit allerdings inzwischen oft mit dem Begriff »Gerissenheit«. Umso überraschender auch hier ein Blick auf den Wortstamm. Das deutsche Wort »klug« bedeutet eigentlich: fein, zart, zierlich, gebildet, geistig gewandt, mutig, beherzt. Ein »kluger Mensch« steht ursprünglich also für eine »Herzensangelegenheit« und keinen Kreidestaubdozenten. Ein kluger Mensch ergreift beherzt eine Gelegenheit, die sich im bietet. Und er ist fein genug, auf eben jene Zwischentöne zu achten, die den meisten Holzköpfen verborgen bleiben.

Insofern konnte also auch und gerade ein Medizinmann weise sein, notiert Erdheim, »weil er sich um das Leiden des Subjekts kümmerte und dieses in das größere Ganze der Symbolsysteme seiner Kultur einordnen konnte. Der Mediziner des 18. und 19. Jahrhunderts wusste zwar mehr über den Körper und seine Physiologie, aber er interessierte sich nicht für dessen Symbolik. Über die Bedeutung, die die Krankheit für das Subjekt hatte, wollte er nichts wissen.« (9)

Und was ist stattdessen der Bildungsstand des Weisen?

Vor allem ist sein Wissen übersichtlich. Wenn auch umfassend. Um sich nicht zu verzetteln. Und dazu muss das Wissen des Weisen auf unwichtige Details verzichten und »die Versuchungen der Vielwisserei überwinden«, wie Hosseini schreibt, »sich mit dem Wesentlichen begnügen und versuchen, das *Ganze* tief zu begreifen.« (10) Allerdings ist das für eine sogenannte Hochtechnologiegesellschaft kein Spaziergang. Tagtäglich stehen Hunderttausende Fachkräfte vor der Aufgabe, irrsinnige Datenpakete, Wissensmengen und Informationen zu sortierten und zu analysieren. Und dabei sollen sie nicht nur das Richtige wissen, sondern auch noch jede Form von Wichtigkeit erkennen.

Bekanntermaßen hat sich die Welt rasend verändert. Wir lesen in der Zeitung von genetischen Experimenten und neuartigen Computermöglichkeiten. Wie soll dieses merkwürdige Mysterium der Weisheit sich da noch als Gemeinsamkeit quer durch alle Epochen auswirken? Was verbindet uns Webwesen noch mit einem Menschen des Mittelalters, der nicht einmal eine Uhr kannte?

Zu allererst: Wir sind gemeinsam Menschen.

Wir atmen. Essen, trinken. Lieben.

Wir haben alle eine Nase.

Und schon ein kleiner Blick zurück zeigt, dass das Leiden an der Moderne bereits zu Zeiten auftrat, die wir gemeinhin mit Gemütlichkeit und Übersichtlichkeit verbinden. »Noch für unsere Großeltern«, beklagt sich beispielsweise Rainer Maria Rilke zu Beginn des 20. Jahrhunderts (also in der »guten, alten Zeit« unserer Urururomas), »war ein ›Haus‹, ein ›Brunnen‹, ein ihnen vertrauter Turm, ja ihr eigenes Kleid, ihr Mantel: unendlich mehr, unendlich vertrauter; fast jedes Ding ein Gefäß, in dem sie Menschliches vorfanden und Menschliches hinzufügten. Nun drängen von Amerika her leere, gleichgültige Dinge herüber, Scheindinge, Lebensattrappen … Ein Haus, nach amerikanischem Begriff, ein amerikanischer Apfel oder eine dortige Rebe, hat nichts gemein mit dem Haus, der Frucht, der Traube, in welche Hoffnung und Nachdenklichkeit unserer Vorväter eingegangen war … Die belebten, die erlebten, die uns mitwissenden Dinge gehen zur Neige und können nicht mehr ersetzt werden. Wir sind vielleicht die Letzten, die noch solche Dinge gekannt haben. Auf uns ruht die Verantwortung, nicht allein ihr Andenken zu erhalten (das wäre wenig und unzuverlässig), sondern ihren humanen und larischen Wert (›Larisch‹ im Sinne der Hausgottheiten).« (11)

Der Verzicht auf das Vielwissen ist also nicht ein Verzicht aus dem Blickwinkel der Ignoranz, vom Standpunkt dessen, der zu

25

faul, zu ungebildet oder schlichtweg zu dumm ist und nicht weiß, was Wissen überhaupt heißt. Nein, der Standpunkt des Weisen *übergeht* die Menge des täglich Neuen, er sucht im Meer der Fakten das Entscheidende, aber er verweigert sich nicht dem Wissen. Schon Heraklit hat das gesagt: »Das Gegenteil der Weisheit ist die Vielwisserei, die *polymathia*. Genauer gesagt, ist die *Quelle* der Vielwisserei die eigentliche ›Unweisheit‹.« (12)

Das Entscheidende, das wichtige Wissen, braucht nicht ein gelesenes oder gelehrtes zu sein – es ist ein gelerntes Wissen (in einem nichtschulischen Sinne), das oft eher aus der praktischen Erfahrung stammt als aus der theoretischen Bildung. Mit Rückendeckung von Genius Wittgenstein können wir also aus den Schriften schließen, dass ein sogenannter »ungebildeter« Mensch mehr Weisheit besitzen kann als viele Intellektuelle.

Wie gesagt, Wissen und Weisheit sind Freunde, sie mögen einander auch, es geht nicht darum, das eine gegen das andere auszuspielen. Aber die Summierung allen Wissens, aller Fakten und Daten in unserer technologischen Moderne ergibt eben keine Weisheit. Und »ein Wissen, das man zerstückeln kann«, schreibt Raimon Panikkar, »dessen Fortgang immer weitere Zerstückelung erzwingt, sobald man einmal damit angefangen hat, ist nicht Weisheit. Wir finden mehr und mehr Teilgebiete, Entdeckungen, interessante und anziehende Ergebnisse. Doch am Ende können wir die Dinge nicht mehr zusammenbringen – wie das Kind, das sein Spielzeug zerlegt hat.« (13)

Und darum geht es: um den Zusammenhang allen Seins.

Es geht um den Durchblick.

Und letztlich auch um ein Geheimnis. Zumindest klingt so etwas durch, wenn wir von einem Menschen sagen, dass er weise sei. Dass er eingeweiht ist in die Urgründe des Lebens. Interessanterweise kommt das deutsche Wort »wissen« von »sehen«, sagt der Duden. Ein Zusammenhang, der schon in den ältesten Schriften benannt wird. Der Weise, sagen die Texte, sieht »tiefer«. Er sieht das Eigentliche, das Wesen, die wahre Gestalt allen Seins.

Und diesen Blick kann man lernen. Das ist die feste Überzeugung der griechischen Philosophen. Ihre Sagen erzählen davon, dass die Weisheit ursprünglich im Besitz der Götter war. Und deren auffälligste Vertreter, Athene und Apollon, sind bis heute ein Begriff. Ohne deren Geschichte im Einzelnen auszubreiten, sei gesagt, dass Athene als Verkörperung des Geistes gilt, weil sie dem zerspaltenen Schädel des Zeus entsprang. Daher auch der Begriff »Kopfgeburt«. Als Schutzherrin der Künste steht sie in enger Verbindung zu den Musen, die wiederum die Weisheit an die Dichter vermittelten. Apollon dagegen tötete vor allem gerne, war aber in seiner Eigenschaft als Heilgott auch mit Weissagungen und Orakelstätten verbunden.

Leider (oder folgerichtig?) ist die Geschichte des visuellen Lernens innerhalb der griechischen Philosophie ähnlich gespalten. Am erfolgreichsten haben wahrscheinlich die sogenannten Sophisten den Kampf um die Weisheitsausbildung in die Hand genommen. Zumindest ist deren Vorstellung von Weisheit als eines Talents zum geschickten Reden bis heute hin schädlich. Und das gern benutzte Bonmot »Wissen ist Macht« wurde inhaltlich von ihnen vorbereitet.

Diese Vielgötterei ist ansonsten nicht ganz unwichtig, weil nämlich die Gedankengänge der Griechen (philo – sophia = die Liebe zur Weisheit) seit einigen Jahren wieder handfest diskutiert werden. Spätestens seit der Weltwirtschaftskrise, »seit der Pleite von Lehman Brothers«, schreibt Johan Schloeman, »sind sogar Wirtschaftsmanager und Wirtschaftspublizisten stark ins moralische Philosophieren gekommen. Um den kompletten Ausstieg geht es dabei nicht. Aber es heißt jetzt: Man dürfe sich nicht permanent irremachen lassen. Rendite sei doch wohl nicht alles; gegenüber dem nervösen Auf und Ab der Wertentwicklung sei eine abgeklärte Lebenseinstellung gefragt. Lieber ruhig bleiben, sich fügen, nicht alles mitmachen, das sei das Gebot der Stunde.« (14) Und genau das ist die Lebenshaltung der Stoiker. Beherrscht bleiben, in jeder Lebenslage, die Endlichkeit des Daseins akzeptieren, und – vor allem – seelisch unabhängig von allem werden, was wir Menschen ohnehin nicht beeinflussen können.

Unerschütterlichkeit (Ataraxie) unter allen Umständen.

»Trotz moderner Kritik an den Stoikern«, schreibt Schloeman, »etwa bei Nietzsche, Brecht oder auch bei Sigmund Freud, für den die stoische Affektbeherrschung ein ›Kulturopfer‹ war, das nur zur Neurose führen kann – was man also heute noch von den Stoikern lernen könnte, beispielsweise, dass es nichts bringt, ›Dinge zu Ersatzmenschen zu stilisieren‹, oder dass eine Akzeptanz der Sterblichkeit das Leben in seiner Beschränkung aufwertet. Ja, wäre das nicht Glück, sich von der Angst, dem Gewinnstreben, der ›Echtzeit‹-Rastlosigkeit der Gegenwart freizumachen?« (15)

Zumindest gibt es in den USA eine rege Onlinecommunity für Neostoiker. Aber der Kern dieses Glücksstrebens ist etwas, was in allen Religionen und Weisheitsströmungen zu finden ist. Und dieser zeitlose Gedanke der Seelenruhe ist für unser Buch wichtig, nicht eine einzelne Richtung. Letztlich stoßen wir immer nur wieder auf dieselben alten Fragen, die mit dem Tod, mit Leiden, Angst, Beunruhigungen und Spannungen aller Art zu tun haben. Und deren Beantwortung zur Weisheit führen.

Am Ende geht es darum, wie wir diesen Fragen entgegentreten und nicht nur wie wir darüber nachdenken. »Dem Handeln wird das Attribut ›gut‹ zugeschrieben«, erklärt Hosseini, »darf hier aber nicht religiös oder gar moralisch im engen mit der Religion verbundenen Sinne verstanden werden, obwohl die religiösen und moralischen Elemente in der Geschichte der Weisheit keineswegs zu übersehen sind. ›Gut‹ liegt hier nahe bei ›richtig‹; es besitzt also neben seinem praktischen Element auch ein Kenntniselement. ›Gut‹

»Ein Gramm Handeln ist mehr wert als eine Tonne der Predigt.«

meint also gutes Handeln: den erfolgreichen Umgang mit den Situationen, mit der Mitwelt und mit sich selbst.« (16)

Im Gegensatz zu einer Moderne, für die ein stetiger Wissenszuwachs mit einer permanenten Veränderbarkeit der Welt zusammengehören, für die Stillstand Tod bedeutet, sieht der Weise (in allen Epochen) die Welt aber, wie sie ist. Ohne Masterplan, ohne Stufendiagramm. Er will nur die Akzente richtig setzen. Und sein wichtigstes Ziel besteht darin, das Leben immer klarer zu durchschauen.

»Ein Gramm Handeln ist mehr wert als eine Tonne der Predigt«, warnt Mahatma Gandhi dennoch. Zurecht: Denn wenn wir uns nicht bewegen, bleiben wir im Keller sitzen. Für den Rest unseres Lebens. Aber »handeln« bedeutet oftmals innere Überwindung. Es verlangt meist eine Verhaltensänderung, das Eingehen eines Risikos, sodass sogar eine Niederlage droht, es verlangt den einen Schritt heraus aus der Komfortzone. Lieber schlendern wir da auf und ab und gehen unseren Nächsten auf die Nerven, »predigen«, wie Gandhi sagt, oder wir lesen und unterstreichen und bilden uns ein, dass wir uns vorwärts bewegen.

Aber dadurch ändert sich nichts in der Realität.

Wissen sei etwas, »was man hat«, schreibt Walter Haug, Weisheit dagegen ist eigentlich nicht zu *haben*. »Wenn jemand Weisheit hat, so heißt das, dass er weise ist«. (17) Anders formuliert: Weisheit lässt sich nicht sagen, sie muss sich zeigen.

»Es muss aber etwas *geben*, das sich zeigt«, bringt Malek Hosseini das Ganze auf den Punkt. »Nicht alles ist weisheitlich, was dunkel, besser: unverständlich und daher *nichts* ist. Und worin liegt der Unterschied? Er liegt am Eindruck, den man davon erhält und als *weise* fühlt.« (18)

Früher, zumindest im Klischee, war es einfach einen solchen Eindruck zu festigen. Der Weise war alt, weißhaarig, trug einen Bart, konnte männlich oder weiblich sein (dann ohne Bart), und wusste mit wenigen, einfachen Sätzen eine komplizierte Situation zu entwirren. Früher ging man auch davon aus, dass Weisheit sich »quasi« von selbst einstellt nach etlichen Erfahrungen. Mit den Jahren. Inzwischen wissen wir wohl alle, dass diese Gleichung so nicht stimmen kann. Unsere älteren Mitbürger scheinen zunehmend damit beschäftigt zunehmend jünger zu wirken. Und je häufiger sie durch die Welt gondeln, desto provinzieller kommen sie oftmals zurück.

Am Berliner Max-Planck-Institut für Bildungsforschung hat man diesen Eindruck sogar wissenschaftlich bestätigt. Dort konnten Paul Baltes und Ursula Staudinger zudem ermitteln, dass das Fundament für Weisheit zwischen dem 14. und 25. Lebensjahr angelegt wird. In diesen Jahren beobachteten die Wissenschaftler den ersten Erwerb von relevantem Weisheitswissen.

»In mir war immer schon ein Interesse an Weisheit«, bestätigt Tom Doch die Forscher, »ich wusste es aber nicht. In mir war eine Knospe, die ich nicht bemerkt hatte.« Allerdings betont er auch die Wichtigkeit tatsächlicher Erfahrungen. »Bei meiner Geburt wurde ich schon weggelegt«, erzählt er, »weil man die Mutter retten wollte. Bis eine erfahrene Hebamme mich unter kaltes Wasser hielt und ich meinen ersten Schrei tat. Ich hatte mir die Nabelschnur um den Hals gewickelt, was damals ein großes Problem war, und dabei ist dann der Satz gefallen: ›Das Kind schaffen wir nicht, wir müssen die Mutter retten.‹ Mit zwei Jahren Keuchhusten, was 1949 schwierig war. Mit 16 Jahren Pfeiffersches Drüsenfieber, was auch sehr ungemütlich ist. Dann hatte ich Mumps, meine Mutter erzählte, ich bräuchte deshalb nicht zu verhüten. So ist mein Kind entstanden. Und dann: mit 27 Jahren Herzinfarkt. Und später Dickdarmkrebs.«

Korrekt, heißt es auch aus Berlin. Weise Persönlichkeiten sind keine »happy-go-lucky-Typen«, wie es Ute Kunzmann vom Max-Planck-Institut umschreibt. Lebenskluge Persönlichkeiten kennen viele Probleme, sie wissen um die Unwägbarkeiten des Lebens und sie kennen viele Emotionen. Deshalb zählen sie nicht gerade zu den Menschen, die von Glück überfließen und auf einer Welle des positiven Lebensgefühls reiten.

»Die Achterbahn des Lebens«, sagt Tom Doch, »hat bei mir zu der Erkenntnis geführt, dass die Zufälle wie von einer magischen Hand gesteuert zu sein scheinen. Die Krankheiten waren in der Regel dazu da, um mich irgendwo rauszuholen, die Herzgeschichte, um meinen Unternehmerwahnsinn zu beenden, die Krebsgeschichte, um eine Beziehung zu beenden, die so nicht hätte funktionieren können. Und außerdem habe ich durch den Krebs ein großes Thema gefunden. Wenn ich das so über die Schulter betrachte, ergibt sich ein schlüssiges Bild: Von einem sturen Kerl, der oft viel zu lange braucht, um was zu kapieren, und um es zu kapieren, kriegt er dann so eins auf die Mütze, dass er gar nicht mehr anders kann.«

Die Forscher haben mittlerweile mehr als 1000 sogenannter Denkprotokolle ausgewertet. Dabei konnten sie das Phänomen Weisheit immer mehr eingrenzen. Hohes Alter alleine ist nicht besonders hilfreich – aber hohe Intelligenz gilt sogar als hinderlich. Weise Menschen sitzen eben nicht im Elfenbeinturm herum und sinnieren geistreich darüber nach, wie man die Welt verändern könnte. Sondern sie setzen die Dinge, die sie wissen, auch um. Sie leben! Zusammen mit echten Menschen und konkreten Problemen. »Wir werden nicht älter mit den Jahren«, schrieb die amerikanische Lyrikerin Emily Dickinson zurecht, »sondern werden neuer jeden Tag.« (19)

Schicksalhafte Erfahrungen alleine reichen wiederum auch nicht aus, um weise zu werden. Es ist die Art und Weise, wie wir solche Grenzsituationen verarbeiten. Dadurch ist der Weisheitsweg allerdings auch kein einfacher Weg. Leichter hat es derjenige, der sich vor allem um das eigene Wohl und das der Familie kümmert. Und der ansonsten ausruht. Um es polemisch zu formulieren: Die Sicherheit, die wir in den westlichen Kulturen genießen (und die wir inzwischen brauchen wie die Luft zum Atmen), ist nicht gerade weisheitsfördernd.

Die Studien der Berliner Forscher zeigen aber, dass wir es bis zu einem gewissen Grad selbst in der Hand haben, ob wir weise werden oder nicht. Angeborene Eigenschaften wie Intelligenz oder Temperament haben nur wenig Einfluss auf die Weisheit einer Person. Viel wichtiger sind die Motive, die unser Handeln antreiben, und die Neugier zu verstehen, was das Leben ausmacht. Und das sind Dinge, die wir beeinflussen können. Weisheit ist also tatsächlich trainierbar.

Wir müssen uns nur an die eigene Nase packen.

Und von anderen Weisen lernen.

Voraussetzung dafür allerdings ist es, erst einmal wirklich dumm sein zu wollen.

Einatmen, ausatmen: Und dabei das Leben spüren, uns in unserer Einmaligkeit wahrnehmen. Uns verabschieden vom Zynis-

mus, vom Groß-sein-wollen, von Intelligenz, Bildung und Überlegenheit. Anstelle immer der Beste, Wichtigste, Klügste zu sein,
nehmen wir das »verletzte Kind in uns« in unsere mütterlichen
Arme. Genau, gehen wir mütterlich mit uns selbst um. Dann
brauchen wir nicht ein Leben lang darauf zu warten, dass eine
leibliche, reale Mutter (die es oftmals nicht gibt) uns die Liebe
gibt, nach der wir uns sehnen. Wir brauchen nicht mehr intelligent zu sein. Und darauf zu hoffen, dass eine leibliche, reale Mutter uns die Worte der Anerkennung und des Lobes sagt, die wir
so sehr brauchen.

Seien wir uns selbst Mutter.

Nehmen wir uns selbst liebend in die Arme. Und machen damit den ersten wichtigen Schritt auf dem Weg der Weisheit. Wir
schenken uns selbst die Geborgenheit, die das verletzte und ver-
waiste Kind in uns braucht.

»Die Probleme des Lebens sind an der Oberfläche unlösbar«,
schreibt Wittgenstein, ein Genie und ein Handelnder, der sein
geerbtes Vermögen an seine Geschwister aufteilte, um sich diesem Druck zu entziehen, »und nur in der Tiefe zu lösen. In den
Dimensionen der Oberfläche sind sie unlösbar.« (20) Ein vermeintlich sachlich-kühler, analytisch-mathematischer Denker,
dessen psychische Verfasstheit eher auf Depression und latente
Suizidalität schließen lässt, und der ein Leben lang auf der Suche
nach Weisheit war.

Und damit nach: Ruhe.

»Das weisheitliche Wissen ist – trotz seiner Übersichtlichkeit – kein oberflächliches«, betont Hosseini, »sondern ein tiefes,
im Laufe der Zeit gereiftes. Es dürfte nicht anders sein, wenn es
wirksam sein soll; nur ein tiefes Wissen verbindet sich mit der
Existenz des Wissenden und *bewegt* ihn.« (21) Es offenbart uns

nämlich die Grenzen unseres Verstandes und stößt uns dahin, nur von den Dingen zu reden, die wir wirklich durchblicken. Und das sind nicht viele. Wenigwisserei wiederum eignet sich kaum für Arroganz. Und das wirkt sich äußerst befreiend aus.

Wir sollen also barmherzig mit uns selbst umgehen, geradezu zärtlich. Wir sollen gut mit uns umgehen, auf dem Weg der Weisheit, nicht gegen uns wüten und kämpfen.

»Ich behaupte ein einfaches Individuum zu sein«, schreibt Mahatma Gandhi, »und mache Fehler, wie jeder andere Sterbliche auch. Ich habe genug Bescheidenheit um meine Fehler zuzugeben und meine Schritte zu überdenken.« (22)

Wir sollen uns nicht mit Vorsätzen überfordern. Angesichts der Unbarmherzigkeit, mit der wir uns ansonsten gerne verurteilen und bestrafen, durch einen gnadenlosen Hirnrichter, dem Über-Ich. Wenn wir einen Fehler machen. Oder wenn wir uns (scheinbar) blamiert haben. »Wenn wir Weisheit besitzen«, sagt Stephen Schoen, »besitzen wir sie so, wie wir auch unsere Augen und Ohren besitzen, die sich entwickelt haben, um Aspekte der realen Welt in Erscheinung treten zu lassen. Auf dieselbe Art hat sich auch die Weisheit entwickelt, die der Welt und allem, was in ihr unfasslich und unbenennbar ist, mit dem Gefühl der Ehrfurcht begegnet, damit wir etwas davon erkennen, was die Welt tatsächlich ist.« (23)

Wir definieren uns dann nicht mehr ausschließlich über Leistung und Erfolg, Gesundheit und Krankheit, Anerkennung oder Ablehnung. Und auch wenn wir Probleme haben, wir *sind* nicht unser Problem. Wir haben zwar – immer wieder – Angst, aber wir *sind* nicht unsere Angst. Sondern wir beginnen unseren Weg der Weisheit damit, dass wir unser kleines, begrenztes Leben genau als solches erkennen und akzeptieren. Wie es nun einmal ist, in all seiner Banalität.

Wir machen uns auf den Weg. Nicht mehr.

Und zwar genau hier und jetzt.

»Wie traurig, dass die Menschen das Nahe nicht sehn«, sagte der berühmte Zen-Meister Hakuin Ekaku (manchmal auch Hakuin Zenji genannt) zu Beginn des 18. Jahrhunderts, »und die Wahrheit in der Ferne vermuten –

wie jemand, der umgeben von Wasser

laut aufschreit vor Durst –

wie ein Kind aus reichem Hause,

das unter den Armen wandelt.« (24)

Um am Ziel, also auch *hier,* die Verwandlung zu spüren. Ein Weiser geworden zu sein. Ein Mensch, der nicht mehr von äußeren oder inneren Zwängen bewegt wird, sondern die Gegenwart mit all seinen Vorgaben als »Grundlage« begreift. Für ein erfülltes Leben. Ein Mensch, der vor allem »gewöhnlich« ist, wie es Shunryu Suzuki postuliert, »authentisch«, wie man heutzutage zu sagen pflegt, und den anderen Menschen dadurch einen Spiegel vorhält.

Man kann es natürlich auch formulieren wie Wittgenstein (unvergleichlich) im »Tractatus«: »Die Lösung des Problems des Lebens merkt man am Verschwinden dieses Problems.«

So ist es.

Also gehen wir ans Eingemachte.

Die Gewohnheit ist ein Seil.
Wir weben jeden Tag einen Faden,
und schließlich können wir es nicht mehr zerreißen.

Thomas Mann

Zweiter Schritt: Die Faust

In der Tasche: ballen. Betrachten. Oder ist sie sogar schon in der Luft?

Denn wir mögen uns gerne als nett und friedlich einschätzen, aber die Welt um uns herum scheint oftmals so böse. Liest man zumindest jeden Tag in der Zeitung. Erfährt man jeden Tag, sobald man nur aus der Tür tritt. »Es kann der Frömmste nicht in Frieden leben, wenn es dem Nachbarn nicht gefällt«, heißt es bekanntlich bei Friedrich Schiller, und das auch schon seit Mitte des 18. Jahrhunderts. Also ist da was dran, oder?

Nein.

Darf nicht sein. Sagt der Weisheitskanon.

So schlimm es vielleicht klingen mag, aber ein weiser Mensch mag letztlich alle Menschen. Auch die blöden. Es sollte zumindest unser Ziel sein, alle Menschen zu mögen. Und es ist tatsächlich: ein Übungsfeld.

Wir wollen keine Friedenstollpatsche werden, keine Li-La-Laune-Bären, die ein wenig (oder vollendet) debil herumgrinsen. Aber sehr wohl unabhängig vom »Mögen« oder »Nicht-Mögen« anderer Menschen. Denn besagtes Mögen oder Nicht-Mögen verändert im Sekundentakt unsere Stimmlage.

Sehr unweise.

Es geht dabei zuerst einmal darum dieses Nicht-Mögen, den möglicherweise sogar vorhandenen Hass in die Tiefe hinein zu verfolgen. Zu befragen.

Also: Was genau stört uns eigentlich an den Nachbarn?

Dieses Aushorchen der eigenen Verworrenheit hat übrigens eine lange Tradition. Schon am Tempel in Delphi stand der Legende nach jener Ausspruch, der das abendländische Denken geprägt hat, wie kein zweiter: »Gnothi seauton = Erkenne dich selbst«. Der Anfang aller (nicht nur der griechischen) Weisheit.

Dieses Schürfen und Scharren kann letztlich zu Einsichten führen, die erschrecken. Oder aufrütteln. Wie es Johann Wolfgang von Goethe erlebt hat. »Wenn ich in die Tiefe meiner Seele schaue«, schrieb er, »blicke ich in die Abgründe des Verbrechens.« Aber vor allem geht es um ein verändertes Sehen. Einen neu justierten Standort.

Es ist das Ziel aller wesentlichen Weisheitsschriften, dass wir *uns* sehen lernen, wie wir wirklich sind (und überhören erst einmal kurz den skeptischen Kritiker in unserem Großhirn, der augenblicklich losplärrt: Was soll das denn sein, *Wirklichkeit?*). Und um diesen Punkt zu erreichen, müssen wir uns befreien von lieb gewonnen (oder auch belastenden) Illusionen, die wir gehegt, gepflegt und gewässert haben. Über uns selbst. Konkret geht es um jene oft beschworene Brille, durch die wir das Treiben der sogenannten »Welt« betrachten. Also: verschwommen. Und gefärbt.

»Ich? Niemals!«

Einverstanden. Aber es geht darum, diesen Eindruck zumindest zu hinterfragen. Ob sich also das Brillenbild nicht manchmal zu »rosarot« darstellt (eine Farbe, die wohl nur noch in Verbin-

dung mit hysterisch-heillosem Optimismus existiert), blümchen-
haft, weil wir alles Schwierige, gewisse falsche Entscheidungen,
sogar bedrohliche Entwicklungen abwehren, übersehen wollen
und stattdessen das Heile und Gute beschwören.

Oder: ob sich das Brillenbild nicht manchmal zu »schwarz«
darstellt (und wir lassen außen vor, dass sich durch eine schwarze
Brille vermutlich nicht mehr sehen lässt). Und zwar vollständig
schwarz. Ohne Ausweg. Nirgendwo weiß, nicht einmal grau. In
radikaler, kompletter Entwertung der Welt und der eigenen Person, wobei letztere an Schlechtigkeit nicht mehr zu überbieten
ist.

Auch wenn das Extremverfärbungen sind – unser *Sehen* ist ein-
getrübt. Tagtäglich. Vor allem durch unsere Lebensgeschichte,
mit ihren Verletzungen und Wunden. Und es ist gefärbt durch
unsere Wünsche und Bedürfnisse. Letztlich erweist sich eine
nüchterne, brutale Erkenntnis aus drei Jahrtausenden als Stolper-
stein: Wir sehen in uns nur, was wir sehen wollen.

Es muss aber darum gehen zu erkennen, was *wirklich* in uns ist.
Und wer wir in Wahrheit sind. (Und wir überhören immer noch
hartnäckig das Männlein im Ohr, das nun wissen möchte, was
denn »Wahrheit« sei ...)

Erkenne dich selbst, besagt das Relief von Delphi.

Der Wortherkunft nach stammt »erkennen« von dem althochdeutschen »irchennan = geistig erfassen, sich erinnern.« Oder
auch: innewerden. Indem wir also in uns hineinfinden und einen
inneren Kern entdecken. Dazu müssen wir natürlich erst einmal
mit diesem Inneren in Kontakt treten, oder überhaupt einmal
akzeptieren, dass wir nicht nur aus einer Körperhülle, sondern
auch noch aus einem »Selbst« bestehen, das unser wahres Wesen
ausmacht.

Leider können wir diesen Kern nicht anfassen. Wir können ihn auch nicht von außen betrachten. Schade, es würde vieles erleichtern. Aber wenn wir uns selbst erkennen wollen, sollten wir uns immer wieder daran »erinnern« nach innen zu gehen und diesen Kern (symbolisch) zu berühren. Was für einige Leser möglicherweise wie ziemliches Geschwurbel klingt. Ich kann es nicht ändern. Alle Weisen (und selbstverständlich alle neuzeitlichen Psychologen) sprechen von diesem »Inneren«, von dem »wahren Wesen«.

Möglicherweise gewährt eine Bibelaussage einen besseren Einblick. Vor allem im Alten Testament – also jenen Schriften, die bis in das Jahr 1000 v. Chr. zurückreichen –»erkennen« sich Männer und Frauen immer genau dann, wenn sie sich der körperlichen Liebe hingeben. Hier wird dieses Einswerden bildlich deutlich, dieses Verschmelzen, denn idealerweise erkennen sich zwei Liebende während des Aktes in ihrem tiefsten Sein.

Nun geht es bei der Selbsterkenntnis nur äußerst selten um »guten Sex«. Vielmehr darum, »Allgemeingültiges ans Tageslicht zu bringen, das sonst hinter einem Vorhang von Ablenkungen, Alltagsverpflichtungen und Vergnügungen versteckt bleibt.« (25) Mit dieser Definition umschreibt der Psychiater Daniel Hell seine Bewunderung für die sogenannten Wüstenväter, frühchristliche Eremiten, die sich ab dem Jahre 300 von überall her in die Salzwüste Ägyptens, südwestlich des Nildeltas, zurückzogen. Sie lebten in sogenannten »Kellien«, das sind einfachste Laubhütten oder Höhlen. Alleine. In größeren Kellien, die in der Regel später entstanden und mehreren Personen Obdach bieten konnten, gab es verschiedene Räume, gelegentlich auch einen kleinen Gemüsegarten mit Einzäunung. Wasser stand nur selten direkt zur Verfügung. Und das alles, »um sich von allem zu trennen, was ihre Besinnung hätte stören können. Dort waren sie ganz auf sich selber verwiesen. In kaum vorstellbarer Radikalität setzten sie sich ihrem inneren Erleben aus. Sie machten außergewöhnliche Erfahrungen, die sich mit modernen Alltagserfahrungen nicht vergleichen lassen.« (26) Daniel Hell, 1944 geboren, leitete als Chefarzt das Psychiatriezentrum Schaffhausen und ist seit 1991 Ordinarius für klinische Psychiatrie an der Universität Zürich und Klinikdirektor an der Psychiatrischen Universitätsklinik Zürich. Darauf weist er selbst gerne hin, um anzudeuten, dass er sich diesen Eremiten gewissermaßen kollegial nähert. Denn aus ihren Briefen und Schriften kann geschlossen werden, dass sie elementare Einsichten der Psychoanalyse beinahe wie im Vorübergehen entdeckt haben. So ist zum Beispiel die sogenannte »kognitive Psychotherapie« ein säkularisiertes Pendant zur sogenannten »antirhetischen Methode« der Wüstenmönche. Nach dieser von Aaron Beck entwickelten Methode geht es darum, automatisch auftretende Gedanken bezüglich der eigenen Person (»Ich bin unfähig, wertlos«), der Umwelt (»Die andern verachten mich«) und der Zukunft (»Es wird sich nie etwas ändern«) psychotherapeutisch in einem sokratisch geführten Gespräch so zu hinterfragen, dass die depressive Person selbst alternative Antworten auf die negativen Gedanken findet. »Diese Methode, die als Kurztherapieverfahren wenige Dutzend Behandlungsstunden in Anspruch nimmt, hat sich in kontrollierten Studien als ähnlich wirksam erwiesen wie eine medikamentöse Therapie«, sagt der Klinikdirektor. (27)

Nun ist das frühchristliche Eremitentum natürlich nicht aus einer Laune der Natur heraus entstanden. Es hat Vorläufer im Judentum wie in anderen nah- und fernöstlichen Kulturen. Und Nachahmer bis heute hin in Asien. Aber in all diesen Jahrhunderten ist ihr Vorgehen gleich geblieben.

»Ihr Weg ging nach innen«, schreibt Hell. »Statt die Umwelt und die Natur zu beherrschen, waren sie bemüht, sich selber zu beherrschen. Die Tiefe ihres existenziellen Erlebens hat aber auch vieles offengelegt, was uns helfen kann, zu uns selber einen besseren Zugang zu finden.« (28)

Also: Selbstbeherrschung, schreibt der Psychiater. Als Schlüsselbegriff. Gerade, wenn es um die Faust in der Tasche geht.

Und die blöden Nachbarn.

Autokrateia, schrieben die stoischen Philosophen, und das Wort meint dasselbe. Wiederum rund 500 Jahre vor den Wüsteneremiten. Und bezeichnet *die* entscheidende Gemütsverfassung, in der ein Mensch leben sollte. Nur wer sich selbst beherrscht, ist für die Stoa (eines der wichtigsten Lehrgebäude der abendländischen Philosophie – und damit für unser aller Denken bis heute) ein freier Mensch, »ein König«.

Gewöhnlich kennen wir Könige heute nur noch aus dem Märchen. Es gibt zwar noch einige Monarchien, aber Tee trinkende, ältere Herrschaften beschreiben nur unzureichend den kraftvollen (auch Angst einflößenden) Symbolgehalt, den ein »König« für unsere Vorfahren darstellte. Es geht dann nämlich um einen Regenten, einen Diktator möglicherweise, in moderner Umschreibung, der Befehle erteilt und Massen bewegt. Um einen Unberührbaren, der Herr ist über sich selbst und nicht von fremden Kräften bestimmt wird.

Auf uns bezogen: Ein »König« ist ein Mensch, der alles entfalten kann, was in ihm schlummert, all seine Kräfte und Möglichkeiten. Und daneben ist er auch der in sich ruhende Mensch, der erst zuhört und sich nicht so leicht von anderen aus der Ruhe bringen lässt.

Selbstbeherrschung, schreiben alle diese Weisen – und wir Menschen von heute verbinden damit oftmals zuerst ein Schlagwort aus der Illustriertenrhetorik namens: Unterdrückung der Emotionen.

»Also Vorsicht!«

Es geht aber – positiv definiert – vor allem darum, dass ein Mensch sich nicht provozieren lässt. Dass sein Blutdruck nicht ruckartig in die Höhe schnellt. Dass seine Emotionen sich stattdessen kontrollieren lassen, und zwar immer. Weil ein solcher »König« seine Gefühle befehligt. Beherrscht.

Ein »König« demonstriert auch nicht in jeder Sekunde mittels Mimik und Gestik, was er denkt. Er zeigt erst recht nicht seine Wut.

»Durch Verdrängung!«

Das ist damit nicht gemeint. Auch nicht eine Fixierung auf die anderen, die Freunde, die Feinde, indem man pausenlos grübelt, was die wohl denken könnten. Kein Pokerface, aus Ängstlichkeit. Dann nämlich dominieren den scheinbaren Regenten unterdrückte Leidenschaften. Hinter einer starren Maske. Die irgendwann in einer heftigen Explosion nach außen drängen und jedes Leben in der näheren Umgebung zerstören. Nein, *Autokrateia* lebt aus der Verwurzelung in Gedanken und Gefühlen. Sie nährt sich aus den inneren Bedürfnissen und Wünschen. Und bei aller scheinbaren Kühle labt sie sich an Leidenschaften und Trieben.

Um diesen vermeintlichen Widerspruch zu erklären, verwenden die Stoiker immer wieder das Bild vom Steuermann, der das Boot (des Lebens) selbst lenkt und in genau die Richtung führt, die er anvisiert hat. Ein solcher Schiffsführer erschrickt weder vor einem Sturm, noch ergibt er sich passiv in das Wogen des Meeres.

Das Boot wird unabhängig von den Wellen.

Nicht nur aus Schriften der Stoiker und Wüstenväter, sondern aus den meisten Kulturen und Denkströmungen, weltweit, lässt sich gemeinsam diese Vorgabe filtrieren: Wer seine Leidenschaften beherrscht, der ist wirklich frei.

Aber: »Beherrschen« heißt in keinem Fall »unterdrücken«.

Interessanterweise zeigt sich dieser Zusammenhang schon im Wortstamm. Das deutsche Wort »herrschen« kommt nämlich von »hehr« und wird mit der Bedeutung »erhaben, vornehm; herrlich; heilig« umschrieben. Übrigens auch mit »hochmütig«, was das Gefährdungspotenzial umschreibt.

Wer sich also selbst beherrscht, damit auch seine Leidenschaften und Triebe, der muss nicht gegen sie kämpfen. Denn wenn er gegen sie in die Schlacht zieht, erweckt er eine derart starke Gegenkraft, dass er ihrer nicht Herr werden würde.

Herrschen heißt vielmehr »vornehm« zu agieren, »heilig« geradezu, in bester Beziehung zu seinen Leidenschaften und Emotionen. Um sie zu studieren, zu erkennen, sie zu leiten und zu lenken, bis in den nächsten Hafen hinein.

Konkret also: Was genau stört uns eigentlich an den Nachbarn?

Was ärgert uns an deren Verhalten? Warum weichen wir aus, wenn wir die beiden (die vielen) nur schon auf der Straße sehen?

Und weiter, tiefer (der See ist noch ruhig): »innewerden«, welche Gedanken auftauchen, wenn wir an die Nachbarn denken. Welche Gefühlspakete. Körperliche Reaktionen?

Bis dahin, in diese Emotionen hineinzufühlen: Ist dort alles nur unangenehm? Sind wir der Ekelflut, der Verachtung wirklich hilflos ausgeliefert?

Es ist eine Menge los in unseren Hirnrealen.

Aber interessanterweise bekümmert all das den Weisen nicht. Gleichgültig, ob wir nun die Ursache unseres Nicht-Mögens in einer berechtigten Ungerechtigkeit finden oder darin ausgenutzt zu werden, möglicherweise auch nur in einer verdrehten Unwilligkeit Gartenarbeit zu machen und deshalb lieber über die Nachbarn schimpfen mögen; gleichgültig, ob die Nachbarn die schlimmsten Menschen des Universums sind oder nur verkannte Heilige, ob wir selbst im Recht sind oder im Unrecht – es interessiert schlichtweg nicht. Sagen die Weisen. Sie stellen vor allem fest, dass wir uns querstellen.

Und dass wir uns gegen die Gegenwart wehren.

Und dass wir den Moment zu unserem Feind erklären.

Wohlgemerkt: Der Weise separiert nicht Recht von Unrecht, Falsch von Richtig. In diesem Moment. Mag sein, dass die Rechtsprechung auf unserer Seite ist und die Bundesregierung schon zu unseren Gunsten eine Gesetzesvorlage formuliert. Aber der Weise sieht (in diesem Moment) nur eines: Wir sind unglücklich. Und wir rüsten uns für einen bewaffneten Konflikt vor der Haustür.

Und wir verschmutzen innerlich.

Deshalb sollten wir – anstatt zu fluchen, zu drohen, zu jammern – lieber handeln. Und zwar sofort! Richtiggehend alles stehen und liegen lassen, um mit der betreffenden Person zu reden und die Dinge zu klären, die zu klären sind. Wenn es überhaupt Dinge gibt, die zu klären sind.

Und andernfalls – sofort – den Gefühlskokon zu zerreißen, den sich der Verstand um diese Situation herum erschaffen hat. Diese »Negativität« zu zerfetzen, die nichts und niemandem nützt, außer einem eingebildeten Selbstgefühl.

»Vorsicht«, sagen die Weisen immer wieder, in allen Kulturen und Religionen, wenn es um das »schwarze Denken« geht. Weil es sinnlos ist und uns in einer Situation gefangen hält, wie in Kerkerhaft und eine Veränderung gerade verhindert. Mehr noch: Es vergiftet. Und steckt an, wie ein grippaler Virus.

Also anders gefragt: Warum ist es uns so wichtig, die Nachbarn nicht zu mögen?

Wer sagt das?

»Ich!«

Wer bin: Ich?

In erster Linie wissen die Eremiten bei der Antwort davon zu berichten, dass nach der schnellen biografischen Musterkette aus Name, Alter, Schulausbildung, Berufsstand, etwaigen Hobbys und Vorlieben ein Sammelsurium aus biografischen Anekdoten folgt. Und dann lange nichts mehr. Weil dieses Sammelsurium unsere »Geschichte« ausmacht. Unsere Identifikation. Und es dauert einige Zeit, sagen die Eremiten, bis eine Stufe erreicht wird, in der wir uns vor allem als »Menschen« begreifen. Die keinen Deut besser oder schlechter sind, als andere Menschen.

In der sie erkennen: dass wir uns vor allem mit unseren Gedanken identifizieren.

Und später, tiefer: dass unsere Gedanken nicht »unsere« Gedanken sind, sondern *einfach nur* Gedanken.

Selbst Angst. Selbst Freude. Wut! Hass.

Wir sind nicht unsere Gedanken, sagen die Weisen.

Aber warum binden wir uns dann derart fest an sie? Warum verknüpfen wir mitunter sogar unser Leben damit?

Und wer stellt überhaupt die Frage: »Wer bin ich?«

Menschen sprechen gerne über »ihre Rechte« als Persönlichkeit, schreibt der amerikanische Psychotherapeut Stephen Schoen, auf der Suche nach dem »wahren Ich.«

»Der Ausdruck wird als Herausforderung gebraucht, wird so ausgesprochen, wie man von Grundbesitz sprechen könnte, der durch Naturgesetz sanktioniert und geheiligt ist. Er legt fest, was die Welt uns schuldig ist: ›Mein Recht, zu sprechen und gehört zu werden. Mein Recht auf meinen eigenen Weg und darauf, dich nach Möglichkeit dazu zu bringen, mir meinen Weg zu lassen. Ich stehe für mich selbst ein. Ich weiß, wie ich mich durchsetzen kann.«« (29)

Um dann anzufügen, dass für diese Menschen Wut eine besondere Verpflichtung ist. Sie sind bereit zum Kampf. Sie wissen, wie man ständig gegen etwas oder jemanden ist. »Fordernd, protestierend, rasch mit Abwehr bei der Hand und explizit egozentrisch, fühlen sie sich vielleicht ziemlich befreit von einschränkenden oder einschüchternden Personen aus ihrer eigenen Vergangenheit. Doch in der Art, wie sie unbekümmert ihre Umgebung provozieren, können wir vielleicht argwöhnisch einen provozierenden Elternteil erkennen, den sie nachahmen.« (30)

Wir sind nicht unsere Gedanken.

In uns allen, sagen die Weisen, steckt die Tendenz, sich von anderen Menschen abzugrenzen. Und das mit hehren Worten zu begründen.

Manche von uns fürchten sich davor, von diesen anderen ausgenutzt zu werden. Ob aus leidvoller Erfahrung oder nur vom Hörensagen. Und begründen blumig ihre Abneigung. Andere fürchten sich davor, dass sie sich mit einem Nachbarschaftsdienst überfordern. Auch wenn es nur ein Gespräch über den Gartenzaun ist. Und begründen mit einem Achselzucken ihre Abneigung.

Doch wenn wir derart auf unserer Abgrenzung beharren, sagen die Weisen, werden wir nie die Liebe erfahren, zu der wir fähig sind.

Denn: Liebe will fließen. Und nur wenn sie fließt, können wir sie spüren.

Deshalb sollten wir mit einem bildhaften Appell gegen unsere Abgrenzungsstrategie vorgehen. Immer dann, wenn wir einem anderen Menschen »den Rücken zukehren« wollen, sollten wir uns daran erinnern, dass wir eine große Gemeinsamkeit haben:

In hundert Jahren sind wir nämlich alle miteinander Staub. Oder Asche. Oder sonst wie atomar zerkleinert. Auf jeden Fall kräht kein Hahn mehr nach unserem Disput.

Diese ernüchternde und demütigende Einsicht lässt wenig Raum für Stolz. Es ist schlichtweg eine (wunderbar verdrängte) Tatsache.

Aber deshalb, so sagen die Weisen aller Zeiten, gibt es auch eine hundertprozentige Gleichheit zwischen allen Menschen.

»Ich konnte lange Zeit einen TV-Moderator nicht ausstehen«, sagt Martina, die drei Jahre in einer psychiatrischen Klinik zubrachte. »Ich fand, er sei ein Klugscheißer und habe eine völlig eingeengte, lehrerhafte, pseudowissenschaftliche Sicht der Welt, und ließe sonst nichts gelten. Das mag ja sogar stimmen – aber der Grund, warum ich ihn nicht mochte, ist wohl eher, dass ich selber eine Tendenz zur Klugscheißerei habe, nur geschickter versteckt. Und ich lasse auch nur eine ganz bestimmte Weltsicht zu. Nämlich meine.«

Ein wichtiger Gedanke.

Denn »ein Gespräch setzt voraus«, sagt Jürgen Habermas, »dass der andere recht haben könnte.« Und davor haben wir Angst.

Letztlich, sagen die Weisen, steckt sogar hinter jeder Angst die Panik des Ego vor dem Tod. Vor der Vernichtung. Und weil wir unser Denken mit unserer Persönlichkeit verknüpft haben, weil wir unsere Gedanken mit unserem »Ich« identisch erklären, durchzieht die Angst vor dem Tod jeden Aspekt unseres Lebens.

Erst recht bei dem Bedürfnis Recht zu behalten. Es muss nicht einmal zu einem Streit kommen. Aber der Umstand, dass wir uns mit einer ganz bestimmten Denkposition verknüpfen (eine »Meinung« haben) und damit die andere Person in ein Gegenüber, ins Unrecht setzen, gründet auf der Angst vor dem Tod. Denn wenn sich herausstellen sollte, dass unsere gewählte Verknüpfung ein Fehler ist, wir also im Unrecht sind oder zumindest auf einer rhetorisch schlechten Seite, dann fühlt sich unser Ego von der Vernichtung bedroht. Schließlich haben wir unseren Verstand, damit unsere Persönlichkeit, unser Leben, an diese bestimmte Satzstruktur, unsere »Position« gebunden.

Unrecht zu haben bedeutet demnach: zu sterben.

Viele Menschen kennen dieses Gefühl. Sie fühlen sich beschämt, gescheitert, wenn sie in einer Diskussion unterlegen sind. Und sie wünschen dem anderen symbolisch den Tod, zumindest aber planen sie die Scheidung (wenn es der Lebenspartner gewesen sein sollte).

Deshalb, sagen die Weisen, ist es so wichtig, dass wir lernen, unsere Gedanken von unserem »Kern«, von unserem »Ich« zu trennen. Sodass es für unser Selbstgefühl keinen Unterschied mehr macht, ob wir im Recht sind oder dummes Zeug geplappert haben.

Auf jeden Fall wird der zwanghafte, gewalttätige und letztlich unbewusste Drang, Recht zu haben, nicht mehr länger auftreten. Mit dem Moment, in dem wir diese Verknüpfung unterbrechen, können wir unsere Gedanken, unsere Thesen, unsere Emotionen formulieren, ohne dass wir uns bedroht fühlen müssen oder aggressiv die Zähne fletschen.

»An dem Ort, an dem wir recht haben«, schreibt Jehuda Amichai, »werden niemals Blumen wachsen im Frühjahr. Der Ort, an dem wir recht haben, ist zertrampelt und hart wie ein Hof. Zweifel und Liebe aber lockern die Welt auf wie ein Maulwurf, wie ein Pflug.« (31)

Denn diese »Position«, die wir zu verteidigen glauben, sagen die Weisen, ist letztlich nur eine Schimäre. Ein Trugbild. Ein Hirngespinst.

Fünf goldene Ärger-Regeln

Erstens

Wir können es drehen und wenden oder auch laut dagegen protestieren – Ärger taucht auf. Auch bei Heiligen. Also: zulassen. Nicht groß wehren, sondern sogar noch »die Tür öffnen« und um Einlass bitten. Aber mit dem Schritt über die Schwelle zum gewissenhaften Forscher werden. Alles sorgfältig betrachten. Und dabei keinen unterschwelligen oder nachzüglerischen Groll unterdrücken.

Zweitens

Immer darüber sprechen. Über alles (sofern es sich um den Ärger handelt). Auch dann, wenn es scheinbar unbedeutend und belanglos war. Gemäß der alten Therapeutenregel: Wenn wir es nicht schaffen über den »kleinen« Ärger zu sprechen, was soll dann erst geschehen, wenn eine echte Krise ansteht?

Drittens

Grundlage schaffen. Hat weniger mit Alkohol oder Nahrung zu tun, sondern mit der Frage danach, ob unser Ärger nicht tatsächlich vollkommen berechtigt ist. So etwas soll vorkommen. Deshalb ist es derart wichtig, darüber zu sprechen. Möglicherweise muss nun gehandelt werden. Anders sieht die Sache aus, wenn sich herausstellt, dass wir völlig unangemessen reagieren. Dann geht es darum – mit einem Gesprächspartner – zu analysieren, wo die Ursache für diese Übertreibung liegen könnte.

Viertens

Möglicherweise sind wir in die alte Falle der »Verallge-
meinerung« getappt. Sie ist der Grund für häufigen Ärger. Also: »Alle anderen« kriegen oder haben, während
»niemand außer mir« irgendetwas muss oder nicht muss.
»Immer« passiert mir das, »nie« den anderen. Und so weiter. Diese Falle ist nicht sonderlich spaßig. Bei vielen Menschen führt sie zu chronischer Verbitterung auf Jugend,
Elternhaus und Staatsbürgerschaft. Letztlich dann zu
Herzinfarkt.

Fünftens

In einer ruhigen Minute sind wir aufgerufen, danach
zu fragen, ob wir uns nicht eine Menge Ärger ersparen
könnten, wenn wir uns nicht so verdammt wichtig nehmen würden. Ob es also wirklich so unglaublich schrecklich ist, wenn uns beispielsweise ein Verkäufer merkwür-
dig anspricht oder ein Behördenbrief unklar formuliert
ist. Oft entlarvt Ärger, wie wir in Wahrheit über uns selbst
denken und welch unglaubliche Bedeutung wir unseren
Ideen und Gedanken beimessen.

»Ich habe den letzten Wutanfall gekriegt«, erzählt Tom Doch,
»als jemand versuchte meinen Sohn zu überfahren, beim Rück-
wärtsfahren. Dem habe ich ins Auto getreten. Das hat mir direkt
danach leidgetan, da war eine dicke Beule drin. Der Mann war
nämlich alt, ich hatte das alles nicht mitbekommen, der hat sich
fürchterlich erschrocken. Ich hab mich danach so geschämt. Vor
mir selber, weil ich dachte, dass das bei mir nicht mehr passiert.«

Und indem wir diese Verknüpfung beobachten, also bewusst machen, treten wir aus der plumpen Identifikation heraus. Und damit erreichen wir schlagartig das Ende aller Streitigkeiten und Machtspiele. Eine Diskussion zu »gewinnen«, also Macht über andere Menschen zu haben, ist nichts anderes als Schwäche, sagen die Weisen, die sich als Stärke verkleidet.

Immer wieder aber verlangt diese Entscheidung zur Bewusstmachung eine Entscheidung zur Gegenwart. Zur: Gegenwärtigkeit.

Immer dann nämlich, wenn es laut wird, wenn andere, gefühlsüberladene »Meinungen« auf uns einprasseln und das Adrenalin durch unseren Körper zischt. Und unser Selbstbild sich folglich bedroht fühlt. Oder wenn es beruflich plötzlich um alles geht. Oder wenn alles scheinbar schief läuft und wir Angst spüren, Panik sogar, Verzweiflung, oder wenn eine vergessene, verdrängte Angelegenheit aus der Kindheit plötzlich an die Pforte unseres Großhirns klopft …

Dann, genau dann nämlich, wollen wir unseren Pakt zum Teufel jagen. Und zurück in die unbewusste Verknüpfung kriechen. Ausflippen! Hochkochen! Die Fäuste schwingen!

Dann sind wir wieder in unserem alten Muster angelangt: rechtfertigen, verteidigen, vorwerfen, auslachen, angreifen, zutreten. *Töten.*

Es ist allerdings nicht unser »Ich«, das sich dort scheinbar heldenhaft in den Untergang prügelt, es ist nur unser bisheriges Denkmuster. Das Ego. In seinem gewohnten Überlebensmodus.

»Niemand kann dir wehtun«, betonte Mahatma Gandhi, »ohne deine Zustimmung.« (32) Er spricht dabei nicht über einen hinterhältigen Schlag auf den Hinterkopf, aber über die oftmals heftigen Emotionen, die andere Menschen bei uns auslösen. Mit ihren Worten oder Gesten. Aus heiterem Himmel, wie es oft heißt, wenn diese »Grenze«, die wir zwischen uns und den anderen errichtet haben, plötzlich fällt.

Denn was wir fühlen und wie wir reagieren, liegt immer an uns. Und in uns begründet. Und wir können es lernen, passende Gedanken, Reaktionen und Emotionen auszusuchen. Um weise zu werden. Wir sind nicht dazu verflucht aggressiv oder zumindest negativ zu reagieren, auch wenn diese Vorgehensweise oftmals verständlich ist und spontan geschieht. Kein noch so bescheuerter Nachbar ist in der Lage jede unserer Reaktionen fernzusteuern – und deshalb können wir es lernen unsere Gedanken zu drehen.

Ein lebenslanger Vorgang, leider, denn die Hirngespinste, die »Phantasmata«, wie sie Heinrich Spaemann nennt, nerven auch noch bei fortgesetzter Erleuchtung. Sogar ohne jeden äußeren Anlass. »Zunächst«, erklärt er, »tritt in unser Bewusstsein, besonders in Zeiten des Unbeschäftigtseins, aber auch wenn wir beten oder arbeiten, irgendein ausgesuchter Inhalt, etwa ein Mensch, mit dem wir kurz zuvor zu tun hatten. Wir beginnen, ihn näher anzusehen, uns mit ihm auseinanderzusetzen. Dieser Mensch verhielt sich uns gegenüber nicht liebevoll; er hat uns nicht beachtet, oder er sagte uns etwas, was uns gegen den Strich ging. Das Hirngespinst fügt nun hinzu: Das tat er sicher in der Absicht, dich zu übergehen oder dich zu kränken.« (33)

Meist stimmen wir diesen gedanklichen Kurzschlüssen augenblicklich zu. Und verbünden uns sogar noch zu einer wütenden Hasstirade gegen die abwesende Person. »Eine noch unbestimmte, untergründige Entschlossenheit entsteht, die auf Ablehnung zielt: Diese Kränkung lasse ich mir nicht gefallen; ich werde ihm dieses oder jenes sagen. Es entsteht eine Flut von Redevorstellungen, Rachevorstellungen. Das Hirngespinst nimmt nun vollends Besitz von unserem Herzen, haftet darin, zerstört seine gute Verfassung, seinen Frieden.« (34)

Voller Erfolg! kann man dem Ego, den Phantasmata nur bescheinigen. Aus dem Stand heraus auf hundertachtzig. Und die betreffende Person hat nicht einmal einen einzigen Satz gesagt!

Deshalb, betont Heinrich Spaemann, »muss man um die Hirngespinste und die Verwirrungen, die sie in uns hervorrufen können, klar wissen. Wenn das Geisteslicht in uns ist, vermögen wir sie rechtzeitig zu durchschauen und abzuweisen, was allerdings selten ohne Kampf abgeht, ohne Gebetskampf.« (35)

Und diese Klarheit verlangt des Weiteren, dass wir uns von dem Zwang lösen, jemand zu »werden«. Dass wir also weder unser Glück noch unser Selbstbild von Resultaten, Statistiken, Erfolgsbilanzen, eben von Äußerlichkeiten abhängig machen. Um dadurch auch frei von Angst zu werden.

Wir dürfen nicht mehr danach streben, dass uns, wie bisher, berufliche Veränderungen, andere Städte oder neue Liebschaften glücklich machen sollen. Um dann jämmerlich zu flennen, wenn all das nicht unseren Erwartungen entspricht. Nicht einfach (natürlich, sonst wären alle Menschen weise), denn: »Unsere Gesellschaft lebt in gewisser Hinsicht von den drei Giften: Gier, Hass und Unwissenheit.« (36)

Zudem sind wir es schlichtweg gewohnt, die Welt in kleine und kleinste Elemente aufzulösen, analysiert Daniel Hell, der Züricher Psychiater, unsere postmoderne Gegenwart. »Auch unsere Probleme suchen wir nach sachlichen Kriterien aufzuschlüsseln, um zu einer Lösung zu kommen. Dabei nehmen wir einen Stand- oder Beobachtungspunkt ein, der uns erlaubt, die körperlichen Objekte oder die menschlichen Verhaltensweisen von außen zu analysieren. Damit gelingt es uns, Gesetzmäßigkeiten zu entdecken, deren Kenntnis es uns erlaubt, Einfluss zu nehmen auf unsere Welt und auf unseren Schmerz.« (37)

Auf den ersten Blick scheint dieser Wesenszug sogar richtig zu sein. »Analyse« klingt zwar nicht unbedingt spirituell oder gar sexy, verhindert aber doch eine unbewusste Kneipenschlägerei. Außerdem hat uns dieser moderne Beobachtungspunkt in die Lage versetzt, Tabletten für das zu entwickeln, was uns stört, sowie Betriebsanleitungen für das, was wir immer schon erreichen wollten. Fliegen zum Beispiel. Der Haken ist: Wir haben uns damit zu Sklaven unserer Standpunkte gemacht und können nur noch das für bare Münze nehmen, was wir messen, teilen, sezieren können. Und ausgerechnet unser Ego wird dadurch, als Beobachter, zur wichtigsten Gerichtsinstanz. »Wenn nämlich unser Weltverständnis ichbezogen ist«, schreibt Hell, »und es darauf ankommt, die Umwelt möglichst vollständig zu beherrschen, wird auch das Zusammenleben der Menschen in wirtschaftlicher und (un-) sozialer Hinsicht von diesem Wettstreit bestimmt. Im Kampf um eine möglichst gute Position scheint sich Misstrauen besser auszuzahlen als Vertrauen, vorsichtiges Abtasten besser als offenes Aufeinanderzugehen, Eng- und Hartherzigkeit besser als Groß- und Weichherzigkeit. Wo der Einzelne sich immer neu beweisen muss, dass er gegenüber den Mitmenschen bestehen kann, trägt dieser Erfolgszwang zur inneren Verunsicherung bei.« (38)

Denn wenn sich ein Mensch nur noch bestätigt fühlen kann, wenn er auf der Karriereleiter aufwärts sprintet, dann lauert bei jeder Sprossenpause das grausame Gefühl, wertlos zu sein. Und es herrscht vierundzwanzigstündig Angst, dass ein anderer nur nach dieser Leiterposition lechzt. Um uns all das zu entreißen, was unsere Stellung im Leben und damit unseren Selbstwert ausmacht.

Schaffen wir es also nicht, den fatalen Strom unserer Gedanken zu kontrollieren, dann stülpen wir letztlich nur unsere wirren Hirnbilder über die Welt und klammern uns dort an unseren eigenen Projektionen fest.

»Solange es einem Menschen nicht gelungen ist, die Fesseln der Selbstsucht zu sprengen«, schreibt Robert Aitken, »kennt er keine Ruhe. Vielmehr lebt er in einem Zustand, den Buddha als Verblendung und Verhaftetsein bezeichnet hat, und dieser Zustand verlangt zu seiner Aufrechterhaltung intensive Gefühle. Im Extremfall schlägt unter solchen Bedingungen einfaches Begehren in unersättliche Gier um, Verärgerung in unerbittlichen Hass, und ein wackeliges ›Selbstbild‹ verleitet zu den absurdesten Abwehrmechanismen. Die meisten von uns lassen sich zu derartigen Extremreaktionen nicht hinreißen, aber auf die ein oder andere Weise ist keiner von uns jener unablässige Strom emotional aufgeladener Gedanken fremd, und so finden wir keinen Frieden – nicht einmal im Schlaf.« (39)

Selbst »die Liebe« bietet keine Fluchtmöglichkeiten mehr.

Anfänglich scheint dort noch alles anders, besser, wahrhaftig zu sein. Perfekt sogar, für eine kurze Zeit, während wir verliebt sind. Aber diese scheinbare Vollkommenheit wird aus mysteriösen Gründen irgendwann gestört. Stattdessen übernehmen Streitereien und Vorwürfe die Oberhand (bei denen oftmals sogar – wieder einmal – die Fäuste fliegen). Nimmt man sich die statistischen Scheidungsraten zu Herzen, scheint es zwangsläufig, dass aus den meisten »Liebesbeziehungen« sehr bald Hassverbindungen entstehen.

Oft poltert eine solche »Partnerschaft« noch einige Monate (bis Jahre) zwischen den extremen Polen aus Hass und Liebe hin und her, bevor es (endlich?) zur Trennung kommt. Wir wissen aus der Psychologie, dass nicht wenige Paare von diesen Pendelzyklen abhängig sind. Das tägliche Drama gibt ihnen bizarrerweise ein Gefühl von Lebendigkeit. Und erst, wenn das Gleichgewicht zwischen den beiden Polen verloren geht und die negativen, zerstörerischen Zyklen immer häufiger und immer heftiger werden, dann bietet dieses Konstrukt keine Zukunft mehr.

»Leben heißt süchtig sein«, schlussfolgert deshalb Gerald May, ein amerikanischer Mediziner und Psychiater mit langjähriger Erfahrung in der Therapie von Drogenabhängigen. Viele dieser Beziehungen werden dabei durch Täuschungsmanöver unbewusst gehalten. Deshalb sind die Motive niemals klar und können sogar widersprüchlich sein. Diese unbewussten Motive halten uns aber von der »Reinheit des Herzens« ab, wie sie spirituelle Meister definieren. Ihre Schriften sind voll von ihrem Ringen um diese Reinheit und um vollkommene Liebe inmitten ihrer widersprüchlichen Beweggründe. Je mehr sie an Reinheit gewannen, desto mehr wurden sie von einer schier endlosen Kette von Abhängigkeiten erniedrigt. »Das ist einer der Gründe, warum wahres geistliches Wachstum sich mehr und mehr der Notwendigkeit göttlicher Gnade bewusst und der Stolz auf die eigene Heiligkeit immer unbedeutender wird«, schreibt May. (40)

Johannes vom Kreuz erkannte das schon im 16. Jahrhundert: »Es sind nicht die Dinge der Welt, die die Seele erobern und beschädigen, denn sie dringen nicht ein. Es ist der Wille und das Verlangen nach ihnen.«

Deshalb appellieren die Weisen immer wieder daran, dass wir unsere Sehnsüchte befragen. Dass wir uns ehrlich eingestehen, was in unserem tiefsten Kern lauert.

Ehrlich!

In der Sucht nämlich, wenn sie denn nicht mehr zu verheimlichen ist, vor uns und den anderen, suchen wir eigentlich das, was wir in der Tiefe unseres Herzens ersehnen. Aber wir geben unsere Sehnsucht nicht zu. Stattdessen möchten wir in der Sucht unsere Sehn*sucht* überspringen und uns direkt das nehmen, was wir begehren.

Wir flüchten uns in eine Abhängigkeit, die scheinbar schenkt, wonach wir uns verzehren. Aber wir erhalten nicht das, was wir ersehnen.

Letztlich, sagen die Weisen, verlangen wir dabei nach dem Paradies des Mutterschoßes. Wir scheuen uns davor, das Paradies zu verlassen. Wir weigern uns, die Verantwortung für unser Leben zu übernehmen. Und wir wollen nicht erwachsen werden. Stattdessen haben wir uns darin eingerichtet, verwöhnt zu werden, und weigern uns aufzustehen, um uns dem Leben mit seinen Herausforderungen zu stellen.

Jeder Mensch ist süchtig.

Tatsächlich wirken dieselben Mechanismen, die zu Alkoholismus führen, auch in uns, wenn wir an Idealen hängen, Macht anstreben, Arbeit und Beziehungen nachjagen, wahllos im Internet surfen oder stundenlang im Fernsehen zappen und von Stimmungen und Fantasien abhängig sind. »Unsere Süchte sind unsere schlimmsten Feinde«, sagt May. »Sie haben uns Ketten angelegt, die wir selber geschmiedet haben, die aber faktisch nicht mehr unserer Kontrolle unterliegen.« (41)

Wie zu erwarten, gibt es keine einfachen Mittel gegen unsere Süchte. Sie speisen sich vielmehr gerade aus unseren Versuchen, sie zu beherrschen. Die Süchte zwingen uns auf die Knie, sie lassen uns aber auch die Gnade neu schätzen.

Um diesen Gedankengang zu wiederholen (weil es alle Weisen erlebt haben): Nicht irgendwelche Drogenwracks sind süchtig, von uns abgetrennt, irgendwo am Bahnhof – sondern wir alle. Aber wir verstecken es besser.

Solange wir uns diese Mechanismen aber nicht eingestehen, binden sie unsere Sehnsüchte und saugen unsere Lebenskraft heraus. Wir werden von bizarren Zwängen dirigiert und frönen absurden Bedürfnissen. Dadurch bleibt immer weniger Energie übrig, um uns auf sogenannte »höhere Ziele«, also auf die Weisheit, aber auch auf andere Menschen und eine bessere Welt zu konzentrieren. »Geistlich gesehen ist Sucht die grundlegende Abkehr von Gott«, schreibt Gerald May. »Die Objekte unserer Abhängigkeit werden zu unseren Göttern. Ihnen dienen wir. Ihnen – nicht der Liebe – opfern wir Zeit und Kraft.« (42)

Die großen geistlichen Strömungen und Traditionen dieser Welt sprechen seit jeher von diesem Verhaftetsein. Diese Traditionen sprechen aber auch von der »Gelassenheit«. Damit wollen die Weisen weder die Sehnsucht herabsetzen noch das, worauf sie sich richtet. Vielmehr zielt diese Form der »Gelassenheit« darauf, uns von ängstlichem Festhalten zu befreien. Sie fordert nicht eine lieblose, kühle Haltung, sondern das Gegenteil.

Gelassenheit strebt danach, unsere Sehnsucht zu befreien.

Stress ist ein schönes Beispiel für eine moderne Stolperfalle auf dem Weg zur Weisheit. Dabei hassen wir Stress. Wir wollen ihn loswerden, wie Fußpilz, und suchen ja gerade den Weg der Weisheit, um endlich entspannt zu leben.

Wenn wir uns dann also zurückziehen, gerade im Urlaub, um endlich einmal durchzuatmen, wenn also der äußere Druck und die damit verbundene Anspannung verschwindet und niemand anruft, dann ist erst mal alles gut. Es werden weniger Stresshormone erzeugt. Entspannung macht sich breit.

Ruhe ...

Nur – wir haben die Reaktion des Gehirns auf den verminderten Ausstoß von Stresshormonen vergessen. Die Neuronen,

Typisches Suchtverhalten

Erstens
Wir gewöhnen uns an eine bestimmte Menge von etwas (mittlerweile gibt es keine Ausnahme mehr; wir können so ziemlich nach allem süchtig werden), was dazu führt, dass es keinen »Kick« mehr bringt. Und weil dieses Erlebnis ausbleibt, brauchen wir erst recht noch mehr.

Zweitens
Immer, wenn wir unserem Körper etwas vorenthalten (an das er sich inzwischen gewöhnt hat), bombardiert er uns mit Botenstoffen. Die Folge dieser Chemiebomben ist immer gleich: Angst. Konkret entsteht deshalb Stress. Bei dem zaghaften Versuch auf Dinge zu verzichten (weil wir eine leise Ahnung haben, dass sie uns nicht guttun), erreichen wir nur eine Verstärkung der Entzugssymptome.

Wenn wir also (in unserem Selbstwert) stark von der Sympathie anderer Leute abhängen und suchtartig nach deren Anerkennung gieren, dann erzeugt jede Ablehnung puren Stress. Die zwangsläufige Folge davon ist ein zunehmend erschüttertes Selbstvertrauen.

Drittens
Selbstverständlich sind *wir* nicht süchtig. Das sind immer nur die anderen, bevorzugt Junkies am Hauptbahnhof. Deshalb zaubert unser Verstand auch täglich neue Argumente, weshalb *wir* diese eine Sache unbedingt weiter machen müssen. Schließlich sind *wir* nicht abhängig.

Im Gegenteil: Es tut uns doch offensichtlich gut. Und gab es nicht diese eine wissenschaftliche Studie, irgendwo, von irgendwem, die klar herausstellte, dass Enthaltsamkeit sehr, sehr schädlich sei?

Deshalb lässt unser Verstand auch nicht locker, um jeden sachlichen Einwand zu boykottieren. Mit noch mehr Sachlichkeit. Oder mit Vergesslichkeit.

Viertens

Sollte es uns in einem übermütigen Moment doch kurz überkommen »diese eine Sache« nicht mehr zu machen, führt das in Wahrheit nur geradewegs in eine Niederlage. Ein entscheidender Teil von uns meutert. Und ergibt sich in neuerliche Rationalisierung. Der Wille bröckelt.

»Ich mache das nur manchmal. Wenn es sein muss, höre ich sofort damit auf.« Ein typischer Spruch. Der Unterschied zwischen Sucht und »Spaß« ist dabei recht einfach zu testen. Wenn es wieder einmal dazu kommt, dass wir uns selbst vorsagen: »Was soll der Stress. Ich kann jederzeit aufhören, wenn ich nur will.«

Dann – sollten wir genau das tun. Einfach aufhören.

Klappt es, dann ist alles in Ordnung.

Hakt es allerdings – dann »brennt die Hütte«. Ohne jede Rechtfertigung.

Fünftens

Viele Süchte sind uns selbst nicht klar. Unser Verstand ist äußerst gerissen, wenn es darum geht, bestimmte Abhängigkeiten vor uns zu verstecken. Mit der Zielsetzung:

> Möglichst bald wieder eine ordentliche Dosis »Dröhnung«
> verpasst zu bekommen. Ohne Nachschubsorgen, versteht
> sich. Und mit der klaren Vorgabe, dass wir der Sache nicht
> weiter im Wege stehen.

inzwischen an eine hohe Dosis gewöhnt, geraten in Panik. Sie
reagieren so, als wäre etwas nicht in Ordnung. Zynischerweise
pumpen sie nun ihrerseits Stresssignale in den Körper, um die
vertrauten Mechanismen wieder in Gang zu setzen. Wir werden also zunehmend unruhiger, am Strand, in der Sonne, und
schauen uns nach irgendeiner Beschäftigung um, bis wir abends
vor Erschöpfung ins Bett fallen können.

Andere Zellen, die sich auf Stresshormone eingerichtet hatten,
erleiden umgekehrt Entzugserscheinungen und kollabieren. Das
führt zu Lethargie, weil ihnen jede Stimulation fehlt. So kommt
zur Gereiztheit eine ungeheure Erschöpfung und Müdigkeit.
Auch dieser Zustand treibt uns dazu, nicht auszuspannen. Ein
Teufelskreis entsteht: entweder ein erschöpfter Schlaf (den die
Erregung oftmals gar nicht zulässt) oder die Rückkehr zu einer
anstrengenden und aufreibenden Arbeit. Fazit, laut May: »Wer
ernstlich stressabhängig ist, kann keine Erleichterung finden,
welche Strategie er auch immer anwendet.« (43)

Viele Menschen haben deshalb (unbewusst) einen Ausweg gefunden, das Stressmuster anderweitig zu bedienen. Beliebt sind
Joggen am Strand oder stundenlange Wandertouren. Beides bis
zur Erschöpfung. Aber somit versorgen sie den Körper mit genügend Stresshormonen, um die Entzugserscheinungen in Grenzen zu halten und gestatten dem Verstand trotzdem, von den täglichen Sorgen und Aufgaben Abstand zu nehmen.

Allerdings ist dieser Versuch der Aufrechterhaltung des Status quo ein Umweg auf dem Pfad der Weisheit. Es ist daher wichtig, sich immer wieder besagte Hormonabhängigkeit vor Augen zu führen. Denn jeder Wechsel der Normalität verursacht in den Zellen Stress. Und jede Anpassung an eine neue etablierte Realität bringt Erleichterung. Sie basiert auf physischen Veränderungen in den Nervenzellen: Synapsen entstehen und lösen sich auf; Verbindungen werden geknüpft und abgebrochen; Neurotransmitter verändern sich bezüglich ihrer Menge; Neurorezeptoren werden mehr oder weniger und wechseln den Grad ihrer Empfänglichkeit. »Jede Anpassung an einen Wechsel bedeutet Stress«, so May, »wenn die alte Normalität verloren geht, und Erleichterung, wenn die neue Normalität hergestellt ist.« (44)

Gebunden sind wir also immer an das, was für uns die Normalität darstellt. Und keine Normalität werden wir ohne Kampf aufgeben.

»Ich war – unter anderem – danach süchtig zu arbeiten«, erzählt Martina, »dabei habe ich es gleichzeitig gehasst zu arbeiten und unentwegt Überstunden zu bolzen. Aber ich konnte es nicht lassen. Ich konnte auch nicht einfach sagen, jetzt trete ich mal kürzer und denke mal an mich. Oder ich gehe meditieren. Ich habe das zwar versucht, aber ich habe schnell gemerkt, dass ich nur versuche mit den Meditationsübungen diese Leere in mir zu füllen, die ich gespürt habe. Und ich habe gemerkt, dass ich über diesen Weg nur wieder einmal versuche, mein Verhalten mit dem Willen zu kontrollieren.«

Stattdessen … ist sie *stehen geblieben*.

Sehr unkompliziert und schlicht.

Martina hat diese Leere zugelassen, akzeptiert, und ist nicht davongelaufen.

Natürlich geriet ihr System in helle Aufregung und bombardierte sie mit einer panischen Salve Hormone nach der anderen, aber Martina ist nicht aufgesprungen. Sie hat auch nicht gegen ihre aufkommende Angst gekämpft oder sich eine neue Form der Ablenkung gesucht.

Stattdessen … tat sie *nichts.*

Sie ließ die Leere zu.

»Untersuche deine Gedanken«, fordern die Wüstenväter ihre Schüler auf, immer wieder, »dann wirst du Ruhe finden.« (45)

Zu anstrengend?

Möglicherweise. Aber auch die Suche nach Weisheit muss von einer gewissen Leidenschaft erfüllt sein, sonst wird es nicht funktionieren. Ohne Wille zur Weisheit wird keine Weisheit entstehen.

Dafür ist das Ziel umso erstrebenswerter. Oft wird dafür in der Literatur das Bild eines Sees herangezogen. Unsere äußere Lebenssituation, unser beruflicher und privater Alltag, steht dann für die Oberfläche des Gewässers. Manchmal ruhig, manchmal windig und rau, entsprechend den Zeiten und Gezeiten. Doch in seiner tiefsten Tiefe bleibt der See ungestört.

Im Zustand der Weisheit sind wir eben das gesamte Gewässer, nicht nur seine kräuselige Oberfläche, und wir stehen in Verbindung mit unserer eigenen Tiefe, die in völliger Stille verbleibt. Wir setzen den Veränderungen keinen Widerstand mehr entgegen.

»Wer soll das denn schaffen?«

Jeder.

Es geht nur darum, sich von der Herrschaft emotional geprägter Gedanken zu befreien. Und immer wieder darum, aufbrausende Gefühle nicht zu bewerten, sondern sie zuzulassen und anzuschauen. Und einen Dialog mit eben diesen Gefühlen und Leidenschaften zu führen, um die positive Kraft, die darin steckt, für unser inneres Leben fruchtbar zu machen.

Henri Nouwen, ein neugieriger Suchender (zudem Psychologe) zieht sogar für sieben Monate in ein Trappistenkloster, um diesen Gedankendialog bei dem legendären Mediziner, Psychiater und Abt von Genese, John Eudes Bamberger (Jahrgang 1926) zu erlernen. »Während dieser ersten Wochen in Genese habe ich entdeckt«, notiert Nouwen in seinem Tagebuch, »dass ich ganz unterschiedlichen Stimmungen unterworfen bin, die oft sehr schnell wechseln. Gefühle müder Niedergeschlagenheit, geringes Selbstwertgefühl, Langeweile – und auch Gefühle des Ärgers, der Gereiztheit, ja geradezu der Feindseligkeit – und Gefühle der Dankbarkeit, der Freude und der frohen Erregung – sie sind alle da, und manchmal sogar alle an einem einzigen Tag.« (46) Zum ersten Mal kann er nicht *den Umständen* die Schuld daran geben, dass er gereizt reagiert, denn in einem derart abgelegenen Bau, in dem weder Abwechslungen noch Prioritäten geduldet werden und die Menschen zudem besonderen Wert auf Freundlichkeit legen, gibt es keine *Umstände*. Sondern nur das eigene, oftmals verquere Denken, Fühlen, Brüten. Zum ersten Mal registriert Nouwen, mit welcher Intensität er zum Beispiel von einer freundlichen Geste abhängig ist, von lobenden Worten oder auch von »interessanter«, fesselnder Arbeit. Wie so viele Zeitgenossen der Moderne, die gerne und ausdauernd über Stress und Hektik klagen, entdeckt er, dass er sich grausam langweilt, dass er sogar aggressiv und wütend wird, sobald er eine Tätigkeit ausführen soll, die ihn nicht interessiert. Aber dadurch, dass er sich dieser Erkenntnis gegenüber öffnet, wird sie bereichernd für ihn.

Eine andere Methode, mit seinen Gedanken umzugehen, ist ganz simpel die, sie mit einem anderen zu besprechen. »Heute sind die Sprechzimmer der Psychologen überfüllt«, sagt Anselm Grün, »weil wir es nicht wagen, vor unseren Freunden offen über uns zu sprechen, vor allem über unsere negativen Gefühle, über unsere Leidenschaften, über unsere Schwächen und über unsere Schuld. So bleiben viele allein mit ihren Gedanken. Sie unterdrücken sie. Aber unterdrückt fangen die Gedanken an zu kochen, bis irgendwann einmal der Deckel hochgeht. Das Aussprechen der Gedanken nimmt ihnen das Gefährliche und Zerstörende.« (47)

Diesen Rat hatten auch schon die Wüstenväter. »Ein Altvater sagt: Wenn du von unreinen Gedanken bedrängt wirst, verbirg sie nicht, sondern offenbare sie sofort deinem geistlichen Vater und vernichte sie. Denn in dem Maß, in dem man seine Gedanken verbirgt, vermehren sie sich und werden stärker. Ähnlich wie eine Schlange, die aus ihrem Versteck entweicht und sogleich davonläuft, so verschwindet der Gedanke sofort, wenn er offenbart ist. Und wie ein Wurm das Holz, so zerstört der schlechte Gedanke das Herz. Wer seine Gedanken offenbart, wird sogleich geheilt, aber wer sie verbirgt, wird krank vor Stolz.« (48)

Die Begegnung mit uns selbst ist eine der wichtigsten Aufgaben auf dem Weg der Weisheit. Um zu verhindern, dass wir ungeliebte Wünsche und Sehnsüchte, unsere verdrängten Bedürfnisse auf die Umwelt projizieren. Denn die Begegnung mit uns selbst befreit uns von Illusionen.

Konkret allerdings ist der Nachbar ein offensichtlicher Holzkopf. Er stänkert und poltert und dreht genau dann die Musik laut, wenn wir beschließen weise zu werden. Und wenn wir ihn vorsichtig ansprechen, dann ergießt sich augenblicklich eine Hasstirade über unser Begrüßungssätzchen, dass wir gar nicht mehr weiter zu Wort kommen. Die Politiker, die Jugendlichen, wahlweise die Frauen, die Männer, meist auch unsere Gegenwart, es ist alles furchtbar und schrecklich und das Leben ein einziger Graus.

Es gehört nicht viel Weisheit dazu, um zu erkennen, dass unser Nachbar ein zutiefst unzufriedener Zeitgenosse ist. Mit sich selbst. Weshalb ihn auch nichts zufriedenstellen kann. Und wenn andere etwas loben oder bewundern, steigt in ihm der Neid hoch. Er muss zerstören.

Weisheit heißt in so einem Fall: zulassen.

Und zuhören. Das ist alles.

Es geht in so einem Fall darum, dass wir uns (mental) abgrenzen, von diesem Poltern und Wüten und Toben, ohne zu verurteilen. Nur abgrenzen. Um unsere »Seele« zu schützen. Aber wir lassen diesen Nachbarn so, wie er ist.

Es ist nicht die Aufgabe eines Weisen zu diskutieren. Und zu argumentieren. Und zu lamentieren. Das wäre sinnlos.

Aber wir akzeptieren selbstverständlich auch unsere Sicht der Dinge. Und wünschen einen schönen Tag.

Wenn stattdessen Wut bei uns hochkocht (die Faust schon aufsteigt), sagen die Weisen, dann liegt darunter meistens Schmerz. Genauso, wenn wir ins Haus zurückkehren und von einer dunklen Stimmung ergriffen werden, in eben dieses negative Gedankenmuster rutschen, das wir bei dem Nachbarn so verabscheuen. Dann haben wir uns wieder mit unseren Gedanken und Emotionen identifiziert und beginnen uns zu verteidigen. Unbewusst. Denn das Ego hat wieder die Führung übernommen.

Stattdessen sollten wir uns in diesem Moment über unseren neuen Feind freuen. Es ist nämlich der einzige Mensch, der ehrlich zu uns ist. Und Feinde markieren unsere Grenzen. Damit vor allem unsere (vermeintlichen) Schwachpunkte: unsere Wunden. Dabei hat jeder Mensch solche Wunden. Aber wir erkennen sie erst, wenn wir unsere empfindlichen Stellen anschauen. Zum Beispiel auch, wenn wir heftig auf Kritik reagieren. Und vor Wut zu explodieren drohen.

»Ich sprach vor allem über meinen Ärger«, notiert Nouwen in seinem Tagebuch, »über meine Neigung, auf Menschen, Gedanken oder Ereignisse ärgerlich und gereizt zu reagieren. Ich erkannte, dass mein Groll mich in Unruhe versetzte, mich zu Grübeleien und innerem Hader versetzte und mir so das Gebet fast unmöglich machte. Aber der verwirrenste Ärger war der Ärger über mich selbst, nämlich dass ich nicht auf angemessene Weise reagierte; dass ich nicht wusste, wie ich meine Missbilligung zum Ausdruck bringen sollte; dass ich äußerlich gehorchte, während ich innerlich voller Auflehnung blieb; und schließlich darüber, dass ich kleine und scheinbar unbedeutende Ereignisse eine solche Macht über mein Gefühlsleben ausüben ließ. Alles in allem: ein passiv aggressives Verhalten.« (49)

Seit einigen Jahrhunderten gibt es diesbezüglich einen Zen-Spruch: »Wer dich lobt, ist ein Dieb«, lautet er. »Und wer Kritik an dir übt, der ist dein wahrer Freund.«

Deshalb sollten wir uns immer wieder über unsere Feinde freuen.

Erst durch sie schauen wir überhaupt auf unsere Seelenlöcher. Und diese Verletzungen öffnen uns für unser wahres Selbst. Wunden halten uns lebendig. Sie zwingen uns, weiter an uns zu arbeiten und zu wachsen.

»Vielleicht weist mich eine Wut auf eine tiefe Verletzung hin«, schreibt Anselm Grün. »Vielleicht begegne ich in meiner Wut dem verletzten Kind in mir, das mit ohnmächtiger Wut auf die Verletzung durch Eltern oder Lehrer reagiert. Vielleicht zeigt mir meine Wut, dass ich anderen zu viel Macht über mich gegeben habe. Dann wäre die Wut die Kraft, mich von der Macht der anderen zu befreien, um so offen zu werden für Gott. Die Wut ist dann nicht von vornherein schlecht, sondern sie wird für mich zum Wegweiser zu meinem wahren Selbst.« (50)

Es geht also nicht darum, Wut zu verbieten. Im Gegenteil, wer unfähig ist, Wut überhaupt zu verspüren, der blockiert sein eigenes schöpferisches Potenzial. Thich Nhat Hanh betont: »Begegne deiner Wut mit dem äußersten Respekt und dem größten Wohlwollen, denn sie ist schließlich nichts anderes als du selbst. Unterdrücke sie nicht – betrachte sie nur mit klarem Bewusstsein. Das Bewusstsein ist wie die Sonne. Wenn die Sonne die Dinge mit ihrem Licht erwärmt, so verwandeln sie sich. Sind wir uns unseres Zornes bewusst, so verwandelt er sich. Zerstören wir hingegen unsere Wut, so zerstören wir den Buddha. Wenn wir daher unserer Wut mit Bedachtsamkeit begegnen, ist das, als nähmen wir einen kleinen Bruder bei der Hand.« (51)

Alle unsere Gefühle haben ihren Sinn, betonen die Weisen.

Auch wenn wir uns über den Nachbarn ärgern. Auch wenn er uns – grundlos, natürlich grundlos – nicht mag, und wir, umgekehrt, ihn nicht ausstehen können. Das aber – selbstverständlich – wohlbegründet. Dann könnte ein Sinn darin bestehen, dass wir danach suchen, worin wir beide uns *ähnlich* sind. Dass wir also in uns hineinhorchen, was wir an dem Nachbarn nicht leiden können: um in Erfahrung zu bringen, was wir *an uns selbst* nicht leiden können.

»Was nicht in uns ist, das regt uns auch nicht auf«, sagt Hermann Hesse.

Wir müssen erst mit unserem eigenen »Herzen« in Berührung gekommen sein. Dann können wir auch den Nachbarn respektieren, ihn sogar in seiner Verirrtheit lieben. Weil wir all das Verirrte, Kranke und Unglückliche in uns selbst gespürt haben.

Dann werden wir andere nicht mehr verurteilen, sondern sie gerade mit all dem Zerrissenen, Elenden, Unansehnlichen in unser »Herz« aufnehmen.

Immer wieder betonen die Schriften, dass sich der entscheidende Grad an Weisheit darin zeigt, wie wir uns in »schwierigen« Situationen verhalten. Also dann, wenn alles »aus dem Ruder läuft«. Und das kann ziemlich schnell geschehen.

Auch (und gerade) in einer Partnerschaft. Manche Frau reagiert mitunter heftig, wenn sie das Gefühl hat, ihr Mann höre nicht richtig zu. Weisheit hin oder her. Also wird sie ihren Partner angreifen, beschuldigen, kritisieren, ins Unrecht setzen und was es sonst noch für Möglichkeiten gibt. Wenn der Mann sich daraufhin verteidigt, rechtfertigt, wortreich dagegen argumentiert, dann stecken beide bald in einem Zweifrontenkrieg voller Kanonaden und Attacken.

Stattdessen sollten wir uns freuen (immer wieder).

Denn die (vermeintliche) Feindseligkeit unserer Partnerin könnte uns helfen, einen vom Verstand beherrschten Zustand zu korrigieren. Ihr Angriff könnte uns helfen *gegenwärtig* zu werden, anstatt im Unbewussten zu versumpfen. Allerdings darf diese neue Freude nicht taktisch begründet sein, wie es der englische Comedian Ashley Brilliant einmal formuliert hat: »Wenn ich dich so akzeptiere, wie du bist«, sagte er, »heißt das nicht unbedingt, dass ich jegliche Hoffnung aufgegeben habe, du könntest dich bessern.«

Die Betrachtung der eigenen Gedankenwelt lässt sich übrigens am schnellsten in der Empfindung für einen fremden Menschen verfeinern. Wenn wir an einer Bushaltestelle warten, beispielsweise, und sich jemand auf den freien Platz gegenüber setzt. Und derjenige einen merkwürdigen Anzug trägt. Oder gar gefährlich aussieht. Oder dreckig. Oder interessant.

»Diese Gedanken«, schreibt Stephen Schoen, »sagen natürlich etwas über meine tatsächlichen vergangenen Erfahrungen mit anderen, aber sehr viel genauer sind sie ein innerer Spiegel: Ein-

69

stellungen, die ich mir selbst gegenüber habe, werde ich in der Folge auch im anderen wiederfinden, der mein Vertrauter wird. Wie sehr traue ich dem Reich meiner Stimmungen? Wie weit akzeptiere ich die Logik und Unlogik von Bedürfnissen, einschließlich jener Ängste und Hemmungen, von denen ich gerne frei sein möchte? Wie weit nehme ich mich an als zärtlich und abenteuerlich, eigenwillig und launisch, vertrauensvoll und überraschend, erwachsen und kindlich, Mann und Frau, als Quelle von Kräften, bekannten, erahnten und unbekannten? Wie treu bin ich meinen Zielen in Versuchungen und Enttäuschungen?« (52)

Erst recht wird das Ganze ein Übungsfeld, wenn wir einen Drängler im Rückspiegel sehen. Und Wut aufsteigt. Hass. Dann sollten wir zukünftig sofort nachdenken, woher diese Aggressionen stammen. Erstaunlich schnell (mit etwas Übung) werden wir auf einen Grund stoßen. Weil uns beispielsweise jemand nicht zurückgerufen hat, obwohl es sehr, sehr wichtig ist und wir nun »in der Luft hängen«, oder weil wir überraschend eine Nachzahlung leisten müssen und nicht wissen, wo das Geld dafür herkommen soll.

All das dient dazu, Abstand zur Wut (zur Faust) zu gewinnen. Sich selbst von außen zu betrachten. Einfach nur zu beobachten, ohne Wertung, was im Kopf passiert. »Der Zorn ist nötig, und nichts kann ohne ihn durchgesetzt werden«, schrieb Seneca zu Beginn des ersten Jahrtausends n. Chr. »wenn er nicht die Seele erfüllt und den Mut entzündet. Man darf ihn freilich nicht zum Führer, sondern nur zum Mitstreiter machen.« (53)

Dabei ist es wichtig, die körperlichen Beweggründe zu kennen. Das autonome Nervensystem löst einen Adrenalinstoß aus. Es können, abhängig vom Grad des Ärgers, einige oder alle der folgenden Symptome auftreten: Die Nebennieren stoßen zwei Hormone aus, Epinephrin (Adrenalin) und Norepinephrin (Noradrenalin). Diese beiden Substanzen rufen die Erregung, Angespanntheit, Aufregung und die Hitze des starken Ärgers hervor. Diese Hormone wiederum stimulieren Veränderungen in der Herzfrequenz, im Blutdruck, in der Lungenfunktion und der Tätigkeit des Verdauungstrakts. Das wiederum führt zu den allgemeinen Erregungszuständen, die Menschen empfinden, wenn sie ärgerlich sind. Es sind diese körperlichen Veränderungen, die uns das Gefühl geben, dass wir zum Beispiel von Wut überwältigt werden und unfähig sind, sie zu kontrollieren.

Auch Evagrius, einer der wichtigsten Wüstenväter, gibt zahlreiche Ratschläge zum praktischen Umgang mit Ärger und Groll. Unter anderem empfiehlt er, jeglichen Zorn vor dem Schlafengehen anzuschauen und abzulegen, damit er sich nicht im Traum im Unbewussten festsetzt und sich am nächsten Tag als diffuse Unzufriedenheit äußert. Denn sobald Ärger das Unterbewusstsein infiziert hat wie ein Virus, verlieren wir die Kontrolle über den Eindringling und sind ihm schutzlos ausgeliefert. Das kann übrigens auch geschehen, wenn wir unseren Frust ziellos mit Fressen, Saufen oder Zappen verdecken. »Argwöhnisch wacht der Mensch über alles, was ihm gehört«, formuliert der Nobelpreisträger Linus Pauling diesen Umstand etwas eleganter: »Nur die Zeit lässt er sich stehlen, am meisten vom Fernsehen.«

Solange wir also an unsere Gefühle gebunden sind, betonen die Weisen, solange wir uns gleichzeitig damit an unser Wohlbefinden koppeln, also uns mit unserer Angst, mit unserer Eifersucht, unserem Ärger, mit unseren Depressionen identifizieren, solange werden genau diese Gefühle für uns zu einem ewigen Problem, vom dem wir nie loskommen.

Gleichzeitig ist Wut eine wichtige Kraft.

Es geht nicht darum, Gefühle zu verschlucken. Aber Ärger und Zorn sollen nicht mehr länger unser Leben kontrollieren.

Wut ist zum Beispiel eine wichtige Kraft, um uns von Menschen zu lösen, die uns verletzt haben. Solange wir uns nämlich mit dieser Verletzung beschäftigen, die Wunde immer wieder aufreißen, pausenlos darüber jammern, was geschehen ist, so lange geben wir dem Verursacher Macht über uns. Wut ist hierbei die entscheidende Kraftquelle, um eine Grenze zu errichten. Einen trennenden Graben zwischen diesem anderen Menschen und uns. In diesem Fall ist Wut der erste Schritt zur Befreiung.

»Wir können Gott dankbar sein für unsere Fähigkeit, Ärger zu spüren«, sagt deshalb der Paar- und Familientherapeut Dr. Gary Chapman. Weil Ärger im Kern ein Ausdruck von Liebe ist und von Sehnsucht nach Gerechtigkeit. Aber selbstverständlich nur, wenn der Zorn nicht unkontrolliert herausbricht. Und wenn er nicht unterdrückt wird. »Wenn ein Mensch keinen Ärger oder keinen Zorn mehr wahrnimmt«, schreibt Chapman, »hat er sein Moralempfinden verloren. Ärger soll uns dazu bewegen, angesichts von Ungerechtigkeit positiv und liebevoll zu handeln.« (54)

Weisheit zeigt sich also nicht unbedingt darin, schweigend und selbstsicher »über den Dingen« zu thronen. Oftmals eher darin, ausnahmslos zu sich selbst ja sagen zu können. Auch zu seinen Fehlern und Schattenseiten. Zu den sogenannten Blamagen.

Der Weise ist sich immer der unruhigen Wellenlage an der Oberfläche des Sees bewusst, dem Schwanken zwischen Angst und Vertrauen, zwischen Verstand und Gefühl, zwischen Liebe und Aggression, zwischen Disziplin und Disziplinlosigkeit. Aber er ist eben deshalb weise, weil er darum *weiß*.

Und weil er die Wellenlage beruhigen und auf den Grund des Sees schauen kann, wie es Diadochus von Photike, Mitte des 5. Jahrhunderts, beschreibt. »Wenn die See still ist«, sagt er, »können die Augen des Fischers bis zu dem Punkt durchdringen, wo er die verschiedenen Bewegungen in der Tiefe des Wassers unterscheiden kann, sodass ihm kaum eines der Geschöpfe, die sich auf den Seepfaden bewegen, entkommen kann; doch wenn die See vom Wind aufgepeitscht ist, verbirgt sie in ihrer dunklen Ruhelosigkeit, was sie im Lächeln eines klaren Tages zeigt.« (55) Wenn wir also nicht in Panik geraten und Wellen vermeiden, werden wir fähig sein, unsere Gedanken bis zum Ende durchzuspielen. Um die nützlichen von den unbrauchbaren Eingebungen zu unterscheiden, sodass wir die guten bewahren und die bösen verjagen können.

Manche Zeitgenossen, die sich so faszinierend selbstbewusst präsentieren, erweisen sich dagegen nach einiger Zeit oft als Maskenträger. Meist sind sie auch nur mit einem einzigen Lebenspol in Berührung. Sie verlassen sich beispielsweise auf ihren Verstand und argumentieren unantastbar, brillant, »über allen Dingen« schwebend – aber sie können keine Gefühle zeigen. Mehr noch: Sie fürchten sich vor der bizarren Welt der Emotionen.

Letztlich haben diese Menschen kein wirkliches Selbstwertgefühl.

Und sie kennen nicht ihren »Schatten«.

Diesen Begriff prägte der berühmte Psychoanalytiker C. G. Jung. Im Schatten sieht er all die Persönlichkeitsanteile enthalten, die nicht zu unserem »Ich-Ideal« passen, also zu unserer idealen Vorstellung von uns selbst, wie wir sein wollen oder sollen. Wir lehnen sie ab, verdrängen sie oder projizieren sie auf andere Menschen. Doch je mehr wir uns selbst einschränken, indem wir Teile unseres Charakters negativ bewerten, sie nicht erfahren und leben, umso mehr unterdrücken wir die damit verbundenen Energien und verdrängen sie aus dem Bewusstsein. Wir schaffen uns stattdessen Gegner und Feinde, an denen wir bekämpfen, was wir an uns selbst nicht wahrhaben oder uns nicht zugestehen wollen.

73

So werden andere Menschen zu Sündenböcken, entstehen Rassismus und Gewalt.

Der Schatten kann sich auch in überraschender »Empfindlichkeit« äußern, sobald jemand unsere Schwachstellen anspricht. Mag sonst noch so viel Selbstbewusstsein als kosmetische Schicht aufgelegt worden sein. Diese Maske zerbröselt plötzlich (meist »aus heiterem Himmel«) und die ganze Schauspielerpersönlichkeit fliegt in den Dreck. Wenn wir dagegen unseren Schatten annehmen, dann können wir gelassen reagieren, auch wenn wir uns »blamieren« oder von allen Seiten kritisiert werden. Wir haben uns dann mit unseren Höhen und Tiefen ausgesöhnt. Breitbeinig, im besten Sinne des Wortes. Dann ist es auch nicht mehr sonderlich interessant, was man alles so hinter unserem Rücken über uns erzählt.

»John Eudes riet mir«, formuliert Nouwen, »durch ›nuanciertes Reagieren‹ meinen Schwierigkeiten beizukommen. ›Das Problem‹, sagte er, ›ist nicht, dass Sie völlig unberechtigte Gefühle haben. Sie können tatsächlich allen Grund haben, sich abgelehnt zu fühlen. Doch das Problem ist, dass Ihre Reaktion in keinem Verhältnis zur Größe der Erlebnisse steht. In Wirklichkeit sind Ihnen die Leute, von denen Sie sich abgelehnt fühlen, gar nicht so übel gesonnen. Aber kleine Erlebnisse des Abgelehntwerdens reißen bei Ihnen einen riesigen Abgrund auf, und Sie plumpsen prompt bis auf seinen Boden hinunter. Sie fühlen sich dann sofort total abgelehnt, aller Liebe beraubt, allein gelassen, und eine Art ›blinde Wut‹ steigt in Ihnen auf, die die Oberhand gewinnt und Sie von anderen Sorgen und Interessen ablenkt, die für Sie weit wichtiger wären. Das Problem ist nicht, dass Sie gereizt reagieren, sondern dass Sie sehr primitiv reagieren, nämlich ohne alle Nuancen.‹« (56)

Eudes Bamberger und sein Schüler versuchen daraufhin, den Grund dafür zu finden, weshalb das bei Nouwen so ist. Sie kommen zu dem Ergebnis, dass in Nouwen ein Bedürfnis nach vollständiger Zuneigung, nach bedingungsloser Liebe, nach einer letzten Erfüllung steckt. »Ich erhoffe mir einen Augenblick«, notiert Nouwen einige Tage später, »in dem ich voll und ganz angenommen werde, und ich klammere mich mit dieser Hoffnung

Wir sind nicht für die Gedanken verantwortlich, die in uns auftauchen, sondern nur dafür, wie wir mit ihnen umgehen.

an sehr unbedeutsame Ereignisse. Selbst an ziemlich belanglose Erlebnisse stelle ich den Anspruch auf diese volle, allumfassende Erfüllung, und schon ein winziges Erlebnis der Ablehnung stößt mich leicht in eine verheerende Verzweiflung und in den Wahn, total zu versagen.« (57) Was im Ergebnis vor allem zu einer extremen Verwundbarkeit führt, denn nichts und niemand kann vermutlich diese Erwartung befriedigen. Bei vielen Menschen lässt sich heutzutage Ähnliches beobachten, dass nämlich unter einer scheinbaren Elefantenhaut, hinter vermeintlicher Tapferkeit und Stärke eine schreckliche Unsicherheit und starke Selbstzweifel liegen. Die schon von kleinsten Erlebnissen angekratzt und bloßgelegt werden können. Und selbst wenn ein Gegenüber sich dazu bereit erklären sollte, jene idealisierte, bedingungslose Liebe zu schenken, dann wären Menschen wie Nouwen nicht imstande, sie anzunehmen, weil es sie in ein erneutes Abhängigkeitsverhältnis drängen würde. Und damit schließt sich ein Teufelskreis, denn der Kern des Ichs scheint pausenlos bedroht.

Wir sind nicht für die Gedanken verantwortlich, die in uns auftauchen, sondern nur dafür, wie wir mit ihnen umgehen. Das betonen die Weisen immer wieder.

»Ein Bruder kam zum Altvater Poimen und sagte: ›Vater, ich habe vielerlei Gedanken und komme durch sie in Gefahr‹. Der

Altvater führte ihn ins Freie und sagte zu ihm: ›Breite dein Obergewand aus und halte die Winde auf!‹ Er antwortete: ›Das kann ich nicht!‹ Da sagte der Greis zu ihm: ›Wenn du das nicht kannst, dann kannst du auch deine Gedanken nicht hindern, zu dir zu kommen. Aber es ist deine Aufgabe, ihnen zu widerstehen.‹« (58)

In diesem Spruch wird beispielsweise betont, dass wir gewisse Gedanken gar nicht verhindern können. Es ist also nicht unsere gewissermaßen genetische Schlechtigkeit, die sich darin ausdrückt. Nicht wir denken diese Gedanken, sondern sie kommen »von außen« auf uns zu. Auch wenn dieses Bild für viele moderne Menschen eine biologische Unmöglichkeit darstellen mag und sie außer individueller Hirntätigkeit nichts akzeptieren mögen, so hilft es. Seit drei Jahrtausenden. Denn diese Unterscheidung zwischen uns als Person und den Eingebungen, die in uns zirkulieren, gibt uns die Möglichkeit, mit Hass und Eifersucht, Wut und Niederlagen besser umzugehen.

Indem wir unsere Gedanken steuern. Ohne sie zu unterdrücken.

Eine Möglichkeit besteht zum Beispiel darin, dass wir uns mit unseren Hassgedanken und der Wut vertraut machen. Wir lassen das Gemisch dann erst einmal funkeln und blitzen, und beobachten es wie ein Wissenschaftler ein molekulares Experiment. Und indem wir dabei mit unseren Leidenschaften *per du* werden, können wir überhaupt erst die *Kraft* entdecken, die in ihnen steckt.

Die bislang nicht genutzt wurde.

Das Gedankenexperiment zeigt im Idealfall auf, was in uns nicht leben kann.

»Nimm dich selbst wahr«, appelliert deshalb Stephen Schoen, »deine Träume, die Gedanken, die dir durch den Kopf gehen; was du unabsichtlich sagst, und was du bewusst nicht sagst. Geh über keine Reaktion hinweg; gerade wenn du meinst, das tun zu müssen, schaffst du diese Grenze.« (59) Eine recht simple, aber äußerst effektive Möglichkeit der Gedankenbefragung besteht beispielsweise darin, immer weiter nachzuhorchen, wer der tatsächliche Verursacher eines Gedankens ist. Konkret: »Wer sagt das?« Wenn wir also über unsere Kindheit jammern und unseren Eltern die Schuld an unserem verkorksten Leben geben möchten, dann wirkt es befreiend uns einmal selbst zu hinterfragen. Auch dahin gehend, wer denn bitte schön gesagt hat, dass wir dieses angebliche biografische Elend auch noch beweisen müssen, indem wir unser Leben zerstören oder einengen. Und es wirkt befreiend danach zu fragen, wer denn bitte schön gesagt hat, dass wir erst eine Änderung im Verhalten unserer Eltern benötigen, um uns selbst zu ändern. Ganz zu schweigen von der Frage, wer denn eigentlich sagt, dass wir nicht das fordern können, was wir ersehnen?

Selbst Hass ist erst einmal nicht böse, sagen die Weisen.

Er ist ein Alarmsignal, nicht mehr. Ein Sirenenton, der schrill zum Ausdruck bringt, dass wir anderen Menschen zu viel Macht über uns einräumen. Und nun muss es darum gehen, zu handeln. Und dadurch wird das Gefühl weichen.

Wenn wir aber diesen Hass unterdrücken, wird der Blutdruck nicht mehr sinken. Und der rasende Herzschlag wird uns den Schlaf kosten. Vielleicht sogar unser Leben zerstören.

»Man kann im kontemplativen Leben jeden inneren oder äußeren, kleinen oder größeren Konflikt als die Spitze eines Eisberges betrachten«, erläutert Henri Nouwen, »als das sichtbare Stück eines tieferen und umfangreicheren Problems. Es lohnt sich, ja es ist sogar notwendig, das zu erforschen, was unterhalb der Oberfläche unserer täglichen Handlungen, Gedanken und Gefühle vor sich geht.« (60)

Oft müssen wir dabei unsere Gedanken und Gefühle bis zu Ende denken. Bis in alle Konsequenzen hinein. Das Ergebnis

77

wird immer das gleiche sein (wenn es nicht in onanistische Tagträumerei ausartet): Wir nehmen den Leidenschaften, die uns quälen, die Kraft. Und können stattdessen analysieren, wohin sie uns eigentlich führen möchten. Gerade sexuelle Fantasien beinhalten oft noch etwas ganz anderes: eine Sehnsucht nach *Leben*, beispielsweise, eine Sehnsucht danach auszubrechen, aus dem Alltag, etwas Verrücktes zu machen, sich fallen zu lassen, sich hingeben zu können.

Ganz banal hat wohl jeder schon einmal so einen Gedankenmarathon erlebt, wenn die Geldbörse nicht mehr in der Manteltasche steckt. Anfänglich keimt noch die Hoffnung, wir hätten sie vielleicht nur an einem weniger alltäglichen Platz abgelegt. Wenn das Portemonnaie aber dort nicht zu finden ist (und auch nicht an den dreiunddreißig anderen Ausweichstellen), dann steigt langsam der Blutdruck. Plötzlich erwächst aus einer vormals alltäglichen Routinehandlung Panik. Plötzlich steigen eine Menge Fragen auf, die allesamt Folgen der neu eingetretenen Situation sind. Und so die Erregung nur noch steigern. Der ganze Tag ist plötzlich ein einziges Fragezeichen. Chaos!

In so einer Situation ist es meist schon hilfreich, erst einmal auszuatmen. Um aus dieser Gedankenspirale auszusteigen. Um dann aber noch einmal nachzusetzen, in uns hinein zu horchen, ob diese ganze Aufregung wirklich notwendig ist. Ob wir nicht unseren Planungen und Tagesabläufen eine Wichtigkeit zusprechen, die oftmals eher albern ist? Und ob unser geregeltes Leben, beziehungsweise die Sicherheit, die wir daraus gewinnen, dass jeder Tag möglichst vorhersehbar abläuft, nicht äußerst zerbrechlich ist? »Mitten in der täglichen Routine stehe ich vor dem, was Chögyam Trungpa ›eine Lücke‹ nennt. Ich gestatte mir zu betrachten, wie ich mein eigenes Leiden schaffe.« (61)

Der Vollständigkeit halber sei darauf aufmerksam gemacht,

dass es auch Situationen gibt, in denen es wichtig sein kann, zerstörerische Gedanken und Gefühle erst einmal abzublocken. Sich komplett davor abzuschirmen. Wenn nämlich ein Punkt erreicht ist, an dem wir unaufhörlich, penetrant, bis zum Wahnsinnigwerden an einen *Feind* denken, an einen Menschen, der uns verletzt

»Du musst die Veränderung sein, die du in der Welt sehen willst.«

hat, ohne dass sich durch Hassgefühle eine entlastende Wirkung einstellt – dann ist es tatsächlich das Beste, sich diesen Gedanken (erst einmal) kategorisch zu verbieten. Ohne Ausnahme. Sofort!

In so einem Fall muss man operieren. Und schneiden.

Und das hilft dann genauso.

»Du musst die Veränderung sein, die du in der Welt sehen willst«, sagt Mahatma Gandhi. Damit will er tatsächlich behaupten, dass ein Wandel unserer Gedanken auch die Welt verwandelt. Und zwar konkret, nicht nur unserer Vorstellung nach.

Weil sich mit unserem Vorhaben unsere Bandbreite ändert, wie wir reagieren und handeln. Sodass beispielsweise auch Aktionen möglich werden, die vorher nicht möglich waren, oder an die wir nie gedacht haben, solange wir in unserem alten Verhaltensmuster verharrten.

Umgekehrt gilt diese Gleichung übrigens nicht. Heißt: Wenn wir es schaffen sollten, die Welt um uns herum zu verändern, ohne uns selbst zu verändern, dann bleiben wir tatsächlich an dem Punkt stehen, an dem wir uns bewegt haben. Mitsamt allen Fehlern. Voller Wut und Zorn. Mit dem Drang zur Selbstzerstörung.

Nur wird die neue Welt uns in diesem Fall nicht lange interessieren.

»Die in vielen Traditionen überlieferte Einsicht«, analysiert Siegfried J. Schmidt, »Weisheit bestehe darin, das rechte Wort zur rechten Zeit zu finden und zu sagen, verweist auf eine praktische Weisheitsregel: Durch Wechsel der Perspektivierung eine neue Situation zu erzeugen, in der Zwickmühlen- oder Double-Binding-Effekte verschwinden, die in der alten Problemsicht eine Lösung blockierten. Weise handeln hieße demnach nicht nur, Wissen zu besitzen. Hinzu kommen muss eine kreative Intuition, um Handlungszeitpunkte in Situationen zu erkennen, bzw. Situationen so umzuperspektivieren, dass es allen Beteiligten wie Schuppen von den Augen fällt.« (62)

Konkret also bringt ein Ortswechsel beispielsweise überhaupt nichts, um »dort« weise zu werden. Weil die Probleme in uns mit verreisen.

Wir müssen uns »hier« verändern. Und wenn wir bislang überall darüber schwadronieren, dass »die Menschen« zu egoistisch seien, und wir das ganz furchtbar finden, dann muss es zukünftig vor allem darum gehen, dass *wir selbst* keine Egoisten mehr sind. Und wenn wir bislang überall davon salbadern und quaken, dass »die Menschen« zu geizig und lieblos seien, und wir das ganz furchtbar finden, dann muss es zukünftig vor allem darum gehen, dass *wir selbst* großzügig und liebevoll sind. Und tolerant. Und humorvoll.

Und damit weise.

»Wenn du dein Gefühlsleben unter Kontrolle halten möchtest«, lehrt Thomas Keating, ein 1923 geborener Mönch, der zwei Jahrzehnte lang Abt eines Zisterzienserklosters in Massachusetts war, ganz pragmatisch, »musst du deine persönlichen Sympathien und Antipathien sofort loslassen. Taucht etwas auf, was nicht in deine Pläne passt, versuchst du spontan es abzuändern. Unsere erste Reaktion sollte aber die Offenheit gegenüber dem Geschehen sein, sodass ein Umstürzen unserer Pläne uns selbst nicht aus der Fassung bringen kann.« (63)

Eine weitere Hausaufgabe besteht darin, von nun an jeden Menschen bedingungslos anzunehmen. Das ist nicht immer einfach, hat aber den wichtigen Nebeneffekt, dass wir es lernen, unsere Emotionen zu zügeln. Wir lassen von heute an jeden Menschen so sein, wie er ist, mit all seinen Macken und speziellen Verhaltensweisen, die uns bislang nur auf die Nerven gehen. Es gibt keine bessere Übung um Emotionen zu bändigen!

Weitere Empfehlungen für den Umgang mit Ärger

Erstens
Nicht drum herum reden oder alles schlucken. Wir müssen der Wahrheit ins Gesicht sehen und dazu stehen, dass wir eine Mordswut im Bauch haben.

Der Mechanismus ist nämlich immer gleich: Weil wir auf eine blöde Bemerkung nicht vorbereitet sind (wie auch?) kocht schon alles in uns hoch (= unbewusst), wir schwingen die Fäuste, bevor wir auch nur für fünf Cent nachgedacht haben. Um also zukünftig besser mit Ärger umgehen zu können, müssen wir lernen, erst einmal vor uns selbst zuzugeben, dass gerade mit uns »nicht gut Kirschen essen« ist.

Zweitens
Spontaneität hat ein gutes Image – aber bitte nicht bei Ärger!

Wir müssen es trainieren, eben nicht mit gleicher Münze zurückzuzahlen. Keine Fäuste, keine Tritte, nicht mal unbedachte Worte. Übrigens auch nicht patziges Schweigen, nebst trotzigem Wegrennen. Zukünftig reagieren wir auf eine blöde Bemerkung anders als die letzten Jahrzehnte. Erst mal: einatmen! Und diese kleine Pause bewahrt uns schon mal vor weiteren, im Extrem womöglich juristischen, Folgen.

Drittens

Ausatmen: Was ist hier überhaupt los?

Kurzer Lagebericht. Weshalb sind wir auf »hundertachtzig«? Das klingt jetzt vielleicht albern, weil die Situation doch eindeutig ist, schließlich hat die blöde Meier gerade »XYZ« zu uns gesagt. Trotzdem (oder gerade deswegen) ist es wichtig genauer hinzusehen. Also: Welches Wort hat uns besonders geärgert? Oder war es eine Geste? Oder vielleicht eher die Art, wie sie es gesagt hat?

Es könnte sein, dass uns die blöde Bemerkung von Frau Meier an viele andere blöde Bemerkungen erinnert, die unsere Eltern uns mitgegeben haben. Oder unser Chef. Nicht selten stellt sich heraus, dass wir uns in Wahrheit über etwas ärgern, dass schon Jahre zurückliegt! Und das heute ausbricht, weil die blöde Meier etwas Doofes sagt.

Wenn die Äußerung der Kollegin trotzdem »unterste Schublade« bleibt, sollten wir in Ruhe überlegen, wie schwerwiegend die Worte waren. Manchmal ist es besser, großzügig darüber hinweg zu sehen. Manchmal allerdings sollten Worte (oder Taten) auch Folgen haben. Aber gerade diese Reaktionen müssen bedacht erfolgen.

Viertens

Immer daran denken, wie wir unseren Ärger selbst anheizen. Vermutlich werden wir immer wieder feststellen, na ja, die Pumpe war zwar am Limit, Adrenalin in Großmarktrationen in den Venen, aber so richtig eindeutig ist die Sache bis heute nicht.

Wir haben da eine Kleinigkeit überhört (übersehen), die sich im Nachhinein als wichtiges Detail herausstellt. Es könnte zum Beispiel sein, dass wir nicht versetzt wurden, weil »der/die glaubt, mit mir könne man alles machen«, sondern weil unsere Verabredung im Stau steckte.

Fünftens

Die größte Gefahr liegt nicht darin, zu explodieren. Wir gehen zwar davon aus, dass die meisten Menschen vor allem »in die Luft springen« und rot anlaufen (weil es uns deutlicher im Gedächtnis bleibt, in seiner theatralischen Dramatik), tatsächlich aber läuft die Mehrheit eher ein. Sie implodieren. Und das ist noch viel gefährlicher!

Verdrängter Ärger, der nie ausgedrückt, sondern immer nur runtergeschluckt wurde, führt langfristig zu chronischem Hass auf alles und jeden. Wenn man solche Menschen darauf anspricht, dann sind sie bezeichnenderweise nie verärgert, höchstens mal »frustriert« oder »enttäuscht«. Aber das Leugnen führt langfristig nur zu einem Rückzug aus der Gemeinschaft und zu höllischem Grübeln.

Auge um Auge
führt nur zur Erblindung der ganzen Welt.

Mahatma Gandhi

Dritter Schritt: Das Knie

Am Boden. Aber nicht unsere Laune.

»Selbsterkenntnis & Demut« schreibt Wittgenstein in seinem »Blauen Buch«, den Notizbüchern. Ohne Verben, ohne Adjektive, ohne Ausschmückung.

Zwei Worte, die für sich alleine stehen. Und die nicht jeden Leser auf den ersten Blick überzeugen mögen.

»Das Wort ›Demut‹ konnte ich aufgrund einer falschen katholischen Erziehung nicht mehr hören«, erinnert sich Tom Doch. »Allerdings: ›Demut‹ im Sinne von: Sieh-dich-an-der-richtigen-Stelle-im-Leben, damit kann ich heute sehr gut leben. Ich sag's nur selten, weil es einen komischen Beigeschmack hat. Aber demütig wirst du schon allein, wenn du solche Krankheiten hattest und überlebt hast. Oder wenn du wider Erwarten aus dem Dreck rausgezogen wirst.«

Und die Weisen aller Zeiten würden bestätigen, dass das Fehlen der Demut (gepaart mit einer Zunahme an Eitelkeit) gerade das ist, was den Menschen hindert, sich seiner Schwächen bewusst zu werden und sich richtig kennenzulernen.

Und um weise zu werden.

Der Weg der Weisheit führt irgendwann dazu, dass wir unsere Knie einsetzen. Nicht, um damit nach oben zu stoßen, in einen feindlichen Unterleib, sondern um uns auszusöhnen mit unseren Verletzungen. Auf dem Boden (der Tatsachen). Um unsere Wunden als kostbar verstehen zu lernen. Denn, wo wir verletzt wurden, gerade dort, wo es bis ins Mark ging, bis ins Herz, dort sind wir auch *aufgeraut*, aufmerksam für die Schmerzen der anderen Menschen. Und dort spüren wir auch unser eigenes Herz schlagen.

In diesen Momenten, auf den Knien, geben wir die Hoffnung auf, eines Tages perfekt und unangreifbar, stark und unerreichbar, für alle Zeiten gesund und begehrt zu sein. Sondern wir spüren unsere müden Knochen.

Trotz aller erwachenden Erkenntnis sind wir immer noch verdammt empfindlich gegenüber Kritik, Ablehnung, Übersehenwerden. Wenn wir uns zuerst damit aussöhnen, dann führt genau diese (mitunter mimosenhafte) Empfindlichkeit an unser verwundetes Herz heran, das sich nach Liebe sehnt. Nach bedingungslosem Angenommenwerden.

Auf dem Weg der Weisheit geht es nicht darum eine strahlende Unantastbarkeit zu kreieren, eine Panzerpersönlichkeit, die jede Firmenpräsentation mit sicherer Eleganz hinter sich bringt, sondern darum, dass wir eine *Ahnung* entwickeln. Ein Gespür für unseren unantastbaren Wert. Und unsere Einmaligkeit.

Dazu müssen wir uns allerdings von all den lieb gewonnen Illusionen verabschieden, die wir uns über uns selbst machen. Wir kommen nicht daran vorbei uns von den Tagträumen zu lösen, in denen wir uns als begehrte und fehlerlose Menschen inszenieren. Auf dem Weg der Weisheit geht es eben nicht darum, dass wir Übermenschen werden und uns durch mentale Meditationskasteiung zu Erleuchtungszombies manipulieren, sondern – viel schwieriger – dass wir uns mit allem, was in uns ist, annehmen. Und das sind maßgeblich unsere Schwächen.

Am Boden müssen wir zuerst (und vor allem) unsere Wut verwandeln. Umwandeln.

»Selbsterkenntnis & Demut«, sieht Wittgenstein dafür als Voraussetzung. Also zunächst zu entlarven, dass wir oft äußere Anlässe mit unseren Emotionen vermischen. Und dass wir beides im entstandenen Mischbrei dann nicht mehr auseinanderhalten können. Viele Konflikte sind überhaupt nicht mehr lösbar, da sich in unserem Denken nur noch ein ungenießbarer Sud absetzt, der angemessenes Handeln ausschließt. Und der unser Gegenüber auf der Suche nach klar umrissenen Ursachen und Beweggründen letztlich genauso ratlos (aggressiv) zurücklässt wie uns selbst.

»Demut«, dieser merkwürdige, scheinbar veraltete Begriff, kann bei der Aufklärung äußerst hilfreich sein. Für viele Weise war Demut derart zentral, dass sie sogar regelrechte Testreihen erfanden, um den Fortschritt zu ermitteln. »Ein Mönch wurde von den Brüdern vor Antonios gelobt. Da nahm er ihn vor und stellte ihn auf die Probe, ob er Beleidigungen ertragen könne. Als er feststellen musste, dass er sie nicht ertrug, sagte er zu ihm: Du gleichst einem Dorf, das zwar vorne schön geschmückt ist, hinten jedoch von Räubern verwüstet wird.« (64)

Salopp gesagt zeigt sich der Grad an Weisheit, den wir errungen haben daran, ob wir noch beleidigt werden können.

Salopp gesagt zeigt sich der Grad an Weisheit, den wir errungen haben daran, ob wir noch beleidigt werden können. Und nicht einfach nur Adjektive schlucken und stumm bleiben. Sondern, ob uns Beleidigungen wirklich nicht mehr treffen. Ob sie also »zum einen Ohr rein- und zum anderen Ohr wieder rausgehen«, wie es in der Redewendung heißt. Aber das dann auch konkret, nicht als Drohung, nicht als hilflose Abwehr – sondern als akustischer Hauch.

»Solange unsere eingebildete Überlegenheit die Oberhand hat«, betont Robert Aitken, »nützen uns selbst die besten Lehrer nichts, und die Funken finden

Wahre Demut verlangt keine falsche Unterwürfigkeit, sondern, im Gegenteil: Mut. Zum Menschsein.

nichts, woran sie sich entzünden könnten. Solange wir unsere alten Neurosen der Angst und der ständigen Verteidigungsbereitschaft pflegen, sind wir in unserem Verhalten auf uns selbst fixiert.« (65)

Der bizarre Begriff »Demut« kommt von dem althochdeutschen diomuoti und heißt soviel wie: »dienstwillig«. Mit diesem (heutzutage ebenfalls kaum noch gebräuchlichen) Wort haben die Germanen das lateinische Wort humilitas übersetzt. Und das wiederum kommt von Humus, meint also: Erde, Boden. Im übertragenen Sinne will Demut uns also erden, uns darauf stoßen, dass wir alle wieder »zu Staub« werden. Dass wir am Boden bleiben, auf den Knien.

Denn solange wir uns über die anderen stellen, überheblich bleiben, zeigen wir, dass wir der eigenen Wahrheit noch nicht begegnet sind. Dass wir den gemeinsamen Stammbaum aus »Fleisch und Blut«, Trieben und Bedürfnissen, verleugnen. Und geistiger Hochmut ist – wie alle Meister immer wieder betont haben – die schlimmste aller Neurosen.

Demütige Menschen sind also keine Bücklinge, die im Staub kriechen und sich immer noch ein wenig kleiner machen. Oder, die sich vor allen Aufgaben drücken, weil sie sich nichts zutrauen. Wahre Demut verlangt keine falsche Unterwürfigkeit, sondern, im Gegenteil: Mut. Zum Menschsein.

Und das Wissen darum, dass alle Abgründe dieser Welt auch in uns sind. Weshalb wir niemanden verurteilen dürfen.

»Te-shan war bereit, sich von seinem eigenen Schüler belehren zu lassen«, schreibt Robert Aitken, »und gibt damit ein Beispiel, was echte Bescheidenheit ist – nämlich die Anerkennung der Wesensverwandtschaft aller Dinge und die Offenheit nicht nur gegenüber einem siebenjährigen Kind, sondern auch gegenüber den Erwartungen eines Hundes. Auch die Drossel hat uns etwas zu sagen.« (66) Demut will uns aussöhnen mit unseren Grenzen, mit unseren Schwächen und Fehlern. Geerdet wissen wir, dass wir uns sogar blamieren dürfen. Wir müssen nicht alles können.

Umgekehrt, sagen die Schriften, treten wir damit auch erst in den Prozess der Selbsterkenntnis ein. So heißt es beispielsweise über einen Wüstenvater, der einen legendären Ruf als Seelenforscher hatte: »Abbas Poimen machte jeden Tag einen neuen Anfang«. Er suchte sich selbst, jeden Tag aufs Neue, und stellte sich damit auch immer wieder infrage.

Selbsterkenntnis ist letztlich nichts anderes als ein möglichst lückenloses Wissen um unsere Gefühle und Leidenschaften – und ein freundschaftlicher, versöhnter Umgang mit ihnen.

»Das Ziel dieses Umgangs ist die apatheia«, schreibt Anselm Grün über Evagrius, einen der bekanntesten Eremiten, »ein Zustand der inneren Ruhe und Gelassenheit. In der apatheia bekämpfen sich die Leidenschaften nicht mehr gegenseitig, sondern kommen miteinander in Einklang. Apatheia nennt Evagrius auch die Gesundheit der Seele. Das Ziel des geistlichen Weges ist also nicht ein moralisches Ideal der Fehlerfreiheit, sondern die Gesundheit der Seele. Die Seele ist nach Evagrius gesund, wenn sie mit sich im Einklang und zur Liebe fähig ist. Denn nur der Mensch, der apatheia erlangt, kann wirklich lieben. Ja, die apatheia ist in Wirklichkeit Liebe.« (67)

Nun gibt es auf dem Schlachtfeld der Liebe eine Menge Menschen, die sich vor allem dadurch auszeichnen, dass sie brüllen, schreien und sich als »temperamentvoll« bezeichnen. Denen die Sicherung durchbrennt, vor lauter »Liebe«. Und die es hassen, wenn andere Menschen ruhig bleiben. Wie ein Eisklotz heißt es dann. Aber darum geht es nicht. Selbsterkenntnis verleugnet keine Gefühle. Erst recht keinen Schmerz. Aber sie wandelt ihn um.

Das Ziel des geistlichen Weges ist also nicht ein moralisches Ideal der Fehlerfreiheit, sondern die Gesundheit der Seele.

Selbsterkenntnis akzeptiert alles und verwandelt alles.

Und damit (so viel Warnung muss sein) endet tatsächlich jegliches »Drama« und jedes »Temperament«. Wer nicht darauf verzichten kann, wird schwerlich weise werden. Es geht auf dem Weg der Weisheit tatsächlich darum, nicht mehr zu streiten.

Denn ein Streit (gerade in der »leidenschaftlichen« Variante) setzt voraus, dass wir uns gnadenlos mit einer sogenannten Haltung identifizieren und zugleich die sogenannte Position des Gegenübers abwehren. Selbsterkenntnis wiederum verweigert sich dieser Einteilung in »Angriff« und »Verteidigung«. Und damit der Gesamtsicht als »Drama«.

Die Weisen unterstützen jeden Menschen darin eine Meinung klar und deutlich auszudrücken (um dieses Missverständnis noch einmal auszuräumen), aber sie warnen vor »Diskussionen«. Um des Schreiens willen. Und sie warnen vor »Konflikten«.

Damit sind nicht nur Streitereien mit anderen Menschen gemeint, sondern vor allem die Konflikte mit uns, in uns selbst. Die aufhören, sobald es zwischen den Erwartungen unseres Denkapparats und dem, »was ist«, keine Auseinandersetzungen mehr gibt.

»Die Dinge sind, wie sie sind«, erläutert Stephen Schoen. »Das ist die zentrale Behauptung und die zentrale Bedeutung des Tao. Sie formuliert die Antwort des Herrn auf Moses' Frage nach dem Namen Gottes neu. ›Ich bin der ich bin‹, war die Antwort. Und das ist der reinstmögliche Ausdruck für schöpferische Kraft – gar kein Name, nichts, was erklärt oder gerechtfertigt werden müßte. In der taoistischen Form jedoch ist der gleiche Ausdruck unpersönlich. Die Welt, das Leben: *Es* ist, wie *es* ist. Sie sind nicht so, wie wir sie vielleicht haben möchten. Und wir, seltsame Geschöpfe der Welt, wir haben die Macht, das, was ist, zu *verneinen* und in dieser Verneinung Wunschbilder dessen zu begehren, was nicht existiert.« (68)

Konkret also: Unser Nachbar (diesmal ein anderer, zur Abwechslung) erzählt seiner Frau gerne Anekdoten aus seinem Leben. Und zwar immer die gleichen. Die beiden sitzen auf ihrer Terrasse, in der Abendsonne, und plaudern. Ein kleines Radio spielt dazu deutschen Schlager, allerdings alles weit unterhalb einer echten Ruhestörung – nur würden wir trotzdem gerne die abendliche Idylle, die Natur und den Frieden des Sternenhimmels genießen. Ohne unsere Nachbarn. Aber es wäre ziemlich unverschämt und egoistisch, von den ansonsten liebreizenden Nachbarn zu verlangen, sie sollten gefälligst schweigen, ihre merkwürdige Musik ausstellen und ins Bett gehen. Also bleiben wir sitzen, auf unserem Balkon, suchen den verbliebenen Frieden der Natur und fühlen stattdessen, wie Wut in uns aufsteigt. Und stehen bald ganz schön blöd da mit unserer neuen Weisheit.

»Wir haben stets zwei Möglichkeiten«, führt Robert Aitken aus. »Entweder wir gehen in die Defensive oder wir lernen zu ›tanzen‹. Es gibt verschiedene Verteidigungsstrategien: Wir können entweder unser Gegenüber unter Druck setzen, uns entschuldigen oder die ganze Angelegenheit totschweigen. Aber stets ermangelt die Defensive des ›tänzerischen‹ Elements. In all diesen Fällen findet kein Teisho statt, das heißt keine Darlegung der Wirklichkeit und keine Unterweisung.« (69)

Ein solch tänzerischer, spielerischer Umgang mit Herausforderungen könnte zum Beispiel darin bestehen, die »negative Reaktion«, die aufkommende Wut, schlichtweg aufzulösen. Indem wir uns vorstellen, dass wir für das nachbarliche Geplauder *durchlässig* werden. Oder ist das feige?

Tatsache ist doch: Wir sind verärgert. Und zwar richtig.

Und was bringt dieser Ärger?

Gar nix.

Wir haben ihn nicht einmal selbst kreiert, diesen Ärger, sondern er wurde uns – ungefragt – in die Gedankenbahnen gelegt. Er ist aus dem Unterbewussten hochgeschossen. In der irrigen Annahme, dass Widerstand, meint: gedankenreicher Widerstand, in der Form von negativem Denken und letztlich unglücklicher Frustration, die nervige Angelegenheit auflösen könnte. Was für ein Blödsinn! Denn im Endergebnis ist die Kombination aus Ärger plus Frustration noch hundertmal belastender, als das Silbenplappern nebst Schlagerberieselung, das uns ursprünglich aus der Ruhe gebracht hat.

Durchlässig werden, sagen deshalb die Weisen.

Nicht mehr eine solche »Betonwand« darstellen, für das Ungemach dieser Welt. An der folglich alles zerschmettert und abprallt. Stattdessen soll der Alltag für uns zum Übungsfeld werden: ob Hundegebell, Kindergeschrei, Hinterhofgezänk oder Dränglerhupen.

Durchlässig werden.

Das Plappern und Rumoren dieser Welt einfach hindurchziehen lassen.

»Nicht er oder sie sind schuld«, notiert Henry Nouwen in der Stille des Schweigeklosters, ohne Krach, ohne Projektionen, »sondern ganz einfach ich. Ich selbst bin die Quelle für meinen Ärger und keiner sonst. Ich bin hier, weil ich hier sein will, und keiner zwingt mich, irgendetwas zu tun, was ich nicht tun will. Wenn ich also ärgerlich und mürrisch bin, so habe ich jetzt die beste Gelegenheit, mir die tiefste Ursache, die Wurzeln davon vor Augen zu halten. Ich habe es immer schon gewusst: ›Wo du auch hingehst, du nimmst immer dich selber mit.‹ Jetzt aber kann ich keinem Umstand und niemandem die Schuld für mein Wesen in die Schuhe schieben – außer mir selbst.« (70)

Auch bei einem konkreten Anlass.

Selbst wenn der Schlagernachbar aus unerfindlichen Gründen zu poltern und stampfen beginnen sollte und möglicherweise noch pöbelt, dann sollten wir zuerst darauf achten, nicht ins Unbewusste abzufallen. Sondern *wach* zu bleiben. Damit wir nicht einen sogenannten »Angriff« mit »Verteidigung« beantworten und anschließend einen erneuten »Angriff« unsrerseits abschießen – sondern einfach keinen Widerstand bieten.

Und der Lärm zieht durch uns hindurch.

Als ob da niemand mehr da wäre, kein feststofflicher Körper, der verletzt werden könnte. Und plötzlich: sind wir unverwundbar.

Wir sind herzlich dazu aufgerufen, dem Nachbarn in ruhiger Art zu erklären, was an seinem Verhalten nicht in Ordnung ist – aber er hat keine Macht mehr über uns. Er bestimmt nicht mehr über unser Gefühlsleben. Mit anderen Worten: Wir tanzen.

Und: wir sind der Boss.

»Man muss ertragen lernen«, schreibt Michel de Montaigne im 16. Jahrhundert, »was man nicht vermeiden kann. Unser Leben ist, wie die Harmonie der Welt, aus widersprechenden Dingen, gleichfalls aus verschiedenen, langen und kurzen, hohen und tiefen, weichen und rauhen Tönen zusammengesetzt. Unser Dasein kann ohne diese Vermischung nicht bestehen, und eine Saite ist ebenso nötig dazu als die andere.« (71)

Dieses Lernen wird von vielen Weisen aus unterschiedlichen Kulturen mit einem gemeinsamen (gleichfalls altmodisch anmutenden) Begriff namens »Hingabe« bezeichnet. Wir benutzen dieses Wort heutzutage höchstens noch, um einen pathetischen Schauspieler zu beschreiben, wenn er sich in seiner Rolle suhlt und möglichst viel schwitzt und schreit.

Das ist hier natürlich nicht gemeint.

Hingabe beinhaltet vielmehr, dass wir unsere lieb gewonnenen Identifikationen und Überzeugungen loslassen (also gerade *keine* Rolle mehr verinnerlichen wie der Schauspieler) und uns stattdessen dem Leben anvertrauen. Um dabei zu spüren, sagen die Weisen, wie »es« fließt. Bis eine umfangreiche Achtung und Ehrfurcht vor der Wucht des Seins entsteht, ein Respekt vor der Schöpfung, der Natur, und der Liebe, zu sich selbst und den Menschen. Die alle miteinander verbunden und verwoben sind.

Es geht dabei (wieder einmal, immer noch) um eine Zähmung dessen, was wir als »Ich« bezeichnen. (Weshalb eine Menge Leute spätestens hier aufschreien und dieses ominöse »Ich« verteidigen wollen, unter Einsatz ihres Lebens oder doch zumindest unter Einsatz lautstarker Argumente, Stichwort: »Aufklärung, Emanzipation, Selbstbestimmung«, bis es immer lauter und lauter wird ... und sich hoffentlich in einer Atempause zeigt, dass sich das »Ich« vornehmlich in diesen Eigenschaften zeigt ... und kämpft ... eben laut und lauter und aggressiv. Niemand will »das Rad der Geschichte zurückdrehen« oder Menschen entmündigen. Aber die Weisen schätzen: Ruhe ... Und: Gelassenheit ...)

Sodass wir zunehmend aus der Hingabe an etwas Größeres und Höheres handeln. Das gleichzeitig auch noch tiefer ist, als wir es für möglich halten.

»Ich habe diese Ehrfurcht durch Makrofotografie kennengelernt«, sagt Tom Doch, nach einer erfolgreichen Tumorbehandlung. »Wenn man monatelang die Natur durch die Lupe beobachtet, lernt man sich einzuordnen.«

Hingabe also heißt zuallererst *beobachten.*

Wie wir beginnen uns einzuigeln, die Kammhaare aufstellen, nach dem ersten »Angriff« des Nachbarn, nach der zweiten Schlagerwelle, der dritten Anekdote, und mit welcher Begeisterung wir daraufhin zurückschlagen. Wie wir mit unseren Ansichten und Positionen verklebt sind. Und recht haben wollen, ja müssen! Um den Nachbarn zu besiegen.

Hingabe heißt: Eines Tages, nach dem zehnten (oder zwanzigsten) bewussten Beobachten der »Igel-Phase«, plötzlich zu entdecken, dass wir das alles schon zehn (oder zwanzigmal) durchgespielt haben, bis zum lautstarken Finale, und heute einfach mal die Achseln zucken. Weil wir nicht gezwungen sind, so zu handeln. Und stattdessen: Einfach mal voller Begeisterung *nichts* tun.

Es geht dabei weniger um Taktik. (Vorsicht!)

Halb gares Kneifen (»Wenn du so was brauchst …«) oder arrogantes Gezicke (»Ich habe so eine Auseinandersetzung nicht nötig …«) mag sich cool anfühlen, bringt aber keine Erlösung aus dem Hamsterrad. Und füttert nur das »Krach-Schlag-Ich«. Und damit das Bedürfnis, dass wir letztlich doch etwas Besseres sein mögen als die anderen.

Hermann Hesse erzählt so eine Geschichte in seinem berühmten Roman »Siddhartha«. Von einem jungen Mann, der sich zuerst in harter Askese übt, darin aber scheitert. Dann schmeißt er die Brocken hin und lebt all seine Begierden aus. Schließlich ist er auch dieses »Entertainment« satt und zieht sich wieder zurück. Am Fluss bekommt er auf einmal die große Erleuchtung. Da sieht er die »Kindermenschen«, wie sie auf einem Boot das Wasser überqueren. Früher hätte er sich arrogant über sie erhoben – doch jetzt fühlt er mit ihnen. Mehr noch, er spürt eine tiefe Einheit. Denn er ist genauso wie sie, keinen Millimeter besser oder »höher«. Siddhartha hat Mitleid mit ihnen, aber auch Hoffnung. Er verurteilt keinen, sondern er weiß: Für alle Menschen gilt eine größere Liebe, die alles und jeden verwandeln kann.

Jeder Meister warnt allerdings davor, dass unser Ego gerissen und machtbewusst zugleich agiert. Es wird diese Transformation nicht einfach so mit sich machen lassen. Wir müssen sehr genau beobachten, immer wieder, und hundertprozentig ehrlich zu uns sein.

Nur dann können wir sichergehen, dass wir uns von dem »Hirnrumoren« befreit haben, diesem Brei aus Emotionen, Unbewusstem, Frustrationen und Sehnsüchten. Wenn wir uns dagegen sehr leicht fühlen, »klar«, wie es immer wieder heißt, und »voller Frieden«, dann ist das ein eindeutiges Zeichen für erfolgreiche Hingabe.

Und an diesem Punkt beginnt endlich auch ein ehrlicher Dialog.

»Wann immer wir uns in unserem Denken und Tun von Täuschungen und dem Beharren auf Begriffen wie mein und dein, unser und euer leiten lassen«, warnt Robert Aitken, »verleugnen wir die Einheit der Welt – egal, ob wir uns knauserig oder großzügig zeigen. Diese dualistische Weltsicht ist unsere grundlegende Selbsttäuschung, die das Leid auf Erden tendenziell vermehrt.« (72) Um diesem dualistischen Weltbild die Macht über unsere Gedanken zu nehmen, ist es deshalb erforderlich, dass wir zuerst einmal nicht mehr reagieren. Konkret wird dieser absurd anmutende Versuch übrigens in allen östlichen Kampfsportarten. Dort geht es immer darum, der Angriffsenergie eines Gegners keinen Widerstand entgegenzusetzen, sondern sich »im Fluss« mit ihm zu bewegen und ihn dadurch außer Gefecht zu setzen. Voller Hingabe *nichts* zu tun, ist dann etwas völlig anderes als einfach nichts zu tun. (Wer also der Theorie dieses Textes mit Leib und Seele folgen möchte, ist herzlich eingeladen, einen Schwarzgurt-Karateka zu einem Zweikampf ohne Gnade aufzufordern. Und zu fließen …)

»Darum geht der Weise einher und tut nichts und lehrt ohne Worte«, notierte der weise Lao Tse wortreich sechs Jahrhunderte vor Christus. »Die zehntausend Dinge (Erscheinungsformen) steigen auf und fallen unaufhörlich.« (73)

»Woraus ergibt sich dieses erste Darum des ›Nichts-Tuns‹?«, forscht Stephen Schoen in der Gegenwart. »Aus dem natürlichen Gegensatz der polaren Gegensätze – zum Beispiel die Harmonie des Guten, die Zerstörungskraft des Bösen – für deren Wirksamwerden ›nichts‹, keine zusätzliche Kraft erforderlich ist. Und aus noch etwas anderem: aus dem Mysterium, der schöpferischen Quelle, in der das gesamte Gleichgewicht ruht. Der Weise kennt diese Quelle in sich selbst, behält die Rangfolge im Auge, die größere Tiefe des Nicht-Handelns, und indem er dies tut, nimmt er die ganze Welt in sich hinein als untrennbar mit sich selbst verbunden. Indem er sich der Welt nicht aufzwingt, in diesem Nicht-Handeln, bildet er mit ihr eine Einheit in Fülle.« (74)

Der Weise ist also innerlich frei, weil er die Gegensätze der »zehntausend Dinge« akzeptiert. Ein strittiger Punkt, zugegebenermaßen, denn diese Gelassenheit ist nicht immer nur sanft, »wie der Fluss, der heimfließt zum Meer«. Sie ist auch unbarmherzig. Sie akzeptiert Katastrophen und Schicksalsschläge. Ohne sie zu rechtfertigen, aber sie kämpft auch nicht dagegen an.

»Lao Tse betrachtet die Laune des Schicksals vor allem als einen Ruf an unsere Anpassungsfähigkeit«, ergänzt Stephen Schoen. »Eines Morgens magst du aus deiner Niedergeschlagenheit erwachen. Doch das Tao kannst du nicht erschüttern – warum dann dich selbst erschüttern? Sei nicht voreingenommen. Wenn das Glücksrad sich dreht, erwarte weder ausschließlich Gutes noch ausschließlich Schlechtes. Der Weise, der ein Beispiel für das Tao ist, ist tatsächlich geschützt durch seine eigene grundlegende Selbstlosigkeit.« (75)

Also handelt der Weise doch irgendwie? Selbstverständlich.

Aber er sucht seine Erfüllung durch »selbstloses Handeln«, dadurch, dass er sich nicht durchsetzen will. Das ist die Umschreibung der »Gelassenheit« des Weisen. Seiner Harmonie. Er drängt sich selbst nicht auf, und »hilft den zehntausend Dingen, ihre eigene Natur zu finden.«

Diese Hilfestellung wird auf Chinesisch *wu-wei* genannt, was man mit »Nachgeben« übersetzen könnte. Es umfasst aber weit mehr: sich nicht gegen eine Situation zu wehren, weder äußerlich noch innerlich, sondern sie vollständig zu akzeptieren und als etwas zu betrachten, das Möglichkeiten enthält, die man in diesem Moment noch nicht einmal ahnt.

»Die Vorstellung«, lehrt Taizan Maezumi, »das Selbst treibe die Vielzahl der Dinge an und verbürge deren Wirklichkeit, ist pure Verblendung. Die Vorstellung hingegen, die Vielzahl der Dinge treibe das Selbst an und verbürge dessen Wirklichkeit, das ist die wahre Erleuchtung.« (76)

In einfacheren Worten bleibt die Frage bestehen, ob wir durch ein solches Nachgeben und Zulassen nicht einen Freifahrtschein für alle Idioten dieser Erde ausstellen. Weil anscheinend ja alles »richtig« ist, was ist.

97

»Im Denken des Tao gilt genau das Gegenteil«, widerspricht allerdings Stephen Schoen. »Das Zulassen hat seine eigene Moral, mit dem es Zwang, der Verweigerung, dem Sich-Aufdrängen entgegentritt. Und dennoch kann man auf ganz unterschiedliche Art ›Lass es zu‹ sagen.« (77) Zum einen gibt es die Haltung: »Alles ist, wie es ist.« Diese Ansicht hat oft einen resignativen und frustrierten Unterton und wird zudem von Menschen vertreten, die sich nicht sonderlich für eine Sache einsetzen. Eine zweite Haltung bemüht sich darum alles zu verstehen, um alles zu verzeihen. Diese Ansicht wird nun zwar gerne von Menschen vertreten, die sich äußerst aktiv für etwas einsetzen, steht aber immer dann am Pranger, wenn Mörder oder Sadisten vor Gericht stehen und wohlwollende Sachverständige jedwede Scheußlichkeit zu rechtfertigen suchen. Ein wenig vermisst man hierbei vielleicht die Überzeugung, dass sich das Los der Menschen verbessern lässt. Und dann gibt es noch eine dritte Sichtweise, wie in der Bibel, die sich folgendermaßen umschreiben lässt: »So sehr hat Gott die Welt geliebt, dass er seinen eingeborenen Sohn gab«, um sie zu erlösen. Hier liegt die Betonung auf Mitleiden.

Alle drei Positionen sind allerdings nicht mal eben im Vorübergehen zu verstehen. Vor allem das Mitleiden erfordert eine weise Grundüberzeugung. Es geht nämlich um Einstellungen wie Solidarität und aktiven Einsatz für das Allgemeinwohl, Haltungen also, die in der gegenwärtigen Gesellschaft ungefähr so faszinierend wirken wie kalte Fritten mit Sahnehaube. Trotz prominenter Vorgänger wie Mahatma Gandhi oder Martin Luther King. Auch Buddha sprach von der einzigartigen Freude, die darin liegt, sein Mahl mit einem anderen zu teilen. Von Christus ganz zu schweigen.

Wobei Mitleiden nicht mit einer weinerlichen Sentimentalität zu verwechseln ist. »Ein Freund fragte Gandhi, ob ihn nur reine

Menschenliebe dazu bewogen habe, sich in einem Dorf nieder-
zulassen und den Dorfbewohnern nach besten Kräften zu helfen. Gandhi erwiderte ihm darauf: ›Ich bin hierhergekommen,
um niemand anderem als mir selbst zu helfen und meine eigene
Selbstverwirklichung
mit Unterstützung die-
ser Menschen hier zu fin-
den.‹« (78)

Wir können nicht unser Leben lang andere dafür verantwortlich machen, dass wir es so schwer haben.

Wie ein Kampfsportler (sagen wir besser: wie ein Judoka) be-
antwortet Gandhi diese Frage, deren rhetorische Provokation
unübersehbar ist. Denn der sogenannte Freund will natürlich
erreichen, dass Gandhi sich als Heuchler entlarvt und am besten mit schwülstigem Pathos über edles Handeln salbadert und
weit von sich weist, irgendeinen persönlichen Nutzen im Auge
zu haben.

Der Nutzen allerdings, von dem Gandhi spricht, dient nicht
der Stärkung seines Ego, sondern seiner – wie er selbst betont –
»Selbstverwirklichung« (die in gewissen Bereichen anders definiert werden möchte als das Selbstverwirklichungsbestreben
heutiger Metropolenbewohner, die darunter eine steile Karriere,
möglichst viel Schotter, genügend Restaurants und Boutiquen
verstehen). Denn seine Vorgehensweise ist frei von Ichverhaftet-
heit. Er ist ein Weiser, der die Dinge beobachtet, bei Bedarf aber
in ihren Ablauf eingreift. Thomas Merton hat einmal festgestellt,
dass Gandhi durch seine *Praxis* Indien erweckt hat, aber zugleich
auch die Welt in sich selbst.

Und darum geht es, auf dem Weg der Weisheit: Verantwortung
für unser Leben zu übernehmen. Und zu handeln! Ein Weiser
sitzt nicht rum und schweigt nur vielsagend. Ein Weiser hält sich
nicht vornehm aus allem raus. Das ist wahrscheinlich bequemer,
aber (überraschenderweise?) nicht weise.

Wir können nicht unser Leben lang andere dafür verantwortlich machen, dass wir es so schwer haben. Auch wenn wir es schwer haben. Und auch wenn andere mit in der Verantwortung stehen.

Und auch wenn wir unser Leben lang die Versuchung spüren, Problemen aus dem Weg zu gehen oder vor Schwierigkeiten davonzulaufen, so muss es auf dem Weg der Weisheit doch darum gehen, sich den Problemen in den Weg zu stellen. Sich schlauzumachen, wie wir Armut mit unseren bescheidenen Mitteln lindern können. Sich schlauzumachen, wie wir einem erkrankten Nachbarn helfen können. Sich schlauzumachen, wie wir Ungerechtigkeit mit unseren bescheidenen Mitteln abfedern können. Sich schlauzumachen, wie wir eine berufliche Kündigung in einen sinnvollen neuen Lebenszusammenhang bringen können. Und anstatt darüber zu jammern, wie schrecklich alles ist (was es selbstverständlich oft auch ist), muss es zukünftig darum gehen, den »zehntausend Dingen« zu helfen, ihre eigene Natur zu finden.

Also anders formuliert: einfach mal anzupacken.

Seien wir ehrlich: »Mitleiden. Vergeben. Loslassen ...« – klingt alles gleich grausam. Und vor allem schwächlich (für moderne Leser).

Nur: mit dem großen Knüppel auf den großen Sack einzuprügeln, in dem bekanntermaßen alle Holzköpfe dieser Welt einsitzen sollen, hilft letztlich auch nicht weiter. Nicht einmal den Holzköpfen.

Es ist dagegen die feste Überzeugung aller Weisen, dass Vergebung und das Loslassen der Vergangenheit nicht nur uns selbst, sondern tatsächlich der Welt etwas Gutes tun. Jammern dagegen zieht nur noch stärker runter und hindert uns daran zu handeln. Und es lässt die Vergangenheit und die Menschen, die uns verletzt haben, unaufhörlich weiter unsere Gefühle kontrollieren. Wenn wir dagegen vergeben, befreien wir uns von den Fesseln der Vergangenheit, also den Knoten und Stricken, die wir selbst geknüpft haben. Und können uns auf etwas Neues konzentrieren.

Deshalb sagt Mahatma Gandhi so deutlich: »Die Schwachen können nicht verzeihen. Verzeihen ist ein Attribut der Starken« (79). (Kleiner Einwurf: Es gibt natürlich Menschen, die über Gandhi sagen, das sei irgendein weltfremder Friedensheini gewesen. Der deutsch-amerikanische Psychoanalytiker Erik »Homburger« Erikson hat es dahin gehend zugespitzt, Gandhi habe nur auf Kosten der menschlichen Bedürfnisse seiner Familienangehörigen und sogar zulasten seines Landes unerbittlich an seinen Wertvorstellungen festgehalten. Keine Ahnung. Möglicherweise. In diesem Buch geht es aber auch nicht darum, Menschen wie Gandhi zu verklären und anzubeten. Fakt dagegen ist, dass er das britische Weltreich bezwungen und damit geschichtliche Abläufe verändert hat. Dass also sein kluges Denken eine wichtige praktische Bedeutung hat – und nicht einfach nur nette Philosophie darstellt.)

Verzeihen stammt in seiner Wurzel von »zeihen«, jemanden anschuldigen und beschuldigen, auf jemanden weisen. Das eher schwächlich anmutende Verzeihen nimmt also der kraftvollen Wurzel die Würze. Und in seiner Verneinung will der Verzeihende eine Schuld nicht länger an-

> *»Die Schwachen können nicht verzeihen. Verzeihen ist ein Attribut der Starken.«*

rechnen, den Schuldschein zerreißen, einen Anspruch aufgeben, den er durch die Schuld des anderen erhalten hat.

Als Übungsfeld: Wir sollten darauf achten, zukünftig unsere Gefühle zu beobachten, wenn wir tatsächlich den Versuch machen zu verzeihen. Ein wichtiger Punkt, denn Vergebung muss am Ende der Gefühlskette stehen. Am Ende der Wut. Und niemals (Vorsicht!) am Anfang.

Um vergeben zu können, sagen die Weisen, müssen wir zuerst einmal den Schmerz zulassen, den der andere uns bereitet hat. Aber diese Bereitschaft darf sich nicht darin äußern, dass wir nun tagelang, jahrelang in der Wunde wühlen und uns in dem Schmerz suhlen. Vorsicht: Selbsthass!

Durch das Bewusstmachen des Schmerzes, gleich einem Forscher beim Blick durchs Mikroskop, erkennen wir, wie die Wut langsam oder schwallartig aufsteigt und sich ausbreitet. In allen Hirnkammern, im Sprachzentrum, im Traum.

Gesteuert, gelenkt, stellt Wut dann eine faszinierende *Kraft* dar. Es geht darum sie zu beobachten, letzlich langsam zu lenken, wie einen wilden Mustang, um die Energie der *Kraft* zu nutzen, uns von dem anderen Menschen zu distanzieren. Und ihn zum Schluss aus unserem Denken herauszuwerfen.

Gerne einen Abhang hinunter oder gleich zum Meeresgrund.

Aber wenn wir diesen Schmerz tatsächlich herausgeworfen haben – und zwar vollständig – dann können wir endlich zulassen, dass der andere auch nur ein Mensch ist. Nicht mehr und nicht weniger. Und dabei vor allem: ein verletztes Kind.

Genau wie wir.

»Blödsinn! Der andere ist ein Schwein. Er hat mich ganz gezielt verletzt und gedemütigt. Das war von vorne bis hinten Absicht. Und er wusste ganz genau, welche Knöpfe er drücken musste, um meine empfindlichen Stellen zu treffen!«

Kein Einspruch, sagen die Weisen.

Die meisten Menschen wissen tatsächlich, was sie tun. Aber sie wissen nicht, was sie *uns* damit antun. Gefangen in ihrer verkrusteten Denkstruktur, in ihrer Angst und Verzweiflung (die sich oft nicht äußerlich bemerkbar macht).

Sie können nicht anders.

Vergleichbar vielleicht mit hungrigen Reptilien, die bei aller Gefährlichkeit ein berechenbares Verhaltensmuster aufweisen, müssen diese Menschen uns klein machen, weil sie sonst nicht an ihre eigene Größe glauben können. Vor allem müssen sie uns kleiner machen, als sie sich selbst fühlen.

Aber wir sind inzwischen gewachsen.

Und wir wachsen immer noch weiter.

Am Ende (der Wut) können wir tatsächlich vergeben. Ohne Rachegelüste, ohne Melancholie, ohne Selbstbeweihräucherung. Aber es tut gut, es befreit, zu vergeben, und es befreit vor allem von der Macht des anderen.

Allerdings dauert es oft sehr, sehr lange, bis wir an diesen Punkt gelangen. Wir müssen diese Dauer ertragen und unterstützen, sagen die Weisen, denn wenn wir die einzelnen Glieder der Gefühlskette überspringen, betrügen wir uns nur selbst. Solange die Wunde in uns noch blutet, dürfen wir nicht darin bohren. Unter Umständen muss die Wut sogar erst noch stärker und stärker anschwellen, bis uns die Entwertung und die Verletzung des Anderen nicht mehr verwirrt. Ansonsten wäre Vergeben nur ein Aufgeben, ein masochistisches Ergeben in unbarmherzige Ungerechtigkeit.

Aber irgendwann muss Schluss sein. Auf jeden Fall!

Wenn wir unsere Wunden nämlich nicht zuwachsen und heilen lassen können, bleiben wir an unsere Vergangenheit gebunden wie an einen Fluch. Und es zehrt uns richtiggehend aus. Es verhindert, dass wir wieder gesund werden können.

Menschliches Zusammenleben ist nicht möglich ohne Vergebung, sagen die Weisen. Ganz einfach deswegen, weil wir uns immer wieder und wieder verletzen werden. Auch wenn wir das gar nicht wollen. Es geschieht einfach dadurch, dass wir »falsch gucken«, zu spät schweigen, zu früh lachen. Es geschieht einfach.

Das heikle Vergeben

Wir können anderen Menschen nur vergeben, wenn wir uns zuerst innerlich von ihnen distanziert haben. Es ist entscheidend, dass wir die Verletzungen »bei den anderen« zurücklassen. Das kann auch dadurch geübt werden, indem wir all die Beleidigungen und Demütigungen, womit die anderen uns verletzen, symbolisch in die Luft werfen. Sodass es uns nicht mehr belastet.

Zum Schluss sollten wir versuchen, die anderen zu verstehen. Erst dann tritt das Gefühl der Befreiung ein. Wenn wir wirklich begreifen, dass die anderen uns verletzt haben, weil sie selbst »gebrannte Kinder« sind, die ihre eigenen Verletzungen weitergegeben haben – dann lösen wir uns aus diesem Teufelskreis. Die anderen verlieren ihre Macht über uns.

Andernfalls bleiben wir so lange an die Menschen gebunden, die uns geschadet haben, wie wir ihnen nicht vergeben können. Und das zerfrisst uns innerlich.

Bei schweren Fällen ist es manchmal notwendig, mit den anderen zu sprechen. Wir sollten sie ruhig auf das Unrecht aufmerksam machen. »In Liebe« allerdings, in der Hoffnung und der Bereitschaft, dass wir den anderen danach vergeben können. Ansonsten ist so ein Gespräch nicht zu empfehlen! Deshalb sollten wir warten, bis sich unsere Gefühle abgekühlt haben.

Hierbei gilt: Abwarten, ob die anderen ihr unrechtes Tun bereuen. Ob sie möglicherweise sogar den Wunsch aussprechen, dass so etwas in Zukunft nicht mehr vorkommen sollte.

Wir müssen uns aber (schon im Vorfeld) darüber im Klaren sein, dass so ein Gespräch – auch mit einem positiven Verlauf – Konsequenzen nach sich zieht. Eine Beziehung braucht Zeit zum Heilen, besonders nach einem Vertrauensbruch. Unter Umständen lassen sich die angerichteten Schäden nie mehr kitten. Es bleibt ein Bruch.

Genauso ist es denkbar, dass auch wir, trotz aller gewünschten Vergebung, immer noch Enttäuschung, Ärger oder Zorn spüren, wenn wir an die anderen oder die Ereignisse denken.

Hierbei gilt: Vergebung ist kein Gefühl.

Es ist eher eine Verpflichtung. Es ist eine bewusste Entscheidung, die anderen anzunehmen, trotz allem, was geschehen ist. Niemand ist gezwungen zu vergeben. Aber wenn – und es ist richtig so – dann auch hundertprozentig. Nicht halb gar ein bisschen oder anfänglich euphorisch und dann wieder ein Rückzieher, und letztlich entsteht nur noch größerer Streit.

Wenn wir uns entschieden haben zu vergeben, dann müssen wir diese Entscheidung auch durchziehen.

Wenn wir nun diese Spitzen, diese Kränkungen, diese Verletzungen immer wieder und weiter aufrechnen, schaffen wir niemals einen Weg aus dem Teufelskreis heraus. Wir bewegen uns dann in einer Alltagshölle aus Bitterkeit und Aggression und »verteidigen« uns (in scheinbarer »Notwehr«) mit Vorwürfen, mit »hilfreicher« Kritik und Vorurteilen. Angetrieben von einer diffusen Sehnsucht nach Rache. Und »schuldlos« gibt ein Wort das andere.

Am Ende (der Wut) steht Klarheit. Und Frieden. Ausgeglichenheit, sagen die Weisen. Und ein solcher Mensch ist nicht länger wechselhaft, weder in seinen Launen noch in seinen Ansichten. Er ist »voller Frieden«. Mit sich im Einklang. Und ohne Überraschungen.

Ausgeglichenheit, von der die Meister sprechen, ist natürlich etwas anderes, als cool zu sein.

Ein weiser Mensch explodiert nicht plötzlich vor Zorn und sein Umfeld muss sich nicht vor etwaigen Stimmungsschwankungen in Acht nehmen. Er ist zufrieden.

»Das deutlichste Anzeichen von Weisheit«, wusste schon Montaigne, »ist anhaltende gute Laune.«

Ausgeglichenheit, von der die Meister sprechen, ist natürlich etwas anderes, als cool zu sein. Coolness, zumindest in der landläufigen Bedeutung, besteht vor allem darin keine Regung erkennen zu lassen, weder in Mimik noch in Meinung. Noch in Bewegung. Alles perlt am Körper ab, und alles ist gleich. Unbedeutend. Mit anderen Worten: kalt und starr. Wie Botox im Gehirn. Coolness umschreibt eine Metallweste um die Seele, zusätzlich mit Beton befestigt, durch dessen Schutz niemand mehr eindringen kann.

Aequo animo idealisierten hingegen die Stoiker seit ihrem ersten Auftritt drei Jahrhunderte vor Christus: gleichmütig zu sein. Dabei aber frei von Emotionen.

Es geht darum, im Einklang mit sich selbst zu sein. Unabhängig von den äußeren Umständen. In sich selbst zu ruhen.

Und dabei freundlich zu sein. Heiter.

Ein solch ausgeglichener Weiser wird auch in seiner Umgebung darauf achten, dass streitende Gruppierungen wieder an den Verhandlungstisch zurückkehren und er wird danach suchen, wo der Kompromiss zwischen ihren unterschiedlichen Vorstellungen zu finden sein müsste. Auf jeden Fall wird er die Lautstärke dämpfen.

Wir können diese Fähigkeit nicht einfach durch Disziplin erwerben. Aber wir können danach streben, die unterschiedlichen Vorstellungen in unserem Inneren auszugleichen. Die Modernisten und die Konservativen, die Revolutionäre und die Bewahrer, die Schreihälse und die Schüchternen, die Mutigen und die Verzweifelten, die Starken und die Schwachen, die Liebenden und die Zyniker – wir können danach streben, zwischen Fröhlichkeit und Traurigkeit, zwischen Genießen und Verzicht einen Ausgleich zu schaffen.

In unserem Inneren.

Mit anderen Worten: Wir sollten *besonnen* sein.

»Sophrosyne« ist der zentrale Begriff der griechischen Tugendlehre. Für den berühmten Platon sogar die erste der vier Kardinaltugenden. Weil ein besonnener Mensch mit seinen Sinnen lebt und die Welt um ihn herum mit allen Sinnen wahrnimmt.

Unbesonnen (unweise) dagegen ist derjenige, der sofort beim ersten Impuls aufspringt und handelt, ohne sich Zeit zur Besinnung zu nehmen. Zeit, um mit allen Sinnen die Situation detailliert zu erfassen. Leichtsinnig gewissermaßen. Ein kurzer, entscheidender Augenblick zwischen Aktion und Re-Aktion, zwischen Reiz und Handlung. Der Moment der Besinnung.

Als Übungsfeld: Wir sind dazu aufgefordert immer dann, wenn wir auf einen Vorfall reagieren möchten, impulsiv und aufgebracht, erst einmal einzuatmen. Und dann wieder auszuatmen. Nicht mehr und nicht weniger. Denn damit weitet sich das Bewusstsein.

107

Das simple Atmen bewahrt uns davor, wieder ins »Gefühlige«, ins Unbewusste abzurutschen, besinnungslos herumzutoben und jedes kritische Wort in desaströser Weise auf uns zu beziehen. Uns also augenblicklich zu rechtfertigen und zu verteidigen. Es bewahrt uns davor »aus dem Bauch heraus« zu handeln, heißt: zu kämpfen.

Stattdessen sehen und hören wir genauer hin.

Möglicherweise spüren wir eine verdrehte Sehnsucht nach Zuwendung in dem Gegenüber oder wir spüren betonschwere Verzweiflung hinter einer vermeintlichen Aggression. Möglicherweise spüren wir hinter einem albernen Kompliment einen gefährlichen Unterton. Immer geht es darum, sagen die Weisen, besonnen zu leben, das heißt: allen Sinnen zu trauen.

Und dazu müssen wir *atmen*.

»Werft uns in Gefängnis, wir werden euch trotzdem lieben!«, rief Martin Luther King seinen Gegnern zu. »Wir werden so lange an euer Herz und eure Seele appellieren, bis wir auch euch gewonnen haben.«

Ein geradezu unmögliches Ansinnen. Aber ist es das wirklich? Ist diese Form der Weisheit nicht vielmehr realistisch?

Das vertraute Schema aus Gewalt und Gegengewalt – in moderaten Fällen nur »Aug' um Aug', Zahn um Zahn« – führt doch jeden Tag sichtbar nur zu einer neuen Gewaltspirale. *Liebe*, im Sinne, wie sie Martin Luther King propagierte, klingt dagegen zwar nach Rosa-Schleifchen-Welt, ist aber tatsächlich die einzige Kraft, die Hass verwandeln kann.

Gewalt dagegen lechzt immer nur nach mehr Gewalt.

Wenn wir es schaffen, sagen die Weisen, denjenigen, der Gewalt ausübt, zu lieben, dann entwaffnen wir ihn auf der Stelle. Wir besiegen ihn wie ein Judokämpfer. Sein Angriff zischt an uns vorbei ins Leere.

Dazu aber, sagen die Weisen, müssen wir zum einen *wirklich* lieben, also hundertprozentig lieben und nicht nur so tun als ob. Ansonsten provozieren wir nur noch stärkere Aggressionen und die lösende Kraft der Liebe wandelt sich in Rache. Und zum anderen müssen wir auch auf die Gewalt in uns selbst achten. Das Wort kommt von walten = stark sein, beherrschen (ein Politiker waltet seines Amtes). Und wir tragen Gewalt in uns und nach außen, wenn wir die Menschen, mit denen wir »eine Beziehung« haben, kontrollieren und beherrschen wollen. Subtil oftmals, leise, hinterhältig, mit feinen Worten und Gesten. Wenn wir die empfindlichen Stellen der Partner aufkratzen und genau die Worte sagen, die den anderen verletzen. Und gleich danach noch einmal. So lange, bis der andere schweigt und kapituliert. (Vgl. *Zickensklaven. Wenn Männer zu sehr lieben,* Solibro Verlag)

Zukünftig müssen wir darauf achten, aus dieser Spirale auszusteigen. Wir verzichten auf Machtspiele und beantworten ein scharfes Wort nicht mehr damit, dass wir mit einer mindestens genauso bösartigen Kränkung zurückschlagen. Ohne allerdings in ein anderes Extrem zu verfallen – ohne also die Verletzungen zu schlucken. Schweigend. Darum geht es nicht. Gewaltlosigkeit heißt nicht Dummheit, und auch nicht Schwäche. Als Vorbild dient uns zukünftig der Judokämpfer, der einen Angriff in seiner Wucht lediglich ableitet, seine Kraft und Energie.

Es braucht dafür: innere Distanz. *Gelassenheit.*

Und aus dieser Distanz heraus antworten wir mit Liebe. Denn Menschen verletzen nur, sagen die Weisen, weil sie selbst verletzt wurden. Wenn wir nun mit aggressiven Worten eingedeckt und verwundet werden, dann bohren wir nicht zusätzlich noch in der Verletzung herum. Wir lassen sie heilen, distanzieren uns von der Wunde und schenken stattdessen Liebe. Das ist die einzige Waffe, sagen die Weisen, die den ewigen Kreislauf aus Gewalt und Tod durchbricht und dem anderen ermöglicht, dass auch seine Wunden heilen. Aber wir müssen diese Waffe einmal ausprobiert haben, um ihre Wirkung zu verstehen.

»Frieden schaffen« geht nicht mit Träumereien.

»Seine Freude in der Freude des anderen finden können, das ist das Geheimnis des Glücks.«

Seit Anbeginn fantasieren die Menschen vom Frieden und mindestens ebenso lange planen sie den Krieg. Deshalb zeigt sich in der Fähigkeit zum Frieden der Reifegrad eines Weisen. »Seine Freude in der Freude des anderen finden können«, schreibt Georges Bernanos, »das ist das Geheimnis des Glücks«.

»Schalom«, sagen die Juden seit den Zeiten des Tanach, wenn sie einander begrüßen. Das Wort ist mit dem arabischen »Salam« verwandt. Und in beiden Bedeutungen geht es darum, sich all das zuzusprechen, was wir zum Leben brauchen: Frieden vor allem, Glück und Zufriedenheit. Ein erfülltes Leben. In der griechischen Philosophie, die unser Denken maßgeblich geprägt hat, sprach man von »Eirene«. Hier liegt die Betonung auf »Ruhe«, einer harmonischen Zeit ohne Streit. Einer »Seelenruhe«, in der alles stimmig ist und alles zusammenpasst. In friedlicher Übereinstimmung mit allen Brüdern und Schwestern und selbstverständlich auch mit dem eigenen Herzen.

Die Römer wiederum (die unser abendländisches Denken nicht weniger maßgeblich geprägt haben) sprachen von »pax«. Für uns stehen die Cäsaren oftmals für eine ununterbrochene Abfolge von Feldzügen und Schlachten, aber »der Friede« nahm eine große Bedeutung ein. Es gab sogar eine Göttin mit ihrem Namen und einen prunkvollen Tempel. »Pax« kommt von »paciscior« und das beschreibt den zwischen feindlichen, streitenden Parteien vereinbarten Vergleich, den Friedensvertrag. Bis heute hin kennen wir auch noch den »Pakt«, der geschlossen wird. Eine wichtige Voraussetzung für den Frieden ist also das gemeinsame Sprechen und dann die Einigung auf gemeinsame Vertragsregeln. Im »Pakt« verpflichten sich beide Partner, die gemeinsamen Abmachungen einzuhalten. Das ist ganz entscheidend: Denn »Friede« ist kein Zustand, der sich einfach einstellt und dann bleibt. Er muss »erkämpft«, erarbeitet und vergegenwärtigt werden. Durch: hinhören. Gegenseitig.

Und durch das beiderseitige Akzeptieren des Paktes, des Kompromisses, der geschlossen wurde. Wenn wir dabei unsere Gefühle unterdrücken, den Mund und nur äußerlich Frieden halten, dann wird diese »Grabesruhe« irgendwann grausam verletzt werden. Aus heiterem Himmel, wie es gerne beschrieben wird, brechen sich dann die mühsam verdrängten Aggressionen ihre Bahn und lassen den äußeren Frieden zur Makulatur werden. Deshalb, betonen die Weisen immer wieder, müssen wir das Handwerk der Selbsterkenntnis pflegen. Es gibt eben nicht nur den Scheinwerferfrieden vor Fernsehkameras, sondern – ganz entscheidend – auch den inneren Frieden, den berühmten »Seelenfrieden«. Die Weisen aller Zeiten und Epochen haben immer davon gesprochen, wie wichtig es ist, dieses Innere zu pflegen und zu lieben. Und zu schützen vor den leidenschaftlichen Gedanken, die uns beherrschen wollen – indem wir mit ihnen verhandeln und einen Pakt schließen. Einen Waffenstillstand.

Auf diese Weise machen wir aus unseren mächtigsten Feinden unsere besten Freunde. Ein geschickter Schachzug, denn ihre Kraft stärkt und nutzt uns gemeinsam. Deshalb schützen die Weisen ihre Leidenschaften und bekämpfen sie nicht verbissen.

»Wenn wir uns dazu durchringen können«, sagt Robert Aitken, »die Aufrichtigkeit der Motive anderer Menschen nicht automatisch anzuzweifeln, dann ist ein echter Wandel des Charakters möglich und ein Geist, der vielleicht für die Erleuchtung empfänglich ist.« (80) Und wir werden frei von den Projektionsmechanismen, durch die Feindschaften und Kriege entstehen. Denn, wenn wir die molekulare Struktur unserer Leidenschaften erkennen und ihre Ausbreitungswege in unserem Unterbewussten studieren, dann projizieren wir diesen »Gefühlsbrei« nicht mehr länger auf die anderen. Immer wieder betonen die Schriften, dass wir unsere verdeckten, verdrängten Emotionen und Bedürfnisse in den anderen Menschen »sehen« wollen und dort bekriegen. Bis aufs Blut. In verlustreichen Schlachten und Feldzügen.

Nur wenn wir mit uns selbst im Frieden leben, uns selbst lieben, kann auch um uns herum Frieden gedeihen. Und Liebe. Solange wir uns aber hassen, »atmen« wir auch Hass aus. Und er verbreitet sich ringförmig weiter aus.

Denken verändert Denken (Teil 1)

Viele Psychologen halten negatives Denken für den Verursacher der meisten emotionalen Probleme. Allerdings gilt diese Form des Denkens erst dann als problematisch, wenn man sich aus ihren Zwängen nicht mehr lösen kann.

Albert Ellis, der Begründer der »Rational Emotiven Therapie« hat zur Verdeutlichung dieser Schwierigkeiten vom »Kritiker« in uns gesprochen. Damit meint er keinen konkreten »Mann im Kopf« (wie bei Schizophrenen), aber doch eine gefühlte, unpersönliche Stimme in uns, die pausenlos auf das achtet, was wir tun (oder auch nicht), und die den ganzen Tag (und sogar nachts) anscheinend nichts anderes vorhat, als uns runterzumachen und uns so richtig die Laune zu verderben.

Dieser »Kritiker« spaziert nicht mal eben bei uns rein. Er haut auch nicht einfach so von alleine wieder ab. Er ist in den ersten Lebensjahren angelockt worden und seitdem genauso gewachsen, wie der restliche Körper. Wie ein Virus, wie ein Parasit lebt er seitdem von Abfällen. In diesem Fall: von Worten. Immer dann, wenn unsere Eltern (oder Freunde) uns »die Löffel lang gezogen« oder uns ausgeschimpft haben, oder auch, wenn sie uns vor lauter Enttäuschung, Wut oder Überforderung die »kalte Schulter« gezeigt haben, weil wir etwas falsch machten oder schlichtweg zu dusselig waren, dann hat der »Kritiker« sich davon ernährt. Und wurde größer und kräftiger. Immer dann auch, wenn wir wieder einmal nicht so waren, wie sie es von uns verlangten. Besonders nährstoffreiche Wortkalorien für den »Kritiker« sind zum Beispiel: »Du bist ein Versager«, »Dein Bruder ist viel besser«, »Du kannst wirklich überhaupt nichts«, »Du bist selbst dafür zu blöd« oder »Mit dir blamiert man sich wirklich überall«.

Interessanterweise legen wir diese Sprechweise später nicht mehr ab. Auch als Erwachsene frönen wir einem negativen Slang. Den »Kritiker« freut es. Aber inzwischen ist er dermaßen gut genährt und fett, dass es sehr schwer wird, ihn wieder zur Ruhe zu bringen. Er will immer noch mehr Kalorien!

Und da keiner von uns perfekt ist (Gott sei Dank!) und sich deshalb jeden Tag auch bei uns neue Fehler anhäu-

fen, erhält der »Kritiker« pausenlos neue Kohlenhydrate.
»Versager!«

Mit der Zeit wächst allerdings auch unsere Angst, überhaupt noch etwas zu tun. Eine unkontrollierbare neue Nebenwirkung. Schließlich bestehe das Leben, sagt zumindest der »Kritiker«, nur aus Sieg oder Niederlage, richtig oder falsch, und da es jeden Tag neue Aufgaben gibt, die bewältigt werden wollen, wird es immer aufreibender nur alleine in einer fremden Runde »Guten Tag« zu sagen. Alles könnte schließlich zur Niederlage werden. Und alles wurde bislang zur Niederlage. (Oder – gerissener noch – zum Triumphmarsch, zum einzigartigen Siegeszug, der dann, am nächsten Morgen, einen nur noch tieferen Sturz nach sich zog ...)

Das wesentliche Machtmittel des »Kritikers« besteht darin, uns einzureden, dass wir immer nur einen Versuch haben. Egal wobei. Und dass es dabei jeweils nur einen richtigen Weg geben könne. Auch wenn andere Menschen viele Versuche haben und viele Wege ausprobieren. Und ganz entscheidend für seine Machtbasis ist, dass wir ihm das glauben. Bedingungslos.

Deshalb versagen wir bald schon bei den lächerlichsten Aufgaben. Aus lauter Angst, das Falsche zu tun oder uns zu blamieren, sind wir so nervös und unkonzentriert, dass wir erst recht »ins Klo greifen«. Was die Vorwürfe des »Kritikers« nur wieder und wieder bestätigt.

Um gegen diesen Sog des Schwarz-Weiß-Denkens anzugehen, empfiehlt Albert Ellis eine Strategie des penetranten Fragens.

Wenn der »Kritiker« uns also wieder mit Vorwürfen eindeckt und uns auf der Verliererseite verhaftet sieht, dann ist es hilfreich, schlichtweg zu fragen, ob das alles wahr ist. Es klingt lächerlich, aber eine simple Frage, wie zum Beispiel: »Entspricht das wirklich den Tatsachen?« schafft schon Distanz und Ruhe.

Der entscheidende Punkt ist, dass wir diese Fragen niemals hundertprozentig mit Ja beantworten können. Und diese rationale Zuflucht hilft enorm. Es ist nicht auszuschließen, dass wir bei einem Vortrag nicht so brillant gewirkt haben, aber das ist ganz normal und passiert jedem. Und deshalb ist niemand von uns ein kompletter und unwiderruflicher Versager (wenn es so etwas denn überhaupt gibt). Durch diese Fragetechnik erreichen wir, dass wir nicht länger unser Handeln mit unserer Persönlichkeit gleichsetzen. Durch diese Versachlichung öffnen wir uns auch wieder für die übertönten Stimmchen, die sehr wohl gute Sachen über uns zu erzählen wissen.

Das wiederum sind Ereignisse, die wir uns geistig in Zeitlupe und auf Großleinwand vorführen dürfen. Und es ist auch nichts gegen eine überdimensionale Lautsprecherbox einzuwenden, die jeden Kritikermurks mit einem vielstimmigen Chor kontert: »Wir alle sind Menschen. Manchmal klappen Sachen, manchmal gehen sie schief. Wir alle machen Fehler. Manchmal mehr, manchmal weniger. Aber egal, was passiert, es wird immer genügend Chancen geben, um einen verpatzten Einsatz wieder gutzumachen.«

Und der »Kritiker« wird bald verhungern.

Der wilde Hirsch, wandernd hier und dort,
scheucht die Sorge der menschlichen Seele fort.

William Blake

Vierter Schritt: Das Auge

Schließen. Und gleichzeitig öffnen: nach innen.

Oder auch: Den Blick »einfrieren«.

Wenn zum Beispiel die Ampel auf Rot steht und wir warten müssen.

Okay, das klingt alles noch ein wenig kryptisch, aber es geht im Folgenden darum, »bewusst« zu leben. Eine der merkwürdigsten Handlungsanweisungen der Weisen besteht nämlich darin, unentwegt und ausschließlich in der Gegenwart zu leben. *Wo denn sonst?* Möchte man fragen.

Außer eben jetzt.

Und: jetzt!

Jeder, der sich allerdings schon einmal an dieses bizarre Unterfangen herangewagt hat, wird schnell bestätigen, dass es nicht ganz so einfach ist. Wohlgemerkt: nicht theoretisch. Im denkerischen Sinne, in dem wir uns meist bewegen, im philosophischen Sinne ist uns dieses Gegenwartsmantra völlig geläufig. Und wir können es fast schon nicht mehr hören, dieses Gerede von der Gegenwart.

Aber *konkret* … (wie es die Zielrichtung dieses Buches ist) zeigt sich, dass wir uns eher darauf vorbereiten *irgendwann einmal* zu leben. Irgendwo. Und daraufhin planen.

Und dass der gegenwärtige Moment fast immer unpassend ist. Störend.

Dabei ist das Leben (so banal es auch bei der Wiederholung klingt): JETZT. In diesem Augenblick. Und nur in diesem Augenblick.

Und nur jetzt können wir etwas ändern.

Aber wir glauben zu wissen, voller Überzeugung, dass wir uns erst dann *in den Moment* begeben können, wenn, ja, wenn erst noch diese blöde Arbeit erledigt, dieser verwegene, erotische Gedanke bis in den letzten Winkel fantasiert, diese Musik gehört, dieser Fluch geflucht wurde. Und alles wieder von vorne beginnt. Und dann bleiben wir dort stecken.

»Nur wer nicht in der Zeit, sondern in der Gegenwart lebt, ist glücklich«. Schreibt Wittgenstein kategorisch. »Für das Leben in der Gegenwart gibt es keinen Tod.« (81)

Wir kommen nie zum Leben. Jede Wette.

Gute Vorsätze, klar, davon haben wir eine Menge, ganze Lastwagenladungen voll, und dann auch sicher ab morgen, dann werden wir locker und lässig, geradezu heiter durch den Trott des Alltags gleiten.

Und schliddern doch nur über unsere Vorsätze.

»Ich glaube nicht, dass man logisch an das ›Jetzt‹ rankommt«, behauptet Tom Doch. »Es ist ein dauernder, währender Fluss. Als ich noch am Rhein wohnte, habe ich eine Übung praktiziert: Man starrt auf die Oberfläche des Stroms und versucht einen Punkt auf der Oberfläche zu fixieren, ohne dass die Augen wandern. Das ist zu Beginn sehr, sehr schwer. Weil das Auge sich durch die Bewegung der Wellen mitziehen lässt. Wenn du aber einmal diesen Punkt hast – und du schaust gewissermaßen mit einer anderen Perspektive da drauf – dann bist du konzentriert und vollständig im ›Jetzt‹.«

Wir müssen uns das Leben nehmen!

Absurd (hellsichtig?): Dieser Moment höchster Klarheit bezeichnet in der deutschen Sprache einen Suizid.

Tatsache ist auf jeden Fall, dass das Leben direkt vor unseren Füßen liegt. Und zwar nur dort. Und dass wir es lediglich betreten müssen. Wenn wir uns stattdessen auf all das Schreckliche fokussieren, das möglicherweise oder »mit Sicherheit« oder doch zumindest nach Aussage etlicher Experten (oder Freunde) in den nächsten Monaten geschehen werde, dann brauchen wir gar nicht erst aufzustehen. Wir haben sowieso keine Kraft. Zudem ist da die Erinnerung an all das, was wir schon verbockt haben – in der Vergangenheit. Die auf die Zukunft einwirkt …

Der beste Weg, den inneren Widerstand zu überwinden, sagen die Weisen, der uns so oft und immer wieder von Handlungen abbringt, ist es: in der Gegenwart zu bleiben und sie zu akzeptieren. Und sich nur darauf zu konzentrieren und nur dort sein Bestes zu geben. »Ich will die Zukunft nicht voraussehen«, sagte Gandhi. »Ich bin damit beschäftigt, die Gegenwart zu bewältigen. Gott hat mir keine Kontrolle über den nächsten Moment gegeben.« (82)

Der jeweils folgende Schritt ist also ein weiterer Schritt ins Leben – wenn wir ihn bewusst gehen. Wer konzentriert (nicht: verkrampft) im Augenblick lebt, der spürt hier und jetzt schon, dass Zeit und Ewigkeit miteinander verschmelzen.

Jede Routinehandlung, jede Form von Alltäglichkeit ist dabei Übungsfeld. Hundertprozentige Aufmerksamkeit: Wenn es beispielsweise darum geht, Schnee zu schippen. Oder einfach nur Treppen zu steigen. Hinauf und dann wieder hinunter. Dann geht es künftig darum, jeden einzelnen Schritt, jede Bewegung in den Füßen, in den Knien, den Oberschenkeln, der Wirbelsäule zu spüren und dafür nicht mehr über die berufliche Zukunft oder liebesspezifische Vergangenheiten nachzusinnen. Nicht mehr über anstehende Rechnungen oder Geburtstagsgeschenke zu brüten. Auch dann nicht, wenn der Jubeltag naht und bislang noch immer kein Präsent gefunden wurde. Weil wir schließlich gerade Treppen steigen.

Denn es geht darum: *in diesem Moment* zu bleiben.

Ausschließlich.

Wer es schafft, das Seitwärtsdenken, das Aus-sich-heraus-denken, das Von-sich-weg-denken konzentriert zu beschränken auf einen kaum noch wahrnehmbaren Wert, der ist auf dem Weg der Weisheit.

Und findet gleichzeitig Frieden. Und Glück.

Selbst beim Händewaschen (ein Klassiker der Zen-Literatur). Künftig geht es darum, sich mit allen Sinnen, allen Hirnzellen, jeder verfügbaren Form von Aufmerksamkeit ausschließlich dem Geräusch und Gefühl des Wassers zu widmen. Der Bewegung der Hände, unterschiedlicher Wärme, Kälte, dem Duft der Seife. Der Farbe der Badezimmerkacheln.

Nur eben nicht mehr drum herum zu grübeln.

Zu monologisieren.

Selbst beim Autofahren (ein Klassiker der modernen Zen-Literatur). Künftig geht es darum, die Wagentür zu schließen und erst einmal auszuatmen. Einzuatmen. Und sich zu vergegenwärtigen, wo wir uns gerade befinden.

Stille.

Es gibt ein sicheres Kriterium, an dem sich zeigt, ob wir den Weg der Weisheit beschritten haben: den Grad an Frieden, den wir in uns spüren.

Der Philosoph René Descartes (1596 – 1650) hat viele dicke Bücher geschrieben, aber berühmt ist er bis heute für einen einzigen, läppischen Satz: »Ich denke, also bin ich«.

Das Werk Descartes ist von außerordentlicher geschichtlicher Wirksamkeit. Nicht umsonst gilt er als Begründer der modernen Philosophie. Es soll im Folgenden nun nicht darum gehen Descartes beziehungsweise die Aufklärung anzugreifen, was aus vielerlei Gründen albern wäre – aber dieser eine, berühmte Satz beinhaltet für die meisten Menschen heute eine tiefsitzende Wahrheit. Wir setzen unser Denken nämlich mit »Identität« gleich. Und damit mit unserem Sein. Wir grübeln, heißt: denken, granteln, heißt: denken, und erzeugen in diesem Gedankenwirrwarr ein Gefühl von »Ich«. Abgetrennt von unserem Körper. Kopfwesen auf brüchigen Wirbelfundamenten. Sodass der Verdacht naheliegt, dass unsere komplexe Welt merkwürdigster Probleme und Konflikte ein Spiegel für die wachsende Zerstückelung des Verstandes ist.

Weisheit ist aber ein Zustand von Einheit. Und somit von Frieden.

Der gegenwärtige Moment ist manchmal unangenehm.

Aber er ist, wie er ist. (Punkt.)

Der gegenwärtige Moment ist manchmal sogar inakzeptabel (scheinbar), unvergesslich, schrecklich.

Aber er ist, wie er ist. (Punkt.)

Künftig geht es vielmehr darum, zu beobachten, zu analysieren: wie der Verstand diesen Gegenwartsmoment benennt und damit bewertet. Und wie der Verstand aus dieser Benennung und Bewertung Gefühle hervorpresst.

Schmerz und Unglücklichsein.

Oder auch: Freude und Überheblichkeit.

Künftig soll es darum gehen dieses Prozedere zu erkennen. Und damit aus dieser Bewertungskette auszusteigen. Um damit – endlich – den Gegenwartsmoment so zu belassen, wie er ist. Ohne *Definition*.

Denn der Moment ist ein Freund, ein Verbündeter. Kein Feind.

Wenn wir uns den Gefühlsmolekülen ausliefern, die eine Situation aufschwemmt, dann steigt in uns unweigerlich Verzweiflung hoch. Über die Einsamkeit, möglicherweise, in der wir uns befinden (scheinbar) oder über die Kränkungen und Demütigungen der letzten Monate. Der Kindheit.

Wenn wir uns diesen Gefühlsmolekülen ausliefern, dann werden wir aus der Haut fahren wollen. Vor Wut. Denn nichts ist so, wie es sein sollte. Gedanken zerren und zurren an uns, um uns in modernde Moraste zu ziehen. Das ganze Leben scheint sinnlos zu sein. Wie in einer Endlosfilmspule aus Hunderten Actionkrachern, die wir allemal in- und auswendig kennen.

Genauso irreführend erweisen sich Gedankenspiele Richtung Zukunft. Denn niemand von uns und selbstverständlich auch kein einziger Experte weiß wirklich, wie sie werden wird, die Zukunft, es gibt weder eine zuverlässige staatliche Prognose noch eine entsprechende wissenschaftliche Statistik. Es existieren lediglich Wahrscheinlichkeitshypothesen. Und trotzdem zermürben wir

Denn der Moment ist ein Freund, ein Verbündeter. Kein Feind.

mit den ewig gleichen, wiederkehrenden Fragen den Sommer, wie zum Beispiel: »Werde ich an Krebs sterben?« Oder: »Werde ich arbeitslos?« »Werde ich den Rest meines Lebens ohne Liebe leben müssen?« Und so geht es weiter und weiter, ohne Ende.

Das Ergebnis dieser Aufschwemmung ist meist: Verzweiflung. Wir zerzweifeln die Zukunft (die nun einmal nicht zu sehen ist) und malen uns das Schlimmste aus. Mit schwarzen Kugelschreibern. Und letztlich nistet sich dieser Zweifel als Gedankenblocker in unserem Körper ein, wie ein Fettklumpen in den Arterien. Und übrig bleibt nur Hoffnungslosigkeit.

»Wer die Freiheit aufgibt, um Sicherheit zu gewinnen, wird am Ende beides verlieren.«

Der einzige Weg, dieser Verzweiflung zu entkommen und weise zu werden, besteht darin, radikal in der Gegenwart zu leben. Wenn wir also den Augenblick bestätigen, ein dickes »Ja« sagen zu dem, was gerade ist, nicht mehr und nicht weniger, dann bekommt die Verzweiflung keinen Raum (nicht mal ein Kämmerchen), in den sie eindringen kann.

Der Augenblick ist kurz (logischerweise). Er ist nur gerade: jetzt. Ganz Gegenwart. Nicht gestückelt, zusammengesetzt, bestehend aus Kopf und Körper, Vergangenheit und Zukunft – sondern: *eins*. Und damit geschützt und beschirmt vor Schmerz und Angst.

Das Paradoxe ist: Wenn wir *nicht* denken, erreichen wir Momente tiefer innerer Ruhe. Und wenn wir an diesen Inselpunkten aufmerksam in uns hineinspüren, entdecken wir diesen Fluss, als der das Leben seit Jahrtausenden bildlich beschrieben wird. Und wir verlieren unsere Angst, in diesen Fluss zu steigen. Und mitzugleiten. Wir müssen nicht einmal schwimmen, uns nur treiben lassen. Immer wieder wollen wir dagegen blöd am Ufer stehen und dem Wasserstand zusehen, melancholisch, und uns darüber ärgern, dass das Wasser so kalt ist. Oder dass die Wellen über unseren Liegeplatz schwappen.

In einem Sprichwort heißt es: »Ein Schiff im Hafen ist sicher – aber dafür werden Schiffe nicht gebaut.« So ist es. Und wir weigern uns, das Leben so zu nehmen, wie es ist, versuchen lieber im Hafen zu bleiben, als die Unwägbarkeiten des offenen Meeres zu akzeptieren.

»Wer die Freiheit aufgibt, um Sicherheit zu gewinnen, wird am Ende beides verlieren«. Eine wichtige Erkenntnis von Benjamin Franklin.

Sicherheit vermittelt natürlich auch Ruhe. Das ist richtig. Und deshalb suchen wir ja wie verrückt danach. Aber nicht zufällig gibt es die Redewendung, dass eine Sache »todsicher« sei. Darin liegt die Wahrheit begraben, dass überzogene Sicherheit auch ins Auge gehen kann, dass sie nicht mehr beruhigt und aufatmen lässt, sondern alles Leben abtötet. So wie in dem Cartoon, wo ein Vater seinen Jungen in Schutzmontur eines Footballprofis im Sandkasten spielen lässt. Vermutlich ist dieser Sprössling jetzt vor Stößen geschützt, aber Spaß am Leben wird er nicht gerade erfahren. Und es ist nicht auszuschließen, dass sich zum Beispiel eine Wespe zwischen seine Schoner und Schienen verirrt (er ist Allergiker) und es viel zu lange dauert, all die schützenden Bandagen und Knoten zu lösen …

Das Leben ist eines der gefährlichsten, heißt es, und wenn wir jegliches Risiko schon im Vorfeld eliminieren wollen, bleibt kein Platz mehr für neue Erfahrungen. Das Ergebnis ist vielmehr Stillstand. Entwicklungsstau. Wenn wir an erster Stelle Sicherheit suchen, dann müssen wir konsequenterweise zu Hause bleiben, denn nur allein der Straßenverkehr in einer heutigen Großstadt ist nicht mehr zu kalkulieren. Auch nicht als Fußgänger, ganz zu schweigen von Chaoten in der U-Bahn. Oder sonstigen Verbrechern. Wobei sich bei diesen Gedanken logischerweise die Frage anschließt, wieso es denn ausgerechnet zu Hause noch sicher sein sollte. Da sind wir alleine, wenn die Einbrecher eindringen oder ein Erdbeben ausbricht, und wenn es nur ein Herzinfarkt sein sollte, steht auch niemand parat. Oder zu spät. Und Versicherungsstudien belegen: Die meisten Unfälle geschehen im Haushalt!

Wenn wir *leben* wollen, sagen die Weisen, müssen wir diese Gefahren und Ängste akzeptieren. Wie auch die Abgründe unserer Seele, die Dunkelheit unserer Gedanken, unsere Gefühle von Verlassenheit und Einsamkeit.

Der rettende Ausweg besteht darin, im Augenblick zu bleiben. In der bewussten Wahrnehmung des reinen Moments. JETZT finden wir Sinn und Erfüllung in unserem Leben.

Konkret also: Sollten wir uns zukünftig nicht mehr über die rote Ampel ärgern, sondern die Wartezeit bewusst nutzen, um uns zu vergegenwärtigen, wo wir stehen und was wir denken. Wie wir atmen. Wie die Zeit stillsteht oder auch rast. Und ob wir uns wieder sorgen.

Beim ersten Mal gestaltet sich das möglicherweise noch etwas gekünstelt, denn wir sind daran gewöhnt, auf der Stelle zu handeln, sobald sich irgendwo eine Pause ergibt. Wir sind große Meister darin die Zeit totzuschlagen, ob im Bahnhof, weil ein Zug Verspätung hat, oder abends, auf dem Sofa, während wir fernsehen und im Internet surfen und dabei noch einen Blick in zwei Tageszeitungen werfen. Aber indem wir die Zeit totschlagen, wollen wir in Wahrheit den Tod verjagen. Und zwar jeden Gedanken daran, schon im Vorfeld. Deshalb sind wir stolz darauf »multitaskingfähig« zu sein, also während des Surfens im Web noch zu telefonieren und in den Fernseher zu starren, also streng genommen nicht wirklich konzentriert zu sein. Oder wir treffen uns mit Menschen, die uns nicht wirklich interessieren und plappern über belanglose Themen, die uns erst recht nicht interessieren, aber dafür mehrere Stunden lang. Und haben danach noch Sex. Nur damit wir nicht alleine sein müssen. Oder damit die Zeit vergeht.

Wir sind große Meister darin, die Zeit »zu vergessen«. Und uns dann gemeinsam darüber zu beklagen, wie schnell doch die Zeit »vergeht«. Und wie sie wieder rast.

Aber wir weigern uns mit Händen und Füßen, dagegen einzuschreiten. Deshalb wird es sich anfänglich mühselig gestalten, wenn wir versuchen *bewusst* an ei-

> *Aber indem wir die Zeit totschlagen, wollen wir in Wahrheit den Tod verjagen.*

ner roten Ampel zu warten. Denn mit diesem Bewusstsein spüren wir zum ersten Mal auch die Begrenztheit der Zeit. Und damit auch unseres Lebens.

Wir sind zu feige.

Wir schlagen lieber sinnlos die Zeit tot, als Gevatter Tod in die Augen zu schauen. Doch nur wer sich dem Tod stellt, sagen die Weisen, wird leben.

Der Blick auf das Ende zeigt uns, worauf es im Leben wirklich ankommt. Weder der Sportwagen, noch die Villa, weder die Schuhsammlung, noch die Bibliothek, weder Auszeichnungen, Diplome, Erfolge, Preise, Firmenübernahmen oder Firmenpleiten – nichts davon werden wir mitnehmen können (müssen), bei unserer Fahrt über den Styx.

Nicht einmal: Liebe.

Es bleiben uns zuletzt nur unsere leeren Hände. Und unsere Einsamkeit.

Aber das ist auch tröstlich, denn mit diesem Blick auf das Ende können wir *jetzt* gelassener leben. Und planen. Wir atmen ein und aus, an der roten Ampel, und können all das Wuseln und Wimmern, das uns ansonsten tagsüber ausfüllt, mit dem notwendigen Abstand betrachten. Mit tödlichem Ernst, gewissermaßen.

Wie dieser Amerikaner, der nach einer schrecklichen ärztlichen Diagnose (Krebs im Endstadium) beschloss, nur noch zu lachen. Und er amüsierte sich. Den Rest seines Lebens. Die Geschichte dieses Mannes hat keine Pointe (à la: er lebte noch zwanzig Jahre lang ohne Tumor). Er starb, wie ärztlicherseits prognostiziert, nach wenigen Monaten. Aber es fiel ihm nicht schwer über alles zu lachen, weil er, mit seiner Diagnose, tatsächlich alles zum Lachen fand. Unser ganzes Hasten und Hetzen, all unsere Vorhaben und Vorsätze, die ganze alltägliche Ernsthaftigkeit.

Zum Schreien komisch.

Wir müssen lernen mit dem Tod zu leben, sagen die Schriften, und das meint: Bewusst zu spüren, dass unser Leben ein Geschenk ist.

Und dann loslassen, sagen die Weisen.

Unsere Ziele, Pläne, Wünsche, auch die Träume und Sorgen. Selbst unsere Ängste. Alles loslassen. Immer wieder geht es darum, schreiben die Weisen, um das Loslassen von Sicherheiten. Übrigens auch von materiellen Wünschen (wobei die Weisen nicht sagen, dass es schlecht oder schlimm wäre, materielle Dinge zu erwerben, aber sie warnen davor, unsere Begierden danach auszurichten). Und letztlich geht es darum, dass wir uns selbst loslassen.

Unsere betonharten Vorstellungen, wie ein erfolgreiches Leben zu verlaufen habe. Dass wir also gesund sein müssen und Karriere machen, und dass wir stark sind, in jeder Lage, und beliebt.

»Ich brülle mich dann schon mal an«, erzählt Martina, »wenn ich nicht loslassen kann, über eine vergangene Demütigung nachzudenken.« Sie sagt dann deutlich: STOP, um sorgenerfülltes Grübeln zu unterbrechen. »Oder ich brülle: NEIN. Manchmal mehrmals hintereinander. Es geht darum, das Grübeln und Nörgeln zu unterbrechen. Und das wirkt. Ich rede dann wie mit einem nervigen Bekannten. Und wenn ›dieser Typ‹ wieder anfängt, dann brülle ich ihn wieder an. Bis er Ruhe gibt. Das mache ich übrigens genauso, wenn ich irgendwo hetze. Weil ich einen Bus nicht erwischen könnte oder ein Zug zu spät kommt. Dann sage ich sofort: STOP. Oder wenn ich keine Lust habe etwas zu machen. Sofort ›STOP‹, wenn dieser Gedanke aufkommt. Was ist so schlimm daran, jetzt Briefe zu ordnen? Bist du zu fein dazu? Diese lästige Arbeit dauert nur eine halbe Stunde … Jammern hält nur auf. Ein Außenstehender könnte das vielleicht für brutal halten. Aber ich finde es viel brutaler, wenn der übliche Hirnwahnsinn beginnt.«

Wobei wir nicht vergessen dürfen, uns selbst liebevoll zu behandeln. Bitterkeit und innerliche Verhärtung sind Stolpersteine auf dem Weg der Weisheit. Wer nicht für sich selbst sorgt, demontiert die Sorge für andere Menschen. Deshalb müssen wir alle Liebe auch uns selbst gönnen und uns aufmerksam begünstigen.

»Sorgen erfüllen uns«, beschreibt Stephen Schoen ein interessantes Detail, »dann, egal wie groß sie sind, verringern sie sich nach einer Weile wieder, dann wachsen sie wieder an. Das hat einen Rhythmus, wie das Atmen. Kennen Sie das amerikanische Spiritual: ›Nobody knows the trouble I've seen‹? Auch hier haben wir diesen Rhythmus von Steigen und Sinken. Es ist alles so natürlich wie das Atmen.« (83)

Sorgen erfüllen uns, sagen die Schriften, weil wir unsere sorgenvollen Gedanken als objektive Realität missdeuten. Bis wir sie nicht mehr aufhalten können und sie uns überschwemmen. Aber wir halten diese Flut für normal und sind umgeben von Menschen, die auf der gleichen Wellenlänge agieren. Das Resultat ist ein gigantischer mentaler Sorgenkrach, der jeglichen Anflug von *Stille* verhindert.

Diese ohrenbetäubende Vielstimmigkeit trennt uns auch von den anderen Menschen. Nicht nur körperlich, sondern auch geis-

127

Denken verändert Denken (Teil 2)

Ups, so leicht gibt der »Kritiker« doch nicht auf. Er hat schließlich noch andere Betätigungsfelder. Zum Beispiel ist er ein großartiger Wahrsager. Gut, seine Voraussagen sind etwas simpel, weil sie immer nur gradlinige Entwicklungen berechnen, aber dafür vertritt er diese Voraussagen äußerst vehement. »Du wirst niemals etwas gewinnen«, ist ein beliebter Einstieg, aber erfolgreicher ist er mit dem Standardspruch: »Oh, du hattest Pech. Nun ja, du wirst von nun an nur noch Pech haben ...«

Streng genommen ist der »Kritiker« weniger ein Wahrsager als vielmehr jemand, der uns verflucht, auf jeden Fall sieht das Ergebnis meist so aus, dass wir einen zweiten Anlauf erst gar nicht versuchen. Damit kann er dieses Zögern gleich schon wieder als »ewige Wahrheit« verkünden. Eine allgemeingültige Regel, die für alle Zukunft Gültigkeit haben wird.

Selbst sachliche und nüchtern denkende Menschen verfallen dem »Kritiker«, wenn es um das heikle Thema der »Liebe« geht. »Du wirst niemals die richtige Frau (den richtigen Mann) finden«, flüstert der »Kritiker« mal eben so in den Raum, und – welche Überraschung – auch das aktuelle Date mit einem etwaigen Partner geht so was von in die Hose. »Du bist anders als die anderen Menschen«, flüstert der »Kritiker«, »vor allem bist du schlechter. Und hässlicher. Und uninteressanter. Und weichlicher ...« Es gibt übrigens noch diverse andere Begründungen, warum wir niemals einen Partner finden werden. Und weshalb es

128

auch überhaupt keinen Sinn hat, noch mal einen Versuch zu starten. »Probier es ruhig«, sagt der »Kritiker« genervt, »wenn du nicht auf mich hören willst ... Du wirst schon sehen, was du davon hast ...«

Nämlich noch mehr Absagen.

Das Gleiche passiert übrigens auch, wenn wir uns auf eine neue Stelle bewerben. »Es hat keinen Sinn, du bist zu alt ...« Oder zu unbegabt. Zu dumm.

Ein neuer Trend ist in diesem Zusammenhang das Alzheimer-Phänomen. Wenn wir also einen Namen vergessen, dann ist das todsicher der erste Hinweis auf den jetzt eintretenden Gedächtnisverlust. »Die anderen Leute lachen schon über dich«, ätzt er. Gerne kombiniert mit einer angeblichen Veränderung im Gesicht. Entweder einem offensichtlichen Alterungsprozess oder überhaupt einer prinzipiellen Hässlichkeitsphase, die wir von nun an, den Rest unseres Lebens, zu durchlaufen haben.

Wobei der »Kritiker« uns umgekehrt gerne damit aufzieht, dass wir viel zu nett seien. Während also die anderen Menschen genau wüssten, wo man seine Schäfchen ins Trockene und den eigenen Vorteil unter Dach und Fach bringt, seien wir die einzigen Menschen im Land, die noch ehrlich sind. Das sagt zumindest der »Kritiker«. Wir sind auch die einzigen Menschen in Europa, die von der Polizei wegen einer Lappalie bestraft werden. Weil wir viel zu gutmütig seien. Andere hätten schon längst mit dem Anwalt oder wichtigen Beziehungen gedroht und die Sache wäre vom Tisch. »Wenn du ein Mann wärst ...« Mehr braucht der »Kritiker« oft nicht zu sagen. Es reicht schon.

Und wie schaffen wir es, den »Kritiker« in seine Schranken zu weisen?

Indem wir ihn hinterfragen.

Auch hier bewährt sich die Praxis. Wenn wir uns also wieder in einer solchen Verfluchungsschleife befinden, in der wir unwiderruflich und für alle Zeiten versagen, weil wir bekanntlich schon einmal versagt haben, was Beweis genug ist, dann müssen wir kategorisch fragen: »Stimmt das wirklich?«

Und es ist wieder nichts gegen eine überdimensionale Lautsprecherbox einzuwenden, die jeden Kritikermurks mit einem vielstimmigen Chor kontert: »Wir alle sind Menschen. Wir alle machen Fehler. Niemand von uns weiß, was morgen oder in nächster Zukunft passieren wird. Es gibt keinen Grund, warum ich diesmal nicht Erfolg haben sollte. Es gibt kein Gesetz, das meinen Erfolg verbietet.«

tig – sie nährt die Illusion der »Verschiedenheit«. Gefährlich, sagen die Weisen, weil wir uns dann nicht in erster Linie als Menschheit begreifen, also als Einheit, pathetisch gesprochen: als Brüder und Schwestern, überall auf diesem Planeten. Sondern vor allem: als »Ich« und »Du«. Freund und Feind. Familie und Fremde. Heimatvolk und Eindringlinge.

Ein diffuser Schleier aus Definitionen.

Dabei sind wir auf einer geistigen (und oft auch genetischen) Ebene *eins* mit allem, was ist. Aber nur in der Stille können wir diese Wahrheit auch fühlen und begreifen.

Denken kann zu einer Krankheit werden, sagen die Weisen.

Denken wird zur Krankheit, wenn wir die Stimmen in unserem Kopf nicht mehr kontrollieren können. Wobei viele Menschen gar nicht wissen, dass so etwas überhaupt möglich ist.

Vor allem der »Kritiker« legt es darauf an, uns das Leben zur Hölle zu machen, aber es gibt noch eine Menge weiterer Einflüsterer. Je nach Bedarf und Bereitschaft. Alle zusammen (oder auch einzeln) kommentieren sie unser Leben und urteilen pausenlos, verurteilen meistens, und im Großen und Ganzen sind sie schlecht gelaunt. Wichtig zu wissen ist, dass die Einflüsterer sich auch ohne Anlass plötzlich auf lang zurückliegende Ereignisse berufen und diese grell beleuchtet hervorkramen. Oder sie versuchen sich wieder einmal an einer »hundertprozentig zutreffenden« Prognose der näheren Zukunft. Selbstredend katastrophal. Und all diese Tonspuren gemeinsam addieren wir unter dem Sammelbegriff: »Sorgen machen«.

Wir halten diese Tätigkeit im Allgemeinen für eine wichtige Errungenschaft.

Trotzdem (oder gerade deswegen) muss es auf dem Weg der Weisheit darum gehen, sich von dieser Errungenschaft zu befreien.

Als Übungsfeld: Zuerst sollen wir *bewusst* auf das Geraune zwischen den Ohren achten. Ohne Wertung.

Es geht darum die lautstärksten Einflüsterer dingfest zu machen, um damit mehr über uns selbst zu erfahren. Als Zweites widmen wir den penetranten Einflüsterern unsere Aufmerksamkeit, also den Tonspuren, die uns teilweise schon seit Jahrzehnten verfolgen. Alles, wie gesagt, ohne Urteil. Wie ein Wissenschaftler. Ansonsten erschaffen wir nur wieder einen neuen »Kritiker«, der sich gleich mit aller Kraft an die Deutungshoheit in unserem Vorderstübchen macht.

In dem Moment, wo wir unsere Gedanken nur noch beobachten (und ihnen nicht gleich wieder, wortwörtlich: auf den Leim gehen, mit ihnen verkleben), betreten wir eine neue Stufe des Bewusstseins: die Gegenwart.

Sie lebt hinter oder unter unseren Gedanken.

An diesem Punkt wird uns vielleicht auch zum ersten Mal bewusst, wie schwer es uns fällt, davon zu lassen zu grübeln. Es wirkt nämlich suchtartig. Weil wir nicht mehr darüber bestimmen können, obwohl es sich schädlich auf uns auswirkt. Das Werkzeug (der Verstand) hat sich oftmals verselbstständigt und durchsetzt seine eigene Tätigkeit mit destruktiven Querschlägern. Und weil wir wie Süchtige denken, verschleudern wir genauso auch unsere Lebensenergie.

Gegenwart wiederum steht in einem direkten Verhältnis dazu. Je stärker wir uns mit unserem Denken identifizieren, also mit unserem Grübeln über Gefühlszustände, ob wir beliebt sind oder nicht, ob wir selbst gewisse Menschen mögen oder nicht, oder sonst etwas nicht mögen, vor allem also: Ohne selbstbeobachtendes Bewusstsein vorgehen, desto stärker werden wir von diesem Gefühlsbrei weggeschwemmt.

Konkret also: Wir sollten uns an einer roten Ampel fragen, was im Moment in uns vorgeht. Ohne zu analysieren oder zu werten. Einfach nur beobachten. Es geht darum, die Aufmerksamkeit nach innen zu lenken.

Dabei werden wir auch auf Konflikte stoßen. Es gibt nämlich Gedanken an der Oberfläche und solche, die sich unbewusst vorwärtsbewegen. Mit zunehmender Beobachtungsgabe werden wir in die Lage versetzt, das unterbewusste Material aus seinem Schattenreich zu befreien und *klar* zu machen. Voraussichtlich als Emotionen. Aber mit zunehmender Beobachtungsgabe betrachten wir diese Eindrücke wie Gedanken. Interessiert, distanziert, liebevoll. Der einzige Unterschied ist, dass sich Gedanken lautstark im Kopf bewegen, während Emotionen sich irgendwo (meist im Bauch) äußern. Aber weil wir auf dem Weg der Weisheit lernen, nicht mehr unsere Emotion zu *sein*, sondern sie zu beobachten, stürzt ein Kloß im Magen uns nicht mehr ins Ungewisse. Im Gegenteil: Wir ziehen daraus wertvolle Erkenntnisse.

Übrigens gilt das auch für die »Liebe«.

Zumindest für das, was wir oft mit diesem Ausdruck bezeichnen. Wenn es nämlich richtig zur Sache geht, vor allem im Hirnkasten und im Bauchnabelbereich, wo sich dann Scharen von Schmetterlingen zum Abflug bereit machen.

Oftmals ist »Liebe« auch nur ein anderes Wort für Sucht.

Mit allen spezifischen Definitionskriterien, als da sind: Rausch und Wärme, Aufregung, Unruhe, Sprunghaftigkeit, Verlangen und Rücksichtslosigkeit. Auf jeden Fall nicht: Gelassenheit. Viele Liebespaare wanken nach der euphorischen Hochphase zu Beginn bald am Abgrund aus Hass, Verachtung, Kampf und Demütigung. Und zwar zyklisch (vgl. *Zickensklaven. Wenn Männer zu sehr lieben*, Solibro Verlag).

An diesem Punkt ist die berühmte buddhistische Formel, wonach Schmerz oder Leiden aus dem Begehren oder Verlangen entstehen und dass wir, um frei von Schmerz zu sein, die Fesseln des Begehrens durchtrennen müssen, besonders gut nachzuvollziehen. Aber das ist gleichzeitig einer der vielen Punkte, an denen – isoliert betrachtet – auch die christliche, jüdische und islamische Theologie zustimmt.

Und die Lösung besteht also darin, *gegenwärtig* zu werden.

Solange wir uns darauf versteifen unsere Fehler, unsere Pleiten, unsere Gedanken zu *sein*, solange sind wir auch süchtig danach, das unbewusste Walten der Triebe zu befolgen. Und zu leiden. Streng genommen entwickeln wir nicht einmal ein »Ich«, denn wir werden ferngesteuert von diversen Stimmungslagen und Abstimmern. Selbst unser Wunsch nach einem besseren, weisen Leben ist in dieser Phase nicht mehr als ein diffuses Gefühl (das sich morgen schon wieder anders auswirken kann).

Die Lösung besteht nicht darin (Vorsicht!) verkrampft und verbissen jeden Wunsch zu verbieten und Gedanken zu verbannen.

Es geht lediglich darum, ihrer *gegenwärtig* zu werden.

Also zu beobachten.

Als Übungsfeld: Wir sind dazu angehalten, von nun an »Ja« zu sagen. Zu allem, was sich gegenwärtig darbietet. Ob es die rote Ampel ist, vor der wir warten müssen, oder die Zwangspause auf der Autobahn im Stau, oder eine verworrene Situation im beruflichen Umfeld. Es geht zukünftig darum, das »Jetzt« in das Zentrum unseres Lebens zu hieven. Und zu beleuchten.

Nichts anderes ist mehr wichtig.

Während wir früher vielleicht Stunden damit zugebracht haben durch den Tag zu fantasieren, uns in Gedankenspielen und Selbstgesprächen zu suhlen, unterstützt von Musik oder Büchern, wird es nun ein wenig karg. Und Zeitreisen (in die Vergangenheit oder Zukunft) sind bis auf Weiteres einzustellen.

Möglicherweise klingt das plump, vielleicht auch ein wenig »billig«, so ohne theatralische Veränderung einfach nur in der Gegenwart zu leben. Aber nicht ohne Grund haben alle Weltreligionen und viele Kulturen die Beschäftigung mit dem »Jetzt« zu einem zentralen Aspekt des Lebens erhoben. Wenn wir es nämlich schaffen, vollkommen gegenwärtig zu sein, dann schafft es kein Problem, in uns zu überleben. Sie lösen sich auf wie Zucker im Kaffee. Weil Probleme »Zeit« brauchen.

»Am Anfang war das für mich unmöglich in der Gegenwart zu leben«, erzählt Martina, »bis ich auf einen Umweg kam. Ich habe mir bewusst angesehen, wie ich es eben vermeide, in der Gegenwart zu leben. Also, was mein Verstand mir alles vorschlägt, um die Zeit totzuschlagen. Und wie sehr ich es brauche mir genau auszumalen, was alles passieren könnte. Diese Vorstellungen habe ich notiert und später mit dem, was tatsächlich passiert ist, verglichen. Schon während des Aufschreibens hatte ich bald keine Lust mehr. Das Muster war klar: Wenn ich das Gefühl habe, alles läuft super, bin ich bestens gelaunt. Und genauso umgekehrt, alles ist hoffnungslos. Aber es sind immer nur Stimmungen, Fantasien.«

Wenn wir ein sogenanntes »Problem« jetzt und augenblicklich definieren müssen, dann verliert es automatisch seine Kraft. Weil es unmöglich ist, ein Problem zu haben, sagen die Weisen, wenn wir vollkommen gegenwärtig sind.

Es gibt Situationen – jetzt und augenblicklich – in denen wir handeln, in denen wir vielleicht auch eine unangenehme Nachricht akzeptieren müssen. Aber es gibt *gegenwärtig* keinen Grund »ein Drama« daraus zu machen. Vor allem, weil wirkliche Gefahren und Nöte konkret bewältigt werden, heißt: Wir befinden uns mitten drin (und haben keine Zeit für Nörgeleien) und dadurch auch schon wieder in der Gegenwart. Alles andere ist Träumerei.

Aber der Drang ist groß, sich in ein Dramaproblem zu stürzen, weil das damit zusammenhängende Fantasieren uns eine verquere Form der Identität vermittelt. Wir befinden uns dann scheinbar »im Auge des Orkans«. Dabei befinden wir uns in Wahrheit nur in einer Sprechblase.

Weil wir nicht handeln.

Deshalb, sagen die Weisen, müssen wir auf Probleme verzichten. Bewusst. Wir müssen uns vornehmen, keine Probleme mehr zu erschaffen.

135

Problematisch daran, keine Probleme mehr zu pflegen, ist allerdings der Umstand, dass damit unser prinzipielles Unwohlsein zutage tritt. Deshalb nutzen wir schließlich Alkohol oder sonstige Drogen, Sex oder Beruf, Essen, Fernsehen, Internet oder immer wieder »Shopping« wahl- oder typweise als Valium- oder Aufputschmittelersatz, eben als Suchtmittel.

Der Prophet Mohammed vermerkte schon im sechsten Jahrhundert nach Christus: »Drei Dinge im Leben sind zerstörerisch: Zorn, Gier und Selbstüberschätzung.« Seitdem hat sich an diesen Konstanten nichts geändert.

Geil stürzen wir uns auf Frauen, Männer, gierig aufs Buffet, maßlos auf Autos, Häuser, Schuhe, Urlaubsreisen ... Ohne noch zu genießen. Wir schaufeln das Essen in uns hinein, bechern den Alkohol, penetrieren irgendwelche Partner (für eine Nacht).

Um diese grausame innere Leere notdürftig zu überdecken. (Die allerdings erst dann in aller Brutalität deutlich wird, wenn wir versuchen, sie nicht mehr zu ignorieren, sondern aufzuwachen, nüchtern zu bleiben.)

Denn auch das üppigste Essen reicht nicht bis ins Unterbewusstsein, der heftigste Alkoholrausch findet mal ein Ende und der schärfste Quickie wird plötzlich fade. Langweilig. Nur das *Besitzen* lockt etwas länger, das Sammeln von Gütern, von Dingen, von Spielzeugen. Das Ausstechen von konkurrierenden Sammlern. Ohne uns allerdings noch wirklich zu erfreuen.

In dem Moment, in dem wir dieses prinzipielle Unwohlsein *bewusst* betrachten und uns damit vergegenwärtigen, wie selten wir uns wirklich wohlfühlen in uns selbst (wenn überhaupt), öffnet sich auch schon wieder eine Tür.

Es ist offensichtlich, dass unsere Unruhe, unsere Rastlosigkeit, nicht alleine durch eine Umstellung im Tagesrhythmus oder durch einen Ernährungsplan verwandelt werden kann. Dann vermehrt sich nur der Gedankenmüll, der uns in Form von Urteilen, Unzufriedenheit und Tagträumereien vom »Jetzt« wegziehen möchte. Begleitet von einem prinzipiellen Unbehagen, einer ziellosen Gespanntheit, Langeweile und Nervosität.

Aber auch hier gilt: Beobachten.

Aushalten!

Und dann betrachten, entdecken, was sich darin bewegt. Um dadurch auf eine verborgene Nachricht zu stoßen. »Wenn ich meine innere Unruhe aushalte«, schreibt Anselm Grün, »und sie genauer anschaue, kann ich vielleicht entdecken, was sich in ihr regt. Da spüre ich, dass sie einen Sinn hat. Die Unruhe möchte mich von der Illusion befreien, ich könnte mich selbst durch Disziplin verbessern und in den Griff bekommen. Die Unruhe zeigt mir meine Ohnmacht. Wenn ich mich damit aussöhne, reinigt das die Seele und gibt neue innere Klarheit. Ich spüre mitten in meiner Unruhe einen tiefen Frieden. Die Unruhe darf also sein.« (84)

Voraussetzung dazu ist unsere (neu erworbene) Erkenntnis, dass wir nicht für unsere Gedanken verantwortlich sind. Sondern nur dafür, was wir mit ihnen machen.

Wir *sind* nicht unsere Gedanken, also sind wir auch nicht derart mies und böse und schwach, wie die Einflüsterer uns das weismachen wollen. Es sind Eingebungen, nicht mehr. (Kleiner Einschub: Das Gehirn ist ein drei Pfund schwerer Klumpen aus gräulichem, schwabbeligem Gelee – und nicht der richtige Ort, um dort nach dem Bewusstsein zu suchen. Das behauptet beispielsweise Alva Noë, ein Philosoph von der University of California in Berkeley. Seine Position ist nicht so extrem, wie es auf den ersten Blick scheint. Der Philosoph meint nicht etwa, dass neuronale Zustände für das Bewusstsein irrelevant seien, sondern dass es sich nicht darauf reduzieren lasse. Wahrnehmung und Bewusstsein sind ihm zufolge ein Produkt vielfältiger Interaktionen zwischen dem Körper und seiner Umwelt – und das Gehirn nur ein Teil des großen Ganzen. Seine zentrale Idee ist richtig, sagen Kollegen: Wenn wir Bewusstsein verstehen wollen, müssen wir den Organismus im Austausch mit seiner Umwelt betrachten. Viele Forscher teilen heute diese Position, auch wenn sich daraus ein Haufen neuer Fragen ergibt.)

Wir sind nicht für unsere Gedanken verantwortlich, sondern nur dafür, was wir mit ihnen machen.

Erst diese klare Unterscheidung zwischen uns als Person und unseren Gedanken, die in uns (wahllos, geradezu wirr manchmal) zirkulieren, gibt uns ein Werkzeug an die Hand, um gelassen und gegenwärtig zu agieren. Überlegt vor allem. Unabhängig.

Es zimmert uns einen neuen Standpunkt, erhaben (in einem positiven Sinne; nicht arrogant), erhöht (in einem positiven Sinne; nicht arrogant), von dem aus wir uns selbst und die einprasselnde Kritik betrachten können. Gelassen. Zukünftig ohne Panik bei einer Kanonade aus Ablehnung und Verachtung. Weil wir uns selbst lassen können. Ohne Angst, dass uns der Boden unter den Füßen weggerissen wird. Weil wir uns nicht mehr bedroht fühlen von unseren Gedanken.

Aus einer sicheren Distanz heraus.

Selbst bei furchtbaren Nachrichten.

Gegenwärtig zu sein, gelassen zu reagieren, meint nicht: »Haltung um jeden Preis«. Oder: »Das Gesicht wahren«, um jeden Preis. Es geht nicht um Disziplinierung, Coolness, Selbstbeherrschung.

Weil der Weise von einem anderen Standpunkt aus zuhört. Er wird nicht überschwemmt von Nachrichten aus der Außenwelt, die ihn »bis ins Mark erschüttern«. Weil er *durchlässig* ist. Und deshalb in seinem innersten Kern gar nicht getroffen werden kann. Er lebt ohne betonierten Karriereplan (der erschüttert werden könnte), ohne festgezurrtes Verlaufskorsett, wie sich Menschen gefälligst zu bewegen und zu entwickeln haben. Stattdessen nimmt er zur Kenntnis, dass das Leben fließt.

Als Übungsfeld: Wir sollten uns zukünftig in einem Streitgespräch beobachten. Wie wir uns gewohnheitsgemäß in eine Meinung verbeißen und die andere Seite verbellen wollen.

»Jetzt« geht es darum, Gelassenheit zu trainieren, nicht Gleichgültigkeit, zu beobachten, wie wir uns die Wahrheit zurechtbiegen, um Recht zu haben. Um zu überzeugen, wie es heißt, also den anderen zu Boden zu drücken. Zu betrachten, dass unsere Meinung oft nur eine Projektion ist, mit der wir uns selbst bekämpfen.

Um akzeptieren zu lernen, dass es manchmal mehrere Sichtweisen gibt, die gleichwertig ihre Berechtigung haben. Und ohne dabei zu resignieren, weil es eh unwichtig sei, was man erzähle und weil es anscheinend keine Wahrheit mehr gebe – denn das ist Blödsinn. Aber die philosophische Frage nach der »absoluten Wahrheit« muss nicht in einem Streitgespräch über die mögliche Wahl eines Urlaubsortes entschieden werden. Oder wenn es darum geht, wer die Spülmaschine ausleert.

Martin Heidegger, der entscheidende »Profi«, wenn es um die letzten Fragen geht, vor allem aber einer der Philosophen, der für östliches und westliches Denken gleichermaßen offen war, stellt fest: »Die Gelassenheit zu den Dingen und die Offenheit für das Geheimnis gehören zusammen. Sie gewähren uns die Möglichkeit, uns auf eine ganz andere Weise in der Welt aufzuhalten. Sie versprechen uns einen neuen Grund und Boden, auf dem wir innerhalb der technischen Welt, und ungefährdet durch sie, stehen und bestehen können.« (85)

Das gilt vor allem auch in einer hektischen Moderne, in der unser Leben tatsächlich immer schneller abzulaufen scheint, als pausenlose Abfolge von technologischen Neuerungen, die sozi-

139

ale Verhältnisse und berufliche Möglichkeiten radikal durcheinanderschütteln.

Geschwindigkeit ist für den Philosophen Paul Virilio nichts anderes als die verborgene Seite des Reichtums und der Macht. Er behauptet, dass sie der entscheidende Faktor ist, der im Grunde eine Gesellschaft bestimmt.

Gerade deshalb, sagen die Weisen, ist es wichtig, sich dieser Beschleunigung zu entziehen. Interessanterweise sprechen sie schon seit drei Jahrtausenden davon, dass Menschen krank werden, wenn wir nur noch hetzen, hasten und rennen. Und als Ursache für diesen Geschwindigkeitsrausch nennen sie die Angst.

Wir trauen dieser Welt nicht, sagen die Schriften, und vor allem nicht uns selbst. Wir misstrauen den Politikern, der Regierung, den Wirtschaftslenkern, und wollen die Sache selbst in die Hand nehmen. Auch (und gerade) wenn wir selbst Politiker oder Wirtschaftslenker sind, vertrauen wir nicht mehr darauf, dass »die Dinge« ihren Gang gehen und ihren eigenen Rhythmus haben. Dazu ist die Angst zu groß geworden, dass die anderen Konkurrenten schneller sein könnten – und damit erfolgreicher. Also bemühen wir uns verbissen, noch vor den vermeintlichen Verfolgern (den Siegern) an einem imaginären Ziel anzukommen.

Denn wer Angst hat, kann nicht warten, nicht stillstehen.

»Ich sitze am Straßenrand«, notiert Bertolt Brecht in den ›Buckower Elegien‹.

»Der Fahrer wechselt das Rad.

Ich bin nicht gern, wo ich herkomme.

Ich bin nicht gern, wo ich hinfahre.

Warum sehe ich den Radwechsel

Mit Ungeduld?« (86)

Wir trauen uns nicht mehr zuzuschauen und drängen uns danach, die Dinge in die eigene Hand zu nehmen. Eigenverantwortlich zu sein. Und deshalb fürchten wir uns vor den minimalsten Abweichungen im Tagespensum, weil sie uns die Zügel aus der Hand schlagen. Und uns mit uns selbst konfrontieren. Mit unserer inneren Leere – und unserer Angst.

Manche Menschen möchten sogar lieber sterben, als diesen Anblick ertragen zu müssen. Also rennen sie noch ein wenig schneller, als bislang schon, und arbeiten noch länger, als bislang schon, und achten sorgsam darauf, immer etwas in der Hand zu haben. Ein Bier, eine Fernbedienung, ein Telefon. Irgendetwas, um es sich vor das Herz halten zu können. Um die Angst dort nicht zu spüren.

Gegenwärtig zu sein heißt also auch: geduldig zu sein.

In der Zeit.

Es verlangt danach warten zu können und das auch noch mit voller Absicht. Einfach da zu sein, etwas nicht im Griff zu haben, und abzuwarten. Ohne zu planen, zu handeln, zu schwitzen.

Und es verlangt danach, *langsam* zu sein.

Wenn wir flanieren, beobachten, zuhören, nachdenken, etwas anfassen. Vor allem, wenn wir mit einem Menschen sprechen. Und mit ihm essen. Um zu genießen, zu schmecken, und zu feiern, wie es schmeckt.

»Wenn ich esse, dann esse ich«, heißt es seit Jahrhunderten in der Tradition des Zen. »Wenn ich sitze, dann sitze ich. Wenn ich stehe, dann stehe ich. Wenn ich gehe, dann gehe ich.« Bekanntermaßen verläuft die zeitgemäße (unweise) Verhaltensweise ganz anders: Wenn ich sitze, dann stehe ich schon. Und wenn ich stehe, dann bin ich längst schon wieder auf dem Sprung.

Konkret also: Wir müssen uns zukünftig darum bemühen langsamer zu gehen. Auch (und gerade) wenn es nur wenige Meter bis zum Büro unserer Kollegin sind. Und wir (wie immer) keine Zeit haben. Dann sollten wir uns bemühen in die Füße hinein zu spüren, möglichst bis in jeden einzelnen Zeh hinein, und den Teppich zu fühlen, auf dem wir uns bewegen. Oder den Steinboden.

Wir müssen uns zukünftig darum bemühen langsamer zu essen und zu trinken. Und den Kaffee nicht achtlos hinunter zu schlucken, sondern auf den Geschmack zu achten. Und auf die Form der Tasse.

»Kinder«, schreibt Thich Nhat Hanh, »wenn ihr eine Mandarine schält, dann könnt ihr sie mit Achtsamkeit essen oder ohne Achtsamkeit. Esst ihr eine Mandarine achtsam, so ist euch bewusst, dass ihr eine Mandarine esst: Ihr erfahrt vollkommen ihren lieblichen Duft und ihren süßen Geschmack. Schält ihr die Mandarine, so wisst ihr, dass ihr eine Mandarine schält. Nehmt ihr ein Stück und steckt es in euren Mund, so wisst ihr, dass ihr ein Stück nehmt und es in euren Mund steckt. Empfindet ihr den lieblichen Duft und den süßen Geschmack, dann wisst ihr, dass ihr den lieblichen Duft und den süßen Geschmack empfindet. Ist die Mandarine wirklich, dann ist der Mensch, der sie isst, auch wirklich. Das bedeutet, eine Mandarine mit Achtsamkeit zu essen.« (87)

In seinen Anweisungen an den Tenzo, also den Koch des Klosters, dringt Dogen Zenji sogar darauf, dieser solle das für die Zubereitung der Mahlzeiten verwendete Gemüse sowie die Körnerfrüchte behandeln, »als wären sie deine eigenen Augäpfel«. In diesem Zusammenhang verweist er weiterhin auf den Ausspruch eines alten Meisters: »Kochst du Reis, betrachte den Kochtopf als dein eigenes Haupt. Wäschst du Reis, sei dir bewusst, dass das Wasser dein eigenes Leben ist.«

Zuletzt geht es darum, sich langsam zu entkleiden. Abends, wenn das sogenannte Tagwerk vollbracht und die Ernte in die Scheune gefahren wurde. Das langsame Ausziehen (nicht vor dem

Partner) wird dadurch auch zu einer symbolhaften Angelegenheit, meditativ beinahe, weil wir mit jedem Kleidungsstück einen Teil des Tages ablegen. Mit all seinen Absurditäten und Fragen.

Natürlich endet (und beginnt) »Achtsamkeit« nicht beim Essen oder Gehen.

In der Wortwurzel steckt schon greifbar die Achtung, das Beachten, das Hochachten. Also etwas Allgemeines, Umfassendes. In der Zen-Tradition spricht man daher auch vom »Erwachen«. Denn wer achtsam geht, isst, atmet, lebt – der wird *eins* mit dem, was er tut. Und damit hellwach. (Deshalb heißt Buddha auch der Erwachte.) Diese Vorstellung, wir würden uns eher schlafend durch den Tag bewegen, von fremden Einflüssen getrieben, ohne das aber zu merken, erinnert jüngere Menschen wahrscheinlich weniger an Buddha, als vielmehr an den Blockbuster »Matrix«. In diesem Film mit Keanu Reeves als »Neo« sind es Maschinen, die den Menschen eine im Computer generierte Scheinwelt vorgaukeln. Und die Menschen züchten, um sie als Energiequelle zu nutzen. Der Dialog, der »Neo« zur Erweckung führt, beginnt damit, dass Morpheus ihn fragt, ob er schon einmal einen Traum hatte, von dem er glaubte, er sei real. »Und was wäre«, setzt er nach, »wenn du aus diesem Traum nicht mehr aufwachen würdest? Woher wüsstest du, was Traum ist und was Realität?« Eine wichtige Frage auf dem Weg der Weisheit, denn wir alle machen uns Illusionen über unser Leben. Weil wir uns davor verstecken, mit dem »wirklichen Leben«, mit dem »Augenblick« in Berührung zu kommen.

»Vor einem Jahr habe ich das sehr plastisch erlebt«, erzählt Martina. »Ich hatte einen miesen Job, wo ich den ganzen Tag in künstlichem Neonlicht arbeiten musste; es war sehr anstrengend und dabei sehr frustrierend. Und dann bekam ich die Ein-

143

ladung zu einem Bewerbungsgespräch in einer anderen Stadt.
Ich nahm mir den Tag frei, fuhr in die andere Stadt und setzte
mich mit einem großen Zeitpolster in ein Café. Es war das erste
Mal seit vielen Monaten, dass ich tagsüber nicht arbeiten musste
und einfach nur dasitzen konnte. Und ich saß da und wusste,
wenn das Bewerbungsgespräch nicht klappt, dann muss ich die
nächsten Monate, vielleicht sogar für immer diesen schlimmen
Job machen. Also habe ich diese Minuten inhaliert. Nicht als
verkrampfte Aufgabe, es war einfach ein Bedürfnis. Und plötzlich kam mir alles so spannend vor: Ein Kind, das Spaghetti aß,
drei Männer, die darüber diskutierten, welchen Tisch sie nehmen
sollten, irgendwo ging ein Glas zu Bruch, neben mir quatschten
zwei Rentnerinnen. Alles war plötzlich klar und alles war voller
Geschichten. Voller Leben.«

Achtsamkeit, in dieser Deutlichkeit, lässt sich letztlich nicht
auf eine Privatmarotte verengen. Es geht ums Ganze. Um die all-
gemeine Ungerechtigkeit, die auf der Welt herrscht und in die wir
irgendwie genauso verstrickt sind. Das war vor allem auch Mahatma Gandhi klar. »Wir sind uns nicht immer unserer wahren
Bedürfnisse bewusst«, schrieb er. »Die meisten von uns verviel-
fachen ihre Wünsche über Gebühr und werden so, ohne sich dessen bewusst zu sein, zu Dieben. Wenn wir uns mit dieser Frage
nur ein wenig auseinandersetzen, so zeigt sich rasch, dass wir auf
eine ganze Reihe unserer Wünsche verzichten können. Wer ernsthaft bestrebt ist, dem Gebot des Nicht-Stehlens Folge zu leisten,
der wird seine Bedürfnisse immer mehr reduzieren. Die herzzer-
reißende Armut, die in weiten Teilen unserer Welt herrscht, lässt
sich größtenteils darauf zurückführen, dass das Gebot des Nicht-
Stehlens mit Füßen getreten wird.« (88)

Um aufkommende Panik zu besänftigen: Gandhi verlangt
von uns nicht, dass wir unser hart erarbeitetes Häuschen nebst

Fuhrpark verkaufen und den Erlös den Armen schenken sollen. (Obwohl … zwangsläufig wäre das *eigentlich* schon, wenn man ihm aufmerksam zuhört – und er selbst hat seine eigenen Worte auch dementsprechend beherzigt …) Aufatmen: Er spricht von einer Reduzierung unserer Bedürfnisse. Zumindest aber dürfte klar geworden sein, dass es in der Achtsamkeit, in der »Kunst des Teetrinkens« nicht um eine nette Höflichkeitsmarotte geht oder in der des Entkleidens, um eine neue Form der bürgerlichen Spießigkeit. Der Weg der Weisheit führt immer mitten hinein in die wesentlichen Auseinandersetzungen der Gegenwart. Selbst (und gerade) in der Freizeit, wie Robert M. Pirsig in einem Klassiker der Erkenntnisliteratur beschreibt. »Der ichbezogene Bergsteiger ist wie ein falsch eingestelltes Gerät. Er setzt seinen Fuß einen Augenblick zu früh oder zu spät auf. Er übersieht wahrscheinlich, wie schön das Sonnenlicht in den Bäumen spielt. Er geht immer noch weiter, wenn die Unsicherheit seiner Schritte schon anzeigt, dass er müde ist. Er macht zu wahllosen Zeiten Rast. Er schaut den Weg hinauf, um zu sehen, was ihn erwartet, auch wenn er es schon weiß, weil er eine Sekunde zuvor schon einmal hinaufgeschaut hat. Er geht zu schnell oder zu langsam für die herrschenden Bedingungen, und wenn er redet, spricht er unweigerlich von anderswo, von etwas anderem. Er ist hier und doch nicht hier. Er lehnt sich auf gegen das Hier, ist unzufrieden damit, möchte schon weiter oben sein, doch wenn er dann oben ist, ist er genauso unzufrieden, weil eben jetzt der Gipfel das ›Hier‹ ist. Worauf er aus ist, was er haben will, umgibt ihn von allen Seiten, aber das will er nicht, *weil* es ihn auf allen Seiten umgibt. Jeder Schritt ist eine Anstrengung, körperlich wie geistig-seelisch, weil er sich sein Ziel als äußerlich und weit weg vorstellt.« (89)

Konkret also: Schritt für Schritt gegenwärtig.

Es gibt so viele Wege zu Gott,
wie es Menschen gibt.

Benedikt XVI.

Fünfter Schritt: Das Ohr

Öffnen. Das Hören verfeinern (so wie zuvor das Sehen).
Oder auch: Auf mehrstimmige Frequenzen lauschen.

Das klingt jetzt hochgestochen, meint letztlich aber nichts anderes als eine prinzipielle Offenheit für all die Dinge zwischen Himmel und Erde, die sich unsere »Schulweisheit« nicht so recht zusammenreimen kann.

Wobei es keine Voraussetzung für die »richtige« Weisheit ist, an Gott oder eine vierte, fünfte Dimension zu glauben. (Stephen Hawking sagt übrigens, dass es diese Dimensionen rein physikalisch geben müsse.) Es ist allerdings nicht falsch.

Aber es bringt auch keinen Vorteil.

Ob es Gott gibt oder nicht, ist für den Weg der Weisheit nicht entscheidend – aber ein Weiser verurteilt niemals einen anderen Menschen, der glaubt. Oder auch nicht.

(Einschub: Spätestens nach diesem Einstieg hören wir den hysterischen Chor in unseren Ohren dröhnen, dass »die« Kirche schlimm sei und mindestens millionenfaches Leid gebracht habe, über uns alle – beziehungsweise umgekehrt, genauso hysterisch: dass »der« Atheismus schlimm sei und millionenfaches

Leid produziert habe … Mag so oder so richtig sein. Ist aber in der Hitzigkeit der Debatte kein Thema für den Weg der Weisheit. Aggressivität, fehlende Gelassenheit, emotionaler Zorn sind »Gift« bei unserem Vorhaben. Und sind ein Indiz dafür, dass es bei einer solchen Streitfrage – im Kern – gar nicht um das Thema »Religion« geht. Sondern mit großer Wahrscheinlichkeit um das verdeckte Leid in unserer Seele. Deshalb sind Sachlichkeit und Gelassenheit gerade dann entscheidend, wenn es darum geht, Täter anzuklagen und zu bestrafen.)

»Weisheit ist zwar nicht ›religiös‹ zu bezeichnen«, schreibt Malek Hosseini, »und ist nicht immer und überall untrennbar mit Religion verbunden, hat aber eine Hauptwurzel in der Religion, ohne die sie unmöglich das wäre, was sie ist. Geschichtlich betrachtet ist eine Seite des Begriffs Weisheit die religiöse Wurzel.« (90)

Die andere Seite der Weisheit, das Philosophieren, hat ebenfalls ihren Namen von der Weisheit erhalten. Die Geschichte der Philosophie ist eigentlich die Geschichte der Weisheit. »Ob dann ›Philosophie‹ wirklich Philosophie ist«, überlegt Hosseini, »und ›Religion‹ noch Religion, steht hier offen. Wenn wir also einer Einstellung begegnen, die gemeinsame Elemente mit dem philosophischen und religiösen Standpunkt hat, handelt es sich da nicht eher um Weisheit?« (91)

Auf jeden Fall sind wir dazu aufgerufen offen zu sein für die Schönheit der atheistischen Religion. Oder für die Geheimnisse des religiösen Atheismus. Keine Angst, es geht nicht um Missionierung bzw. Bekehrung, unverändert sind lupenreine Atheisten in unserer Wandergruppe herzlich willkommen. Wer nirgendwo Gott sieht, ist genauso auf dem Weg der Weisheit, wie derjenige, der in jeder Erscheinung ein Indiz für »höheres« Walten erkennen möchte. Für die Weisen aller Zeiten und Epochen ist nur die »Reinheit des Herzens« entscheidend.

Gottglauben und Gottlosigkeit haben beide ihren Sinn, und sie sind gut. Füreinander. Sie sind »Feinde«, und wir wissen inzwischen, welchen Sinn Feinde haben. Sogar Religionen zeigen wechselseitig Schwachpunkte auf. (Kleiner Einschub: Die meisten Gläubigen kämpfen ohnehin jeden Tag gegen ihren Atheismus, und umgekehrt sollte sich ein Atheist fragen, was für ihn persönlich so untragbar ist, wenn andere Menschen »glauben« ...)

Aber wir kommen an dem Thema Gott nicht vorbei. Seit Jahrtausenden nicht, auch wenn Karl Rahner über Gott sagt: »Es ist das fast bis zum Lächerlichen überanstrengte und überanstrengende Wort.« (92) Und auch wenn Atheisten – und zwar völlig korrekt – protestieren: »Wenn wir sagen, dass die sogenannten Sätze der Metaphysik *sinnlos* sind, so ist dies Wort im strengsten Sinn gemeint.« (93) Für C. G. Jung führt der Weg zum gesunden Selbstwertgefühl über die Annahme des (von ihm als »Fachbegriff« eingeführten) Schattens – damit meint er die Integration von »Anima« und »Animus« – und über das Zulassen des Gottesbildes, das sich in der menschlichen Seele in Bildern und Symbolen ausdrückt. Es führt zu weit jetzt im Einzelnen über die Jung'sche Schule zu sprechen, aber dieser Aspekt ist tatsächlich wichtig.

Kurzgefasst unterscheidet er das »Selbst« vom »Ich«. Letzteres ist der bewusste Kern, der uns nach außen vertritt und entscheidet. Und oftmals »keinen Bock« hat. Beziehungsweise sofort und auf der Stelle etwas will. Sofort! Vor allem zeichnet sich das Ich dadurch aus, dass es glänzen und imponieren will. Nach Jung klammern wir uns pausenlos am Ich fest. Um aber zum Selbst zu gelangen, müssen wir endlich das kleine schreiende Ich loslassen. Dann können wir in die eigene Tiefe steigen und den wahren Personenkern entdecken. Oft aber fällt es den Menschen nicht leicht »von ihrer Höhe herunterzusteigen und unten auch zu bleiben«, schreibt er. »Man fürchtet einen sozialen Prestigeverlust in erster Linie, und in zweiter Linie eine Einbuße des moralischen Selbstbewusstseins, wenn man sich seine eigene Schwäche gestehen müsste.« (94)

Das ist eine wesentliche Erkenntnis. Wir alle müssen zuerst in unsere eigene Tiefe steigen, um dort auf ein vorhandenes Gottesbild zu stoßen. Und dieses dann erst einmal beobachten. Ganz entscheidend: Denn nur dann können wir unser Selbst finden, wenn wir diese Gottesbilder erst einmal zulassen. (Verwerfen kann man sie immer noch, falls nötig.)

»Mit hat es sehr geholfen«, sagt Tom Doch, »als ich bei John C. Lilly, dem Bewusstseinsforscher, vom ›irdischen Zufallskontrollbüro‹ gelesen habe. Das ist für mich handfester als eine Gottheit auf Wolke 7, die alles durchwirkt. Soweit war ich schon, dass alles von etwas Göttlichem durchwirkt wird, dass es keinen Winkel gibt, wo das nicht so ist. Auch im Leid, auch im Horror. Allerdings sprengt das menschliches Nachvollziehen.

Ich kann dagegen sehr wohl die Auswirkungen des irdischen Zufallskontrollbüros sehen und wieder und wieder stelle ich das fest. Nicht unbedingt im Moment, aber im Nachhinein. Und damit verbunden ist eine Ehrfurcht vor allem Lebendigen.«

Es gibt übrigens eine Formel, mit der sich berechnen lässt, wie es um unser Verhältnis zu »Gott« steht. In der Exerzitientradition sagt man, dass wir alle unsere menschlichen Beziehungen addieren und anschauen sollen. »Wenn ich in meinem Leben«, schreibt Franz Jalics, »zum Beispiel zu hundert Menschen in Beziehung stehe, zwanzig davon wirklich mag, zwanzig ablehne und mit sechzig eine relativ ›normale‹, aber auch oberflächliche Beziehung lebe, dann verhält es sich mit Gott so, dass sich in dieser Beziehung zwanzig Prozent Liebe, zwanzig Prozent Gottesablehnung und sechzig Prozent Oberflächlichkeit bzw. Beziehungsnormalität manifestiert.« (95) Gott ist praktisch nicht existent.

Aufgrund dieser Liebesformel sind verbissene Missionare für weise Menschen suspekt. Und umgekehrt auch radikale Atheisten. Es geht dabei nicht um die »Inhalte«, sondern um die Aussonderung. Beides nimmt den einzelnen Menschen nicht wahr, sondern will *haben*. Recht haben. Ein überzeugter Gläubiger (meint: neunzig Prozent Liebe) wird mit seiner Meinung nicht hinterm Berg halten – aber er wird sein atheistisches Gegenüber lieben und belassen. Und ein überzeugter Atheist wird ebenfalls nicht mit seiner Meinung hinterm Berg halten – aber die Grenze seines Denkens sollte dort aufleuchten, wo Verachtung beginnt.

Die »Problemstellung« selbst begleitet uns bis zur Stunde unseres Todes. Für Goethe (und viele andere Denker) ist es »das eigentliche, einzige und tiefste Thema der Welt und Menschheitsgeschichte«. (96) Auch dann, wenn wir uns scheinbar sicher sind, »auf welcher Seite« wir stehen.

»Ich bin zwar kein religiöser Mensch«, notierte Ludwig Wittgenstein, »aber ich kann nicht anders: ich sehe jedes Problem von einem religiösen Standpunkt aus«. (97)

Insofern ist es hilfreich zu lesen, wie sich Erich Fromm (Psychoanalytiker und bekennender Atheist) zu Lebzeiten über eine verschobene Gesprächskultur beklagte: »Leider hat sich seit den Tagen der Aufklärung das religiöse Gespräch um die Bejahung oder Verneinung eines Glaubens an Gott gedreht anstatt um die Bejahung oder Ablehnung gewisser menschlicher Haltungen.« (98) Viel entscheidender als besagtes »Gespräch«, das ohnehin meist in einen Streitdiskurs mündet, ist eine unbestimmte *Sehnsucht*. Dieses Sehnen und Suchen (ob auf Gott oder eine gerechte Gesellschaft hin ausgerichtet, auf Christus, Buddha oder eine global befreite Menschheit) ist etwas Gutes. Und weise. Auch ein Atheist, der nicht an Gott glauben möchte (kann), dafür aber meditiert und *atmet*, der seine Kinder (Partner und Freunde) liebt und ihnen eine gute Erziehung schenken möchte, kennt dieses Verlangen. Denn jeder Mensch sehnt sich im Grunde seines Herzens danach, geliebt zu werden und selbst zu lieben. Wir brauchen nur die Zeitung aufzuschlagen (oder, zeitgemäßer: im Internet zu surfen) und finden täglich neue Schicksale, wo Menschen aufgrund von Liebeshunger in Einsamkeit und Verzweiflung enden. Denn in jeder (noch so kleinen), auch in der sexuellen »Liebe«, wo Erregung vorrangig in einer gemeinsamen Verschmelzung endet, findet sich diese Sehnsucht: nach *absoluter* Liebe. Und damit, sagen die Weisen, die Sehnsucht nach Gott.

»Die Welt sehen in einem Körnchen Sand«,

schrieb William Blake,

»den Himmel in einem Blütenrund,

die Unendlichkeit halten in der Hand,

die Ewigkeit in einer Stund.« (99)

Wir sind erfüllt von einem unstillbaren Hunger nach einer umfassenden *Heimat*, umgreifender, als sie ein Land, eine Straße, ein Haus je bieten könnte. Sehnsüchtig nach einer umfassenden, vollständigen Geborgenheit. Auch und gerade bei Atheisten (vielleicht noch stärker bei Menschen, die gerne *glauben* würden, aber nicht fühlen, spüren, sehen, wo dieses Göttliche sich aufhalten könnte) pocht so eine Sehnsucht nach *mehr*, nach einem größeren Zusammenhang. Auch wenn das Streben und Suchen nach außen hin auf andere Ziele gerichtet wird.

Dieses Pochen wiederum ermöglicht überhaupt erst eine umfassende Distanzierung von den (materiellen) Vorgaben der Gesellschaft. Weil da mehr sein muss, als nur der Zug der Lemminge hinter der Knete her, lässt sich die Lebenseinstellung der Weisen seit vier Jahrtausenden mit dem Spruch »Nichts haben, alles besitzen« beschreiben. Ohne Sehnsucht wiederum ist es schwer sein Herz nicht an Güter zu binden – und loszulassen. Dabei ist nur der Mensch wirklich frei, der sich davon lösen kann, wofür andere ihre Leben geben würden.

Kein Besitz der Welt, sagen die Weisen, wird unsere wirkliche *Sehnsucht* jemals erfüllen.

»Nichts haben, alles besitzen.«

Das ist altbekannt, fast schon banal – auf einer passiven Leserebene. Täglich werden neue Schicksale bekannt, in denen Menschen auf der Suche nach Reichtum in Einsamkeit und Verzweiflung enden. Dabei steckt in dem Wunsch nach maßlosem Überfluss in Wahrheit eine Sehnsucht nach *Ruhe*. »Dann muss ich nicht mehr arbeiten«, sagen solche Menschen gerne, bevor sie sich zu Tode schuften. Und kaum einer von ihnen lässt letztlich von seiner Besessenheit ab. Auch dann nicht, wenn der Körper vor lauter Stress streikt und der Hunger nach Reichtum die Familie zerstört hat.

Letztlich, sagen die Weisen, steckt hinter dem Wunsch nach maßlosem Überfluss die Sehnsucht, *wertvoll* zu werden. Also mit zunehmenden Geldwerten auf dem Konto bedeutungsvoll für die Menschen in unserer Umgebung zu sein. Abgesehen davon, dass dieses materielle Vorhaben meist in die Hose geht, wird kein noch so ertragreiches Geschäft unsere *wirkliche Sehnsucht* länger als kurze Zeit stillen.

Um also frei zu werden, gelöst, vor allem von der Sucht nach Dingen, benötigen wir die Fähigkeit, uns ganz zu vergessen. Und damit auch die Dinge. Zwar geht es auf dem Weg der Weisheit immer wieder darum, sich erst einmal in den Mittelpunkt zu stellen, zu lieben und anzunehmen – aber mit zunehmender Einsicht, betonen die Schriften, dass Fortschritt nur dann möglich ist, wenn wir uns zunehmend mehr vergessen können. Ohne uns zu vernachlässigen.

Denken verändert Denken (Teil 3)

Welche Überraschung: Der »Kritiker« gibt immer noch nicht auf. Eine seiner elegantesten Taktiken besteht darin, unleugbare Erfolge, also offensichtlich positive Dinge so umzumodeln, dass man die Lust daran verliert.

Das ist gar nicht mal so schwer. Der »Kritiker« lässt erst einmal den sogenannten Erfolg antanzen und ein paar Runden drehen. Beispielsweise ist uns eine Präsentation vor dem Vorstand gut gelungen, es gab sogar einen respektvollen Schulterklopfer. Oder wir haben eine Veranstaltung organisiert, aus dem Nichts heraus, und es wurde ein großer Publikumserfolg. Oder wir haben neue Klamotten gekauft, und jeder bestätigt, dass wir darin so was von gut aussehen, einfach zum Verlieben.

Vordergründig eine harte Nuss für den »Kritiker«. Allerdings auch nur wenige Stunden. Danach beginnt er damit, die sogenannten Erfolge zu »hinterfragen«. Mit kleinen Sticheleien. »Diese Präsentation«, sagt er zum Beispiel, »sei mal ehrlich, die hätte jeder machen können. Die haben einfach nur irgendeinen Idioten gesucht, der das Thema nimmt. Und damit das nicht auffällt, haben sie danach ein bisschen auf nett gemacht. Sei mal ehrlich: Hat irgendeiner aus dem Vorstand dir wirklich ein handfestes Lob geschenkt? Nein, es gab so einen läppischen Handschlag. Andere werden danach schon mal zu einem Vieraugengespräch eingeladen. Jeder Affe hätte diesen Vortrag halten können. Und die Tatsache, dass du noch mit dir zufrieden bist, zeigt, wie weit du von einer wirklichen Karriere ent-

fernt bist. Wenn du mich fragst, haben die dich nur hinge-
halten – und am Montag kriegst du den Kopf gewaschen.
Wenn ihr alleine seid. Dann sagen sie dir die Wahrheit!
Und die lautet völlig zurecht: Du bist ein kompletter Versager!«

Es dauert vielleicht zwei Stunden, und der vormalige
Erfolg hat sich vollständig gedreht.

Dann gibt es keinen Erfolg mehr. Und auch keinen
Stolz. Und erst recht keine Freude.

Um gegen diese Verdrehung des Positiven vorzugehen,
empfiehlt Albert Ellis radikale Hyperpositivität (ein Wort,
das er selbst natürlich nicht benutzt hätte). Meint: Wir
müssen bewusst und penetrant das Positive verstärken, das
sich bei uns findet. Auch wenn wir geknickt, verletzt und
angeschlagen sind – trotzdem!

Das Einzige, was gegen den »Kritiker« hilft, ist Über-
zeugtsein von sich selbst. Und das erreicht man, indem
man von sich selbst überzeugt ist. Indem wir unsere Stärken kennen und sie auch deutlich aussprechen. Vor uns
selbst. Dabei können wir sogar angeben und stolzieren,
denn der »Kritiker« handelt genauso überzogen.

Aber es wirkt.

Dieser scheinbare Widerspruch beschreibt das narzisstische
Kreisen um »das Goldene Kalb«, also die eigene Befindlichkeit,
in allen Variationen und Vorstufen. Während wahre Weisheit
nicht mehr danach fragt, was ein einzelner Moment bringt, sondern davon umfangen sein möchte.

Der wirkliche Widerspruch besteht darin, dass wir erst dann ganz gegenwärtig sind, wenn wir uns selbst ganz vergessen. Und erst dann sind wir auch ganz.

»In jedem Schrei von jedermann«, schreibt der Dichter William Blake in dem Gedicht »London«,

»in Kindesjammern, Stimmenwirrn,
in jedem Fluch ich hören kann
vom Geist geschmiedet Fesseln klirrn.« (100)

Alles hängt mit allem zusammen, sagen die Weisen. In einer Ganzheit. Jeder von uns hängt mit allem zusammen, nicht nur wir Menschen, sondern auch die Tiere, die Steine, die Wolken und die Bäume. »Und Blake beschreibt voll Leidenschaft«, sagt Robert Aitken über dieses (das vollständige) Gedicht, »was für ein Chaos wir aus diesem kostbaren Beziehungsnetz gemacht haben. Wir suchen ständig nach rationalen Erklärungen, bis wir am Ende gegenüber Mensch, Tier und Pflanze abgestumpft sind. Wir selbst legen unseren Geist in Ketten und setzen uns allenthalben Grenzen durch unser Festhalten an begrifflichen Fixierungen wie *ich* und *du*, *wir* und *es*, *Geburt* und *Tod*, *Leben* und *Zeit*. Genau diese Einstellung verursacht Leid und Not.« (101)

Eine dieser begrifflichen Fixierung heißt übrigens: Gott.

Um diese vier Buchstaben herum werden Ideologien geprägt und Schulen errichtet, dabei ist »Gott« weder zu beschreiben noch zu erkennen und vor allem nicht zu definieren. »Es gibt eine Wirklichkeit«, sagt Daio Kokushi, als Gewährsmann aus dem Osten, »die vor Himmel und Erde steht. Sie hat keine Form, geschweige denn einen Namen. Augen können sie nicht sehen, lautlos ist sie, nicht wahrnehmbar für Ohren.« (102)

> *Der wirkliche Widerspruch besteht darin, dass wir erst dann ganz gegenwärtig sind, wenn wir uns selbst ganz vergessen.*

Und auch Thomas Keating, aus dem katholisch-kontemplativen Lager, sieht das ähnlich: »Was wir jeweils von Gott wahrnehmen, kann nur ein Strahlen seiner Gegenwart sein und nicht Gott selbst. Wenn das göttliche Licht den menschlichen Geist trifft, zerfällt es in viele Aspekte, so wie ein Strahl des Tageslichtes, wenn er auf ein Prisma fällt, in die verschiedensten Farben des Spektrums zerlegt wird.« (103)

Der jüdische Philosoph Martin Buber hat Gott einmal als grundlose Tiefe beschrieben. Gott ist, wie er sagt, »das ewige *Du*, das seinem Wesen nach nicht *Es* werden kann.« (104) Ein Gott also, der ausschließlich durch seine Beziehung zum Menschen definiert ist.

»Wer durch Gründe bewogen wird, Gottes *Wirklichkeit* zu glauben« notiert Rudolf Bultmann, »der kann sicher sein, dass er von der Wirklichkeit Gottes nichts erfasst hat; und wer mit Gottesbeweisen etwas über Gottes Wirklichkeit auszusagen meint, disputiert über ein Phänomen. Denn jedes ›Reden über‹ setzt einen Standpunkt außerhalb dessen, worüber geredet wird, voraus. Einen Standpunkt außerhalb Gottes aber kann es nicht geben, und von Gott lässt sich deshalb auch nicht in allgemeinen Sätzen, allgemeinen Wahrheiten reden, die wahr sind ohne Beziehung auf die konkrete existenzielle Situation des Redenden.« (105)

Auf dem Weg der Weisheit geht es also weniger darum über »Gott« zu reden, zu streiten, zu verurteilen, sondern vielmehr darum die Ohren zu spitzen. Und aufmerksam zu beobachten. »Wenn die Seelenkräfte Verstand, Gedächtnis und Wille zur Ruhe gekommen sind«, schreibt Evagrios Ponticus über das Gebet, »verhalten sich alle seelischen Kräfte passiv; alle religiösen Bilder, Visionen, inneren Ansprachen und frommen Gedanken und Verzückung sind zurückgelassen.« (106) Mystiker betonen also, dass wir zur Einheit mit »Gott« nur dann kommen können, wenn wir uns von Vorstellungen und Gedanken befreit haben. Johannes vom Kreuz mahnte, alles Bildhafte und Konzeptionelle zurückzunehmen, um dadurch einen Durchbruch zu erfahren. Er bezeichnet dieses Erlebnis als »Aufstieg auf einen Berg«, der in einen transrationalen Bewusstseinsraum führt, den er mit »Nada« (= Nichts) beschrieb. Über diesen »inneren Raum« sprechen Menschen in allen Völkern, Kulturen in und auch außerhalb von jeder Religion. »Die Essenz aller Religionen«, fasst Willigis Jäger von daher zusammen, »ist in ihren mystischen Erfahrungen zu finden.« Sie ermöglicht uns ein neues Verständnis von dem, was wir Gott nennen. Denn Gott kann nicht verstanden, Gott kann nur erfahren werden. ER ist nicht im Außen zu finden, ER ist vielmehr das Innerste des evolutionären Geschehens. Eine »integrale Spiritualität«, wie es Jäger benennt, erlebt daher keine Trennung zwischen Gott und Mensch, sondern ein kontinuierliches Erwachen des göttlichen Bewusstseins im Menschen.

Auch für den mittelalterlichen Mystiker Meister Eckhart (der stets im Spannungsverhältnis zu asiatischen Religionen genannt wird, weil er so zen-haft schreibt) hängt alle Seligkeit daran, »dass der Mensch durchschreite und hinaus schreite über alle Geschaffenheit und alles Sein und eingehe in den Grund, der grundlos ist.« (107) Denn »Gott« ist jenseits der Zeit. Deshalb haben wir im Einswerden mit »Gott« teil an der Ewigkeit. Die Zeit hört einfach auf. Es gibt kein Vorher und Nachher – nur noch reine Gegenwart. Ganzheit. In so einem »göttlichen« Augenblick können wir oft nicht sagen, wie lange er dauert. Aber bei aller Unbestimmtheit gibt es überall auf der Welt einen ähnlichen Ausdruck für diesen Moment, in dem etwas aufblitzt. Wahlweise »Erleuchtung« oder »Satori«.

Wahlweise im Körper eines Atheisten, eines Rationalisten, eines Verweigerers. Denn wir leben in *ihm*, sagen die Weisen, in

Gott. Und er in uns. Und alle und alles zusammen bilden eine Einheit. Ähnlich formuliert Meister Eckhart: »Das Auge, in dem ich Gott sehe, das ist dasselbe Auge, darin mich Gott sieht; mein Auge und Gottes Auge, das ist ein Auge und ein Sehen und ein Erkennen und ein Lieben.« (108)

Der »Himmel«, wie es bildlich heißt, oder eher pathetisch »das Reich Gottes« ist schlichtweg: Jetzt. Und ER wirkt und schafft jetzt, und wir sind der Ausdruck seines Daseins und Schaffens. Wir existieren nicht einfach so nebeneinander und neben ihm herum, sondern wir sind die »obere Hautschicht«. »Dass ER lebt, drückt sich durch unser Dasein aus. Dass wir – die Welt und wir darin – leben, das ist ER. Wir sind seine ›Außenseite‹«. (109)

Normalerweise sagen wir »Gott« und meinen damit einen, der in den Wolken, im Himmel, über den Sternen oder sonst wo wohnt und auf uns runterschaut (mit Bart, selbstverständlich), mal eingreift, dann wieder nicht, mal schweigt, dann angeblich losbrüllt (Stürme schickt), ein gelangweilter, alter Mann, der vor allem viel straft und fordert. Und dem wir beizeiten sagen müssen, wie der Laden zu laufen hat. Eher asiatisch-esoterisch ist die neuzeitliche Vorstellung einer ziellosen »Energie«, die sich durch alles hindurchhaucht und ohne jedes Konzept und Mitgefühl verabschiedet. All diese Visualisierungsversuche sind Bestandteil ausufernder Streitgespräche und werden von ihren wechselnden Anhängern wortreich verteidigt (auch gegen die eigenen Zweifel), um die *Sehnsucht* nicht zu verlieren.

Dabei ist das gar nicht notwendig. Es geht vielmehr darum, sich beschenken zu lassen. Wie Kinder, sagen die Schriften. Vor allem sind wir keine isolierten Einzelwesen, auch wenn wir uns und die anderen unentwegt als voneinander getrennte, manchmal merkwürdige, oft feindselige »Individuen« erleben. Das ist ein Fehler. Wir nehmen uns jeweils nur als vereinzelt wahr – aber

158

in Wahrheit hängen wir mit allen anderen zusammen, »als der sichtbare Ausdruck des ewigen Seins (...) wir sehen die sichtbare Form, die sich die ewige Wirklichkeit gibt.« (110)

Wenn wir überhaupt irgendetwas wahrnehmen, sagen die Weisen, dann ist das nie die Oberfläche, das Schimmernde, Glänzende, Abstoßende, Alternde, sondern das *Sein* selbst. Es gibt nichts anderes.

»Alles hängt mit allem zusammen«, erzählt Martina. »Ganz banal habe ich das in einem Verein gespürt, den wir vor etwa zehn Jahren gegründet haben. Aus einer kleinen Idee entstanden, von einem einzelnen Menschen. Helfer kamen zusammen, regelmäßige Treffen fanden statt, die Gruppe wurde größer und größer. Es gab Broschüren, Presseberichte, semi-professionelles Marketing – und bald auch Streit. Aber auch Liebe. Menschen fanden zusammen, kamen sich näher, gingen wieder. Nach zehn Jahren brach das alles auseinander. Der Gründer hatte eine neue Freundin und ging einfach. Und es funktionierte nicht ohne ihn. Auch alle Freundschaften, die entstanden waren, brachen ohne den Verein auseinander. Heute sehe ich, wie alle diese völlig unterschiedlichen Menschen irgendwie zusammenhingen. Wenn jemand ging oder dazu kam, veränderte das immer auch die Gesamtstruktur der Beteiligten. Und mehr noch, auch das Leben der Menschen, die als Eltern oder Freunde von dem Verein hörten oder die Broschüren lasen. Alle zusammengerechnet haben wir mehr als 1000 Menschen erreicht und verändert. Und das war nur eine kleine Freizeitinitiative ...«

Solche Erfahrungen des Augenblicks, in denen alles eins ist, Zeit und Ewigkeit zusammenfallen, nennt Abraham Maslow »Gipfelerlebnisse«. Besser klingt natürlich der moderne Ausdruck »Flow«. Maslow war beileibe kein Esoteriker, sondern ein nüchterner Psychologe. Gott interessierte ihn eher weniger und trotzdem war er fasziniert von diesen speziellen Momenten. Also befragte er vor mehr als 30 Jahren Menschen, die er für besonders gesund, glücklich und entwickelt hielt. Es waren Menschen, die erfolgreich und zufrieden in ihrem Leben waren. Die Analyse ihrer Antworten ergab: »Diese Erfahrungen hatten meistens nichts mit Religion zu tun, zumindest nicht in der herkömmlichen übernatürlichen Bedeutung. Sie hatten ihren Ursprung in großen Augenblicken der Liebe und Sexualität, in großen ästhetischen Momenten (besonders bei Musik), Ausbrüchen von Kreativität und schöpferischer Inspiration, in großen Augenblicken der Einsicht und der Entdeckung, bei Frauen, die auf natürliche Weise Kinder zur Welt brachten oder einfach durch ihre Liebe zu ihnen, in Momenten des Verschmelzens in der Natur (im Wald, an Meeresufern, im Gebirge usw.), bei bestimmten sportlichen Erfahrungen wie Tauchen oder Tanzen usw.« (111) Eines seiner Paradebeispiele ist ein junger Medizinstudent, der sich seinen Lebensunterhalt als Schlagzeuger in einer Jazzband verdiente. Dieser junge Mann erzählte Maslow, dass er bei seinen Auftritten drei »Gipfelerlebnisse« gehabt hatte, wo er sich plötzlich wie ein großer Schlagzeuger fühlte und seine Darbietung perfekt war. Daneben gab es noch schwächere »Flows«, an die er sich aber trotzdem gut erinnerte. Klassischerweise nach einem guten Essen mit Freunden, während einer Zigarette, oder bei einer Frau, »nachdem sie die Küche gründlich geputzt hatte und diese dann glänzte und strahlte und vollendet aussah.« (Nun ja, das waren andere Zeiten.)

Entscheidend an diesen Beschreibungen ist, dass es viele Wege zu solchen »Erfahrungen der Verzückung« gibt. Sie sind nicht notwendig ausgefallen, okkult, geheimnisvoll oder esoterisch. Sie erfordern nicht unbedingt Jahre der Übung oder des Studiums. Sie sind nicht beschränkt auf ganz besondere Menschen, zum Beispiel Mönche, Heilige oder Yogis, Zen-Buddhisten oder solche, die besonders begnadet sind. (Auch der Schweigemönch Thomas Keating findet es erstaunlich, dass die Menschen in seinem Bekanntenkreis, die am tiefsten in das kontemplative Gebet eingedrungen sind, entweder in einem sogenannten aktiven Orden wohnen, also pausenlos tätig sind, oder sogar verheiratet.) Es ist nicht etwas, das in Tibet oder Indien geschieht, jeweils nur an bestimmten Orten, oder das lediglich Menschen widerfährt, die auf bestimmte Weise geschult oder auserwählt sind. Es ist mitten im Leben zugänglich für gewöhnliche Menschen mit gewöhnlicher Beschäftigung.

»Ein und derselbe Mond spiegelt sich
In allen Wassern.
Alle Monde im Wasser
Sind Eins in dem einzigen Mond.« (112)

Alan Watts hat dieses Gefühl einmal als »Das ist es!« beschrieben, als sei man endlich dort angekommen (also: hier, jetzt), während wir ansonsten unser tägliches Brasseln und Brüten als eine einzige Anstrengung wahrnehmen, dieses dort aber (also: hier, jetzt), als das Ende aller Verkrampfung. Als die Vollendung des Wünschens und Hoffens – als die Erfüllung der wirklichen Sehnsucht.

Mir imponieren nur die Ratschläge und Grundsätze,
die der Rat gebende selbst beherzigt.

Rosa Luxemburg

Sechster Schritt: Der Mund

Darf plappern (gesteuert, versteht sich). Pausenlos sogar.
Wiederholen und wiederholen und wiederholen. Es geht um
eine Übung. Denn der Weise ist prinzipiell einverstanden mit der
Welt, und diese Haltung müssen viele Menschen erst trainieren.

Um diese Hürde zu überspringen, brauchen wir den Mund.
Schmecken, kosten, normalerweise die Haupteigenschaft der
oralen Zone, ist interessanterweise im Lateinischen (= sapere)
auch die Wurzel des Wortes »sapientia«. Und das ist die Weisheit.

Gewissermaßen hat der Weise einen Geschmack für das Wichtige, das Richtige, das Gute, also für all das, was dem Menschen
nützt. Und er weiß, wie das Ungute, das Böse schmeckt und was
es kostet. Bitter schmeckt es (macht es).

Wir müssen uns selbst schmecken wollen, um die Lust der
Weisheit kosten zu können. Und all das verlangt nach Lebensfreude und Aktivität. Wir wollen die Höhen und Tiefen des Lebens erfahren und kosten, was im Menschen steckt – im Tiefsten
einverstanden mit der Welt.

Damit ist nicht gesagt, dass wir alles gut finden müssen, was
um uns herum los ist. Wie sollte man damit einverstanden sein,

162

dass ein Drittel der Menschheit hungert, dass in einem weiteren Drittel Kriege herrschen, dass überall gelitten und geweint wird. Aber wir leben in dieser Welt und können uns keine andere backen. Also nörgelt und stänkert der Weise nicht, sondern er setzt sich ein. Eine Haltung wie »Die da oben kungeln sowieso nur untereinander, auf uns hört keiner« ist zwar zutreffend, als Lebensmotto der Verweigerung trotzdem nicht weise.

Die »zehntausend Dinge« sind so, wie sie sind. Aber das heißt nicht, dass wir sie nicht ändern können. Im Gegenteil: Es lässt sich alles bewegen. Nur: Es darf uns nicht besetzen.

Niemand von uns kann im Vorhinein wissen, ob eine angestrebte Änderung letztlich richtig ist – aber die Möglichkeit besteht. Das ist entscheidend.

Oft müssen Dinge sogar korrigiert werden, es liegt auf der Hand, der Zunge, das sieht auch und gerade der weise Mensch. (Frage am Rande: Will ich mich wirklich engagieren? Inhaltlich. Oder sieht das nur gut aus? Oder schlage ich mit »Argumenten« herum, wie mit einer Machete, weil ich andere Menschen damit verletzen kann?) Häufig hingegen ist es besser zu schweigen.

Auch wenn das vordergründig wie ein Fehler wirkt.

Aber Weisheit akzeptiert immer wieder Fehler. Und sie weiß, dass eine kleine Änderung immer eine größere Kette von Änderungen in Gang setzen wird, mit jeweils neuen sich anschließenden Änderungen. Mahatma Gandhi beispielsweise hat durch sein Handeln eine militärische Weltmacht vertrieben, ohne einen einzigen Schuss abzugeben.

»Wenn du glücklich sein willst – lebe«, so einfach ist Lebenskunst nach Leo Tolstoi. Und das ist nicht naiv. Aber wichtig bei dieser Aufforderung ist der »Umweg«. Wir können nicht glücklich sein, indem wir morgens, nach dem Frühstück beschließen, heute mal glücklich zu werden – wir müssen uns dem Leben ausliefern.

Und das mit Haut und Haaren, nicht ein bisschen, also nur dann, wenn »es« so läuft, wie es uns in den Kram passt, sondern prinzipiell. Das Leben fließt, und das Glück schwimmt oben auf.

Wir müssen eintauchen, uns treiben lassen von der Strömung, auch wenn es steile Hänge hinunterfließt, über spitze Klippen hinweg, im Schatten, im Regen, ohne Ende. Denn selbst im Schmerz ist Leben, sagen die Weisen (und es gibt sogar manche, die davon sprechen, dass *nur* der Schmerz entscheidend ist). Weil er uns öffnet, bewegt, und in jedem Schmerz eine Verheißung des Glücks wartet. Und weil *Leben* sich manchmal nur in diesen Momenten heiß anfühlt und wichtig, und immer dann, wenn wir uns wirklich lebendig fühlen, auch eine Spur von Glück zu finden ist.

Dazu müssen wir aber von unserer Aussichtsplattform hinuntersteigen und uns in die Fluten stürzen. Glück schwimmt oben, wie Fett. Wir können es nicht vom Ufer aus anlocken, als Zuschauer mit Fernglas. Es kommt nur zu uns, wenn wir leben.

Insofern: »Danke« sagen, als Übung. Für alles. Immer.

Eine reine Reflexübung. Wobei es klar sein muss, dass es nicht darum geht, irgendwelche Wörter zu repetieren. In diesem Fall ein einziges. Diese Übung hat keinen beschwörerischen Hintergrund. Wir müssen versuchen, das zu leben, was wir sagen. Also wirklich ehrlich und ernsthaft *danken*.

Dafür, dass es regnet, dass es schneit, und dafür, dass das Bier im Kühlschrank überraschend alle ist. So blöde es klingt, aber diese stupide Dankerei bringt uns auch mit Lebensfreude in Berührung. Und die Fähigkeit, sich zu freuen und der Freude in unserem Herzen Raum zu geben, ist für den Menschen lebensnotwendig. Verschiedene medizinische Studien haben festgestellt, dass Freude die Bedingung dafür sein kann, dass Krankheiten schneller heilen oder überhaupt erst gar nicht auftreten.

»Ob man sein Leben lachend oder weinend verbringt – es ist die gleiche Lebenszeit«, heißt es in einem Sprichwort aus Japan. Damit soll selbstverständlich nicht gesagt werden, dass wir nicht trauern dürfen. Alleine schon aus dem Grund, weil wir dann eine elementare Gefühlsregung unterdrücken würden. Außerdem gibt es Ereignisse oder Situationen, wo es richtig und wichtig ist zu heulen. Aber es geht um eine prinzipielle

> *»Ob man sein Leben lachend oder weinend verbringt – es ist die gleiche Lebenszeit.«*

Lebenseinstellung: ob wir also lachen oder weinen wollen. Anpacken oder resignieren. Zustimmen oder verzweifeln.

Wenn wir »mit Leib und Seele« trauern, heulen, flennen, dann werden wir bald auch wieder lachen können. Wenn wir aber in der Verzweiflung stecken bleiben möchten, dann gerinnt das ganze Leben zu einem »Tal der Tränen«.

Insofern: »Danke« sagen, als Übung. Für alles. Immer.

Auch für unangenehme Situationen, Prüfungen, Missgeschicke. Auch da sollten wir mitten hineingehen, genau dort hin, »wo es wehtut«. Ohne Wertung. Einfach annehmen. Die Situation *leben*.

Es sind die einzigen Momente, die uns später bleiben werden. Von denen wir im Alter zehren. Und »Danke« sagen.

Oft ist es besser, sagen die Weisen, »irgendetwas« zu tun, als nur zu warten und aus den Augen zu starren. Vor allem dann, wenn wir schon lange in einer unangenehmen Situation gefangen sind. Aber ein einziger (auch falscher) Schritt verändert das Gesamtgefüge. Und damit ergibt sich eine neue Situation, aus der wir heraus zurückblicken und analysieren können. Möglicherweise entdecken wir dadurch plötzlich einen »Fehler«, der uns monatelang nicht aufgefallen ist.

»Und wenn es pure Angst ist? Vor der Zukunft?«

Die Decke über dem Kopf verändert nichts. Aber wenn wir uns vergegenwärtigen, bewusst nur im Jetzt leben zu wollen,

165

dann findet die Angst keine weiteren Nährstoffe. Sie steht ohne Anbindung im Raum herum und stirbt ab wie ein Virus ohne Wirtskörper.

»Und wenn sich an der Lage trotzdem objektiv nichts verändern lässt?«
Dann geht es darum zu akzeptieren, sagen die Schriften.

Und vor allem: ohne auch nur die kleinste Spur von Widerstand. Das ist mit am schwierigsten. Aber jede noch so homöopathische Dosis an Unwillen, Aufbegehren und Trotz in einer festgefahrenen Situation, die wir augenblicklich nicht ändern können, führt nur zu Jammerei und Selbstmitleid. Und diese Kombination haut selbst den stärksten Mann um.

Die Weisen nennen dieses bewusste Akzeptieren (wir erinnern uns): Hingabe. Und, wie bereits beschrieben, ist das keine Schwäche, sondern eine große Stärke. Sie löst uns innerlich von einer festgefahrenen Situation. Manchmal geschieht es sogar, dass sich aufgrund dieser Entscheidung »ein Knoten löst«, ohne dass wir noch weiter dafür gekämpft haben.

Insofern: »Danke« sagen, als Übung. Für alles. Immer.

»Letzte Woche habe ich mir mit dem Hammer auf den Daumen geschlagen«, erzählt Martina, »das hat saumäßig wehgetan. Aber meine Erfahrung ist: Wenn ich ganz bewusst in die Stelle hineinatme, dann nimmt das den Schmerz.«

Aber wenn wir uns vergegenwärtigen, bewusst nur im Jetzt leben zu wollen, dann findet die Angst keine weiteren Nährstoffe.

Diese uralte Mentaltechnik wird inzwischen auch von Wissenschaftlern als wirksam bestätigt. Schmerz ist eine biologische Information, nicht mehr. Eine Formel wie etwa »Schmerz, durchströme mich, es ist o. K., ich brauche dich nicht mehr« und gleichzeitiges Entspannen des gesamten Körpers, statt der spontanen Abwehr und Verkrampfung, hilft augenblicklich. Ist der Schmerz »verstanden«, also gegenwärtig, ist er auch schon überflüssig und verschwindet eher, als wenn wir ihn abwehren und gegen ihn ankämpfen.

Es geht also darum, anzunehmen, was *ist*. (Den Schmerz)

Diese simple Umstellung löst uns aus einer falschen Identifikation heraus und verbindet uns wieder mit dem Leben. Nur das Denkkarussell will weiter widerstehen.

Es geht darum, dass wir uns dem Fluss des Lebens anvertrauen. *Jetzt*.

Indem wir das, was *ist*, bedingungslos (dankbar) annehmen, auch wenn es ein schmerzender Daumen ist und wir nicht zum ersten Mal auf die gleiche Stelle geschlagen haben und wir am liebsten über uns schimpfen und fluchen wollen. Oder über den Besitzer des Hammers. Oder über die ganze verdammte Situation, weshalb wir überhaupt gezwungen sind, mit einem Hammer zu hantieren.

Stattdessen lassen wir unseren Widerstand gegen das, was *ist*, einfach los. Und sagen »Danke«. Er kommt ohnehin nur dann hoch, wenn alles aus dem Ruder läuft, wenn wir schon morgens »mit dem falschen Bein aufgestanden sind«, wenn sich also die Realität anders präsentiert als unsere Vorstellungen und Wünsche. Aber daran lässt sich nun mal nichts ändern. Das Leben ist kein Wunschkonzert, heißt es.

Wir werden uns noch oft mit dem Hammer auf den Finger hauen. Na und.

Jetzt – geht es darum Hingabe zu üben. Um überhaupt nicht mehr in diese Spirale aus Vorwürfen, Selbstmitleid, Hass, Schmerz und Sorgen einzusteigen.

Insofern: »Danke« sagen, als Übung. Für alles. Immer.

Vorsicht: Hingabe hat nichts mit Resignation zu tun. Die Wei-

Warum Pusten und Streicheln
bei Kindern Schmerzen lindern

Schon ein sanftes Streicheln beruhigt, kann sogar Schmerzen lindern und fühlt sich einfach gut an. Schwedische Forscher haben kürzlich entdeckt, warum das so ist: Die Haut ist von speziellen Streichelnerven durchzogen – Nervenfasern, die gezielt auf langsame, gleitende Berührungen reagieren. Sie schicken ihre Signale über eine eigene Direktverbindung zum Gehirn, genauer gesagt in ein Hirnareal, das für die Verarbeitung positiver Gefühle zuständig ist. Dieser Weg bleibt auch dann frei, wenn aus dem gleichen Hautareal andere Signale ans Gehirn gemeldet werden, beispielsweise Schmerzreize. Vermutlich ist das das Geheimnis hinter den wohltuenden Effekten von Streicheleinheiten, berichten Håkan Olausson von der Universität Göteborg und seine Kollegen. Die These vom Streichelnervennetz in der Haut hatten Olausson und sein Team bereits vor einigen Jahren aufgestellt. Auslöser war eine Patientin, deren für den Tastsinn zuständigen Nervenfasern defekt waren, die aber trotzdem streichelnde Berührungen als angenehm empfand. Bei einer genaueren Untersuchung stießen die Wissenschaftler dann auf ein Netzwerk aus sogenannten C-taktilen oder CT-Nerven, die die Haut durchziehen. Diese CT-Fasern waren bei der Patientin im Gegensatz zu anderen Hautnerven intakt.

sen sprechen nirgendwo davon, dass es gut sei, ausgebeutet oder betrogen zu werden. Wenn wir bis zum Hals im Schlamassel stecken, geht es nicht darum mit den Schultern zu zucken und das Versinken zu akzeptieren. Niemand spricht davon, aufzugeben.

Aber zuerst sollen wir den gegenwärtigen Moment bejahen, unabhängig davon, dass wir uns daraus wieder befreien werden. Und ohne den gegenwärtigen Moment wieder zu bewerten und zu bekämpfen. Die Dinge sind augenblicklich so, wie sie sind. Nicht mehr und nicht weniger.

Vorsicht: Hingabe hat nichts mit Resignation zu tun.

Ohne Widerstand bleiben.

Unabhängig davon, dass wir all unsere Kraft (unser Wissen, unsere Intelligenz, unsere Weisheit und unseren Freundeskreis) dafür einsetzen, aus der verfahrenen Situation wieder rauszukommen. Aber vorrangig geht es darum, sich aus der Klebemasse aus Wut, Verzweiflung und Frustration zu befreien. Ansonsten sacken wir nur tiefer.

Vorrangig geht es darum, *gegenwärtig* zu bleiben. Selbst wenn es möglich ist zu handeln, dann ohne sorgenerfüllten Seitenblick auf mögliche Konsequenzen in ferner Zukunft, sondern bewusst auf jeden Schritt konzentriert. Selbst wenn die einzige Möglichkeit darin besteht, einen Plan zu erstellen. Solange wir nicht *zu kleben* beginnen, uns verfilzen mit lähmenden Gedankenspielen aus Illusionen, Ängsten, Tagträumen und Fantasien.

Und ohne Widerstand bleiben, wenn sich kein Erfolg einstellt.

Dann wird es eben anders gehen. Morgen vielleicht, oder übermorgen. Solange wir ausschließlich im *Jetzt* bleiben, öffnen sich pausenlos neue Türen.

Wir haben große Angst davor zu kurz zu kommen, sagen die Weisen. Deshalb haben wir Angst davor, den Moment zu akzeptieren. Und deshalb müssen wir anderen Menschen die Schuld daran geben, dass wir nicht so leben können, wie wir es uns gewünscht und fantasiert haben – gleichzeitig blind für das offensichtliche Leid vieler Menschen, die sich freuen würden, wenn sie unsere Probleme hätten. Unwillig, gleichzeitig, von unseren Illusionen zu lassen.

Insofern: »Danke« sagen, als Übung. Für alles. Immer.

Dafür, dass morgens die Sonne scheint und kleine Vögel zwitschern, und dass wir dieses Spektakel betrachten dürfen. Dafür, dass eine tödliche Krankheit uns diesen einen Moment noch ermöglicht. Und dass der Nachbar gegenüber seine Blumen gießt und die Welt verflucht.

Wir lösen uns damit von sämtlichen Bitterstoffen und Ärgermolekülen. Und wir schaffen die nötige Distanz zu Menschen, die sich in der Schlechtigkeit der Welt vergraben haben (und pausenlos in ihrer schwarzen Weltsicht bestätigt werden). Auch wenn die Welt um uns herum zusammenbricht, so geht es immer wieder darum, sagen die Weisen, gegenwärtig zu bleiben und zu danken.

Bis wir einverstanden sind, mit dem, was *ist*.

Und mit dem, was *war*.

Ein heikler Punkt für viele Menschen, weil sie mit ihrer Vergangenheit hadern und mit ihren Eltern streiten, ausrasten, sobald das Thema auf ihre ehemaligen Lebenspartner kommt, und lieber einen völligen Neuanfang starten möchten. Ohne Wurzeln.

Das geht aber nicht.

Auf dem Weg der Weisheit sind wir dazu aufgerufen dankbar zu werden, für alles, was uns widerfahren ist. Und was uns damit gegeben wurde. Sogar für unsere Eltern. Sogar für unsere Lehrer. Vor allem aber für unsere Wunden. (Es empfiehlt sich möglicherweise ein therapeutisches Gespräch, wenn diese Gabelung nicht einmal als Gedanke akzeptabel ist.) Denn unsere Verletzungen haben uns geformt. Und sie machen uns empfindlich für die Menschen in unserer Umgebung.

Als Übungsfeld: Wir sollten zukünftig nicht mehr gegen unser »Schicksal« aufbegehren. »Revolutionäre Energie« wird im aktiven, tatsächlichen Kampf gegen herrschende Ungerechtigkeit benötigt und nicht in passiven, verbalen Wutattacken gegen überlastete Eltern oder beschränkte Politiker. Stattdessen sind wir dazu aufgerufen für unsere Freunde zu danken (und für unsere Feinde), für all die Menschen, die uns täglich über den Weg laufen. Dabei geht es darum sie bedingungslos, mit allen Ecken und Kanten anzunehmen. Eben: dankbar zu sein.

Ohne Widerstand (ohne Meckern).

Denken verändert Denken (Teil 4)

Wir haben ihn schon ziemlich eingeschüchtert, den »Kritiker«, aber einige kleine Trümpfe hält er immer noch versteckt. Wir müssen ihm beispielsweise zügig seine Magierausrüstung entreißen, mit der er aus kleinen Dingen große Ungeheuer zaubert. Und zwar richtig große. Die Mücke, auf die er es absieht, wird kein Elefant, sondern ein Dinosaurier.

Ausgangspunkt ist – altvertraut – ein »Fehler«, den wir machen. Okay, durch aufmerksames Beachten der Regeln haben sich unsere vermeintlichen »Fehler« schon deutlich verringert, aber manchmal schleicht sich einer ein: Vielleicht haben wir auf einer Party einen Teller fallen gelassen oder ein Glas umgeschmissen. Vielleicht hat die Strumpfhose eine Laufmasche oder das Businesshemd einen Tomatenfleck. Der Kritiker macht keinen Unterschied zwischen Pech und Nachlässigkeit. Eine Winzigkeit eben.

»Wie bitte?«, faucht der »Kritiker« und sieht seine Chance gekommen. »Ein *kleiner* Fehler?!« Und dann greift er zu seinem Zauberstaub und zoomt die Winzigkeit leinwandgroß heran. Und wir stehen davor und bekommen Schluckbeschwerden. Offensichtlich haben wir eine Katastrophe angerichtet! »Mit katastrophaler Auswirkung für deine Karriere!« schreit er. »Alles ist vorbei! Du liegst bald in der Gosse!«

Natürlich ist jetzt unser Ruf ruiniert, alle Unterstützer wenden sich augenblicklich von uns ab, wir werden weltweit im Internet als Versager gebrandmarkt und mit Häme übergossen. Und alle Selbstsicherheit, die sich vielleicht in der letzten Zeit eingestellt hat, zerfließt mit einem Mal (und noch heftiger als früher). Schließlich sieht es uns nun jeder schon an der Nase an, wie wir »in Wirklichkeit« ticken. Nämlich anders.

Um gegen diese maßlose Übertreibung der Bewertung von vermeintlichen Fehlern vorzugehen, empfiehlt Albert Ellis wieder seine Lieblingsfrage: »Stimmt das?«

Mehr braucht es nicht. »Stimmt es, dass alle Menschen auf der Party mich geschnitten haben, nachdem ich den Teller fallen gelassen habe? Stimmt es wirklich, dass ein Fleck auf dem Hemd eine größere Katastrophe ist, als schlechtes Arbeiten?« –

Meist brauchen wir die Frage nicht einmal auszuformulieren. Aber durch die Fragestellung wird die Übertreibung sofort deutlich.

Und ein letztes Mal sind wir dazu aufgerufen unsere

Lautsprecherbox einzuschalten und dem Chor zu lauschen, der den »Kritiker« hoffentlich zum Verstummen bringt: »Wir alle sind Menschen. Wir alle machen Fehler. Es gibt keinen Grund meine angeblichen Fehler zu übertreiben. So schlimm war es nicht. Und die Welt geht davon erst recht nicht unter.«

Aber wie schaffen wir das? »Widerstand« ist ein interessantes Phänomen. Wie ein Forscher mit dem Mikroskop sollten wir uns zukünftig bemühen, ihn zu beobachten. Und zu sezieren.

Zum einen, wie er eine komplexe Situation an sich reißt und die Beteiligten, die Orte, die Handlungsmöglichkeiten mit grellen Plakaten zumüllt. Sodass von einer unübersichtlichen (damit aber auch vielschichtigen) Lage nur noch eine Ansammlung von wenigen Parolen wird. Ohne Auswege (scheinbar).

Und zum anderen, wie er nun die Gefühlshooligans aufmarschieren lässt. Lautstark. Es geht bald heiß her im Hinterstübchen – nur ohne Sinn und Verstand. Es ist lediglich laut und aggressiv und man stolpert überall über diese plakativen Parolen.

Der Lösungsweg besteht darin, dass wir unsere Aufmerksamkeit, und zwar unsere vollständige Aufmerksamkeit, nicht nur ein Drittel oder Zehntel, jetzt konzentrieren. Als Folge davon wird uns unser Denken bewusst. Und klärt sich (klart sich) auf. Es ist eine sehr alte Erkenntnis, dass wir nicht gleichzeitig unglücklich und *gegenwärtig* sein können. Oder: gleichzeitig voller Widerstand und bewusst.

Das gilt übrigens auch dann, wenn wir vor lauter Gegenwärtigkeit vergessen zu handeln, Termine verschwitzen, Sponsoren hängen lassen und uns nur noch tiefer in den Schlamassel manövrieren. Selbst dann ist alles richtig und gut, solange wir nur diese »Verschlafenheit« bewusst akzeptieren.

Der Knackpunkt ist immer nur der Widerstand. Das Nörgeln, Murren, Jammern, Tagträumen (nachts dafür wach sein), Streiten und Hadern. Mit anderen Worten: das Sorgen. Immer dann verbarrikadieren wir uns hinter heftigem Fabulieren und Fantasieren und nennen das Ergebnis dieser hysterischen Monologe »unsere Persönlichkeit«. Die nunmehr in Gefahr sei. Weil sich aufgrund unseres Grübelns unausweichliche, meist schreckliche Zukunftsszenarien entwickeln. Ohne Alternative oder Ausweg. Alles wird schrecklich. Und dabei genau so und keinen Deut anders.

Es ist eine sehr alte Erkenntnis, dass wir nicht gleichzeitig unglücklich und gegenwärtig sein können.

Als Übungsfeld: Wir sollten in so einem Fall auf unseren Atem achten. Ganz simpel. Bewusst auf unseren Atem achten, wie er durch die Nase strömt, im Rachen zirkuliert und weiter durch die Speiseröhre bis in die Lunge gelangt. In so einem Fall ist diese Atembewegung das Einzige, das uns noch kümmern darf. Jeder sonstige Gedanke nährt nur weitere Gedankenkaskaden.

Als Übungsfeld: Wir sollten uns (nach einigen Minuten) fragen, welche »Gefahr« in dieser Sekunde – konkret – droht. Nicht: möglicherweise. Und auch nicht: in einer Stunde, am nächsten Morgen, in einer Woche. Nein, konkret. Was muss jetzt, in dieser Sekunde, getan werden? Es ist eine alte Erkenntnis der Weisen, dass uns das »Was-wäre-wenn« zerreißt, aber kaum einmal der konkrete Augenblick. Die Gosse, der soziale Absturz, die Trennung – all das droht meist in einer mehr oder minder unbestimmten Zukunft. Die wir nicht handhaben können (und sollen). Aber kaum einmal: jetzt.

Die Zukunft wiederum hat ihre eigene Gegenwart. Und damit ihre speziellen Kraftreserven. Und Lösungsmöglichkeiten.

Insofern: »Danke« sagen, als Übung. Für alles.

Immer.

Widerstand ist auch deshalb ein interessantes Phänomen, weil »in der Zukunft« alles anders ist. Wir könnten reich sein, beispielsweise, oder berühmt oder mächtig, auf jeden Fall anders. Und deshalb macht es uns schlecht gelaunt, wenn wir an unseren aktuellen Kontostand denken oder an die merkwürdigen Leute, die sich als unsere Freunde ausgeben und vornehmlich damit beschäftigt sind, unseren Kühlschrank zu leeren. Wenn wir dagegen akzeptieren, wo wir wohnen, wie wir leben, was wir arbeiten, nicht einmal lieben, nur akzeptieren, und zwar vollständig (ohne Murren), uns also hingeben an den Moment – dann werden wir Dankbarkeit fühlen.

Und diese Erkenntnis öffnet Türen.

Sie erfüllt uns mehr als jede Million auf dem Konto.

Ansonsten werden wir möglicherweise noch als Millionär nach etwas suchen, das uns ausfüllt und weiterhilft, gegen die miese Laune, die Leere, den Lebensekel und die Sehnsucht nach Erfüllung. Und wir werden möglicherweise noch als Milliardär auf einer Party vergleichen, ob jemand eine bessere Geschäftsidee hat, besser aussieht, intelligenter redet oder beliebter ist.

Ohne Ruhe zu finden.

Ich bin froh, dass es so ist,
denn wenn ich nicht froh wäre,
wäre es trotzdem so.

Karl Valentin

Siebter Schritt: Der Rücken

Wird gebogen und gestreckt. Er schmerzt oft, bei vielen, und das gilt als Hinweis auf psychische Probleme. Ob das nun stimmt oder nicht, ist für den Weg der Weisheit nicht so entscheidend. Vielmehr aber, dass wir in unserem Leben an einen Punkt kommen werden, an dem wir das Gewicht nicht mehr schultern können (wenn wir es denn bis dahin versucht haben).

»Und wenn nicht, wenn wir es doch schultern können, ein Leben lang?«

Dann haben wir einen deutlichen Nachteil. Denn aus allen diesbezüglichen Schriften der verschiedenen Kulturen und Epochen lässt sich herausfiltern, dass Scheitern eine Voraussetzung für Weisheit darstellt.

Salopp ausgedrückt: Erfolg macht doof.

»Oft zeigt sich«, sagt Tom Doch, »dass ein Scheitern gar kein Scheitern war. Die Ziele, die dazu geführt haben, wurden verschoben. Und dadurch erkennst du, es war ein Irrweg. Es ist nicht deins! Lass es andere machen. Das bist du gar nicht.«

Weisheit hingegen erkennt Ungewissheiten und kann gut mit ihnen umgehen. Weisheit ist sich der Unplanbarkeit des Lebens bewusst, hat das durch Brüche und Scheitern erfahren, kennt und benutzt Bewältigungsstrategien, um mit dieser Vieldeutigkeit produktiv umzugehen.

»Menschen, die behaupten, sie hätten keine Misserfolge«, notiert Miriam Meckel nach ihrem Zusammenbruch, »haben erstens unrecht und zweitens ein echtes Defizit an Lebenserfahrung. Denn genau, wie man Glück erst erfährt, wenn man auch Unglück schon mal erfahren hat, erfährt man Erfolge auch nur, wenn man weiß, was Misserfolge sind. Es gibt das eine nicht ohne das andere.« (113)

Der amerikanische Soziologe Richard Sennett nennt das Scheitern eines der Tabus der modernen und erfolgsfixierten Gesellschaft. Man könnte das für einen Irrtum halten, schließlich ist in den Medien pausenlos vom Scheitern die Rede. Allerdings scheint gerade diese Nachrichteninflation Sennett eher noch zu bestätigen, weil es in dieser Form der Berichterstattung stets nur um globale Ziele geht, die keinen direkten Bezug zu unserem Leben haben.

»Misserfolg ist nicht sexy«, bestätigt ausgerechnet ein Techniker die Tabuthese. »Darüber reden die Unternehmen nicht gerne. Auch Ingenieure schweigen sich über ihre Flops aus, weil sie Sorge um ihre Karriere haben.« In der Geschichte der Innovationen sei stets nur von Erfolgen die Rede, dabei gelangen 85 bis 95 Prozent aller Entwicklungen nie zur Marktreife, sagt Reinhold Bauer, Professor für Technikgeschichte an der Helmut-Schmidt-Universität in Hamburg. »Das Scheitern ist die Regel, der Erfolg die Ausnahme.« In unserer Kultur des Gewinnens ist Scheitern keine Option und nur im äußersten Notfall zuzugeben. Darüber liegt der Mantel des Schweigens. »Es wäre produktiver, daraus zu lernen und offener damit umzugehen«, sagt Bauer. Denn Scheitern ist unausweichlich: »Unzählige Ideen landen im Mülleimer, bevor man einen Treffer landet.« (114)

Martina sieht an diesem Nullpunkt, an dem sie die Last ihrer Seele nicht mehr schultern konnte, sogar den entscheidenden Umweg zur Genesung. »Jeder«, sagt sie, »der am Tiefpunkt war und dort wieder herausgekommen ist, wird das Scheitern als die wichtigste Erfahrung seines Lebens einstufen. Das Problem ist eher, dass wir im Moment des Scheiterns nicht mehr daran glauben, dass wir noch mal lachen können.«

Es gibt auch keine Garantie darauf (so viel Ehrlichkeit muss sein). Es gibt Menschen, die sich aus dem Loch nicht mehr befreien können.

Aber wer es schafft, also weise geworden ist, für den bedeutet das Scheitern im Nachhinein mehr als jeder sogenannte Erfolg. Schon Heraklit hat fünfhundert Jahre vor Christus davon gesprochen, Weisheit sei das Ja-Sagen zu dem Widerspruch des Lebens und der Welt, das den Menschen der Gottheit annähert. In kaum einer Mythologie fehlt daher das Bild der »Wüste«.

»Wer die Wüste nur vom Hörensagen kennt«, erklärt Bruno Moser, »stellt sich darin das Leben wie eine schwere Heimsuchung vor. Doch lieben die Nomaden, die dort wohnen, ihre Heimat über alles und würden sie auch ohne Not nie verlassen. Es sind nicht zuerst die Sandstürme, die Gefahren des Verdurstens und des Auf-sich-selbst-Angewiesenseins, die den Wüstenbewohner prägen, vielmehr das Alleinsein, der Umgang nur mit sich selbst, mit seinen Gedanken und seinen Emotionen. Freilich auch mit den elementaren Einwirkungen der Umwelt, (...) die absolute Stille, der erhebliche Temperaturunterschied zwischen Tag und Nacht, monatelange Regenlosigkeit, bei der dennoch Pflanzen gedeihen, die der noch taufrischen Morgenluft genügend Feuchtigkeit zum Überleben abnehmen können.« (115)

Mythologisch gesprochen findet in der Wüste die Schlacht gegen die Abhängigkeiten statt (mit dem klassischen Verweis auf die vierzigjährige Wanderung der Israeliten, während derer sie sich unentwegt nach den »Fleischtöpfen« der altvertrauten Sklaverei sehnten). Im Blick auf tief sitzende Schwächen und Versuchungen zog sich Jesus für 40 Tage dahin zurück, bevor er zu lehren anfing, und Mohammed tat das Gleiche.

Wir modernen Menschen sprechen nicht mehr von der Wüste, sondern von einer »Lebenskrise«. Oder einem Burn-out. Letztlich meint es das Gleiche, und weil wir uns irgendwann unseren Abhängigkeiten, unseren Süchten stellen müssen, lässt sich auch die Erfahrung der Wüste nicht vermeiden.

Meistens werden wir ohne unser Zutun in die unwirtliche Kargheit hineingestoßen, nach einer Trennung oder einer Kündigung zum Beispiel. Oder wenn wir schwer erkranken oder tief gekränkt werden. Auf jeden Fall ändert sich innerhalb weniger Augenblicke unser bisheriges Leben mit all seinen Illusionen. Es kommt uns etwas in die Quere. Der Rücken lässt uns im Stich. »Das sind die Weisen, die durch Irrtum zur Wahrheit reisen«, notierte Friedrich Rückert. »Die bei dem Irrtum verharren, das sind die Narren.«

Ein Zusammenbruch, sagen die Weisen, bricht auch immer etwas auf. Wir müssen vor allem darauf achten, dass es uns nicht zerbricht.

Das deutsche Wort »Scheitern« stammt vom (Holz-)»Scheit« und meint: spalten, scheiden. Die ähnliche »Krise« (die sich vom Scheitern dadurch trennt, dass sie nicht etwas Umfassendes meint, sondern einen zeitlichen Ausriss) bezieht sich in ihrer griechischen Herleitung ebenfalls auf das Entscheiden. Wie übrigens auch der Abschied, das Ab-scheiden. Es tut weh, heißt es, das Scheiden, aber wenn wir scheitern, müssen wir uns als Erstes von unserem bisherigen Leben (und den darin versteckten Illusionen, Träumen und Wünschen) verabschieden. Denn das Scheiden tut weh, heißt es, nicht aber das Leben. Unsere Illusionen und Träume sind gescheitert, nicht unsere Persönlichkeit. Im Gegenteil: Wir müssen uns aufbrechen lassen, um nunmehr das abzuscheiden, was ohnehin nur Ballast ist. Und darunter verstehen die Weisen alles, was wir lediglich haben, aber nicht *sind*. Also beruflicher Erfolg und ein sattes Bankkonto, unsere rosige Ausstrahlung und unser sogenanntes Renommee. All das wird in seiner Wichtigkeit erschüttert, damit »der Kern« zum Ausdruck kommt.

Scheitern zerreibt uns, zermahlt uns bis in die feinsten Einzelteile.

Und dieser Vorgang führt in der deutschen Wortgeschichte (und auf dem Weg der Weisheit) zur »Milde«. Gleichzeitig bedeutet es auch noch »fein und zart«. Ein interessanter Zusammenhang. Durch das Zerreiben und Mahlen wird der harte Kern weich.

Und Milde ist ein Kennzeichen eines weisen Menschen.

Vor allem zerbersten dabei unsere Lebenslügen.

Diese Illusionen, die wir gehegt und gepflegt haben, über unser Rückgrat beispielsweise, wie stark es sei und wie biegsam. Hauptsache wir kommen durch jede Schwierigkeit, mit ein paar netten Worten. Und wie viel wir schultern können, ohne jemals Hilfe zu benötigen. *»Alles im Griff, zu jeder Zeit.«*

Von wegen ...

Es gibt keine Sicherheit, sagen die Weisen, zumindest nicht durch unsere vermeintlichen Erfolge. Um so wichtiger ist das Scheitern, sagen sie, weil es uns beugt, bis wir unsere verkrampften Hände lösen, mit denen wir uns am »äußeren Schein« festklammern wollen. An Illusionen und Trugbildern.

Loslassen, sagen die Schriften, immer wieder: Loslassen!

Bis wir uns vor dem Leben verbeugen.

Ansonsten lösen wir uns nicht von den Dingen, wenn wir in der Krise vieles aufgeben müssen, sondern von uns selbst. Und vernichten uns dadurch.

Deshalb ist die Wüste ein Segen, sagen die Schriften. Weil sie eine Grenze markiert, an der wir uns orientieren können, einen Einschnitt. Und weil wir uns

In der Wüste stirbt vor allem unsere gefräßigste Illusion: Alles erreichen zu können, was wir wollen.

nur dort, in der Hitze, über Schatten freuen, Schatten suchen und darin ausruhen. Und weil wir uns nur dort über die Nacht freuen, mit ihrer dunklen Kühle und Stille.

In der Wüste stirbt vor allem unsere gefräßigste Illusion: Alles erreichen zu können, was wir wollen. Und wir wollen alles Mögliche. Mythologisch gesprochen müssen wir diesen Verwesungsprozess ausnutzen, um unseren eigenen Schatten zu suchen. Und zu erfahren, dass er sich uns entzieht, dass er sich nicht kontrollieren lässt. Je verzweifelter wir also danach streben, dass dieses andere »Ich« sich so zu verhalten habe, wie wir uns das vorstellen, desto hektischer weicht es uns aus. Psychologisch gesprochen lässt sich das Unbewusste nicht durch Aktivismus aus der Welt räumen. Es lässt sich auch nicht wegdiskutieren. Tiefen Schmerz zu akzeptieren, ihn zu achten, bedeutet, dem Tod bewusst zu begegnen.

Nur wenn wir still stehen bleiben, lässt sich der Schatten beobachten.

Der Weg heraus aus der Wüste verläuft bei jedem Menschen anders. Es ist keine betonierte Autobahn mit eingeschränkten Abfahrtsmöglichkeiten. In der Wüste verändern Sandstürme und Sinnestäuschungen, irrlichternde Oasenstädte am Horizont tagtäglich die angestrebte Route. Manchmal laufen wir sogar

im Kreis (zumindest glauben wir das, weil alles so ähnlich aus-
schaut). Und beinahe täglich scheint alles neu hoffnungslos.

Und trotzdem führt dann ein unscheinbarer Pfad zum Ziel.

»Als ich aus meiner Wüste wieder herausfand«, erzählt Martina, »hatte sich mein Leben insofern verändert, dass ich nicht
mehr in diesen Kategorien von ›Glückssträhne‹ oder ›Pech‹ denken konnte, wie davor. Es gibt natürlich Phasen, in denen alles
zu klappen scheint, und andere, wo offenbar nichts klappt, aber
ich kann nicht mehr sagen, dass das eine ›gut‹ und das andere
›schlecht‹ ist. Das Leben kümmert sich nicht um solche Kategorien. Es sind einzig meine Definitionen, meine Vorstellungen,
wobei alleine schon die Einteilung in ›Phasen‹ beliebig ist.«

Ohne Verlust, sagen die Weisen, wollen wir uns nicht ändern.

Ohne Höhe wiederum gibt es keinen Sturz.

Manchmal reiten wir von Erfolg zu Erfolg, aber gerade in dieser Gradlinigkeit entlarvt sich der Sieg als leer und bedeutungs-
los. Denn in jedem Erfolg, sagen die Weisen, wuchert der Keim
des Scheiterns, und in jedem Scheitern keimt ein blühender Erfolg.

Und wir alle versagen, sagen die Schriften, früher oder später,
stärker oder schwächer. Weil die »zehntausend Dinge« pausenlos
in Bewegung sind, in ständigem Fluss. Weil sich alles verändert,
verschwindet oder die Erscheinung wechselt.

Bis wir uns verbeugen, vor dem Leben.

Solange wir starre Bewertungsschablonen über Lebensphasen
stülpen, Veränderungen also definieren, solange durchlaufen wir
»Wechselbäder der Gefühle«. Wir fühlen uns gut und richtig und
glücklich, weil sich eine Sache in unserem Job gut und richtig
entwickelt. Oder unsere Partnerschaft. Oder weil wir ein neues
Auto kaufen können. Und wir fühlen uns krank und schlecht und

Denken verändert Denken (Teil 5)

Er ist fast erledigt, der »Kritiker«, aber schreien kann er leider immer noch. Welche Überraschung, es geht immer noch (und wieder einmal) um einen »Fehler«, der uns unterlaufen ist. Inzwischen ist er allerdings derart wahllos, beziehungsweise verzweifelt, dass er sich »Fehler« vornimmt, die jedem Menschen täglich unterlaufen. Während aber ein Versprecher oder Vergesser bei den Kollegen (Freunden) eine Lappalie darstellt, sagt er – bedeutet dieser Lapsus bei uns eine mittlere Katastrophe. »Mittlere? Eine hundertprozentige Katastrophe!« Vor allem: unverzeihlich! »Nein, nein, nein!«, tobt er und krakeelt, weil er es schon im Ansatz verhindern muss, dass wir vielleicht großzügig über unser Malheur hinwegsehen.

Es kann übrigens nicht beiläufig genug sein, um eine solche Katastrophe zu erzeugen. Ein Pickel beispielsweise kann ein »Fehler« sein oder ein Fleck auf der Hose. Für beides müssten wir uns bis in die Erdmitte schämen, wenn es nach den Maßstäben des »Kritikers« geht. Während wir selbstverständlich (mit seiner gönnerischen Duldung) bei keinem anderen Menschen darin auch nur den Hauch eines Makels sehen würden.

Um gegen diese Doppelmoral vorzugehen, empfiehlt Albert Ellis diesmal reinen Rationalismus. Es ist nämlich Doppelmoral, das sollten wir uns immer wieder vorsagen. Und es ist in der Tat schizophren. Die eine Sache kann nicht bei zwei verschiedenen Menschen zwei verschiedene

Bedeutungen haben. Das Gleiche gilt selbstverständlich auch bei Versprechern oder Vergessern. Entweder ist das eine Katastrophe – bei allen Menschen, ohne Ausnahme – oder eben nicht. Und da wir bei unseren Kollegen eher lässig und großzügig über solche Lappalien hinwegsehen, dürfen wir das gleiche Recht auch für uns selbst einfordern. Wir sollten uns diesen Aspekt immer wieder vor Augen führen. Wir sind tolerant bei anderen Menschen und respektieren diese sogar bei einer Anhäufung von »Fehlern«. Also sollten wir es dem Kritiker im vielstimmigen Chor um die Ohren hauen (auf dass er sich nun endlich verabschiede): »Alle Menschen machen Fehler. Ich bin ein Mensch. Und wenn andere Menschen Fehler machen dürfen, dann darf ich das genauso. Ich muss bei mir nicht strengere Maßstäbe anlegen als bei anderen Menschen. Schließlich bin ich genauso wertvoll und liebenswert wie die anderen. Und jetzt … lass mich endlich in Ruhe!«

unglücklich, weil sich eine andere Sache nicht so entwickelt, wie wir uns das vorgestellt haben.

Mit der wir uns identifiziert haben.

Wir verbinden uns mit Phasen (Objekten, Subjekten) und den dazu gehörigen Bewertungen und machen sie zu einem wichtigen Teil unserer Persönlichkeit. Bis sich dann gewisse »Richtungswechsel« ergeben und das gekaufte Auto uns nicht mehr befriedigt oder der neue Chef sich als großer Idiot entpuppt. Plötzlich versteckt sich hinter genau dem gleichen Aufkleber, der uns Monate zuvor noch »Glück« versprach nunmehr »Pech«.

Und die Werbetafel »Reichtum« verheißt nun »Unglück«. (Ganz zu schweigen von dem ewigen Banner »große Liebe«, das nach einigen Monaten als »große Katastrophe« gelesen wird.) Immer geht es darum, dass wir »Äußerlichkeiten« mit unserer Person verschweißen und es logischerweise nicht akzeptieren können, dass diese Objekte sich eigenmächtig bewegen. Vielleicht sogar verschwinden. Denn sie reißen sich von unserem Körper los und hinterlassen große Löcher.

Seit Jahrtausenden sprechen die Weisen von dieser Verirrung. Und davon, dass wir mit unserem Ehrgeiz und Fleiß, mit unseren Ellenbogen und Überstunden, aber auch mit Nettigkeit und Willfährigkeit keine Erfüllung finden werden. Keine Weisheit. »Du siehst, wohin du siehst, nur Eitelkeit auf Erden«, schrieb Andreas Gryphius 1637 Bezug nehmend auf das Buch Kohelet im Alten Testament, wo es unter anderem heißt: »Welchen Gewinn hat der Mensch von seiner ganzen Mühe und Arbeit unter der Sonne? Ein Geschlecht geht, und ein Geschlecht kommt, und die Erde bleibt ewig bestehen. Und die Sonne geht auf, und die Sonne geht unter und strebt nach dem Ort, wo sie aufgeht.« Vor allem aber: »Ich betrachtete alle Werke, die unter der Sonne vollbracht wurden, und siehe, alles war nichtig und ein Greifen nach Wind.« (116)

»Der größte Feind für die Verwandlung«, schrieb C. G. Jung, »ist ein erfolgreiches Leben«. (117) Und der größte Freund, sinngemäß, ist das Scheitern. Richtiger: wie wir mit dem Umbruch umgehen. Mit dem Leid und Schmerz. Also nicht jammern und klagen, verfluchen und zetern, sondern wie wir »durch die Wüste« wandern. Um zu *leben*. Denn wenn wir gebeugt werden und unser Leben nicht mehr schultern können, dann stehen wir vielleicht einen Schritt vor dem Abhang, vor der Verzweiflung – aber auch genauso weit von der »Erleuchtung« entfernt.

Bis wir uns verbeugen, vor dem Leben.

Und wir dem »Fluss« keinen Widerstand mehr entgegensetzen, weil es nicht mehr wichtig ist, wohin er sich ergießt. Wir haben überhaupt nicht die Mittel ihn einzudämmen (und wir sind auch nicht dafür verantwortlich).

Wobei es auch weiterhin »Phasen« geben wird, in denen wir uns »glücklich« oder weniger »optimal« fühlen. Aber wenn wir es gelernt haben uns von den Aufklebern, den Schablonen zu trennen, dann akzeptieren wir solche Phasen einfach. Und wir spüren diese »Leichtigkeit«, mit der die Weisen oft beschrieben werden.

Wovon man nicht sprechen kann,
davon muss man schweigen.

Ludwig Wittgenstein

Achter Schritt: Die Zunge

Nach oben drücken und ansonsten mit den Zähnen bearbeiten. Auch wenn es wehtut. In der Beschäftigung mit den Schriften zeigt sich immer wieder, wie oft die Weisen sich auf die Zunge beißen. Und wie entscheidend das Nicht-Reden ist. Ein bewusstes Schweigen allerdings, nicht, weil man keine Lust hat, auf einer Party zu plaudern. Der Königsweg ist es, dort zu schweigen, wo man eigentlich losplappern möchte.

»Man braucht zwei Jahre, um sprechen zu lernen«, schrieb Ernest Hemingway, »und fünfzig, um schweigen zu lernen.« Und viele von uns haben es auch nach einer solchen Zeitspanne noch nicht geschafft.

Diese bewusste Kommunikationsverweigerung ist übrigens auch die Wurzel des Gebets. Während Beten im Allgemeinen (vor allem bei Religionskritikern) als sinnlose Repetition von Formeln, Worten und Gefühlen gesehen wird, ist es nach Evagrius gerade das »Beiseitelegen von Gedanken«. Aus diesem Grund zog er mit anderen Getreuen in die Wüste, um dort, in der absoluten Einsamkeit, den verborgenen Gott zu finden. Im Schweigen.

In der Kargheit der Stille geht es nicht länger um Orden und Auszeichnungen, nicht um Pläne und Statistiken, auch nicht um »heilige Taten«. Es geht nicht einmal um die Unwirklichkeit dieser menschenfeindlichen Umgebung (weil es nicht ein spezieller Ort ist, der zum Schweigen führt).

»Man braucht zwei Jahre, um sprechen zu lernen, und fünfzig, um schweigen zu lernen.«

Sondern einzig und allein um diesen mysteriösen »inneren Raum«, den es zu entdecken gilt.

Der Weg der Weisheit, der auch ein Weg des Schweigens ist, beginnt damit, dass wir uns nicht länger über Gequatsche definieren sollten. Es ist eine müßige Diskussion, ob wir nun im Zeitalter der digitalen TV-Flut nebst Internetkosmos von mehr Gezwitscher und Geraune behelligt werden als frühere Generationen (oder ob diese nicht genauso getratscht und geklatscht haben, nur mit anderen Mitteln), aber es bleibt eine traurige (unweise) Tatsache, dass wir heutzutage kaum noch einen Moment der Stille erleben dürfen. Ob die Kommentare der Radiomoderatoren und später der Sitznachbarn im Bus, der Tischnachbarn im Büro nun richtig oder falsch, klug oder witzig sein mögen – der Weg der Weisheit beginnt damit, dass wir auf das hören und achten, was uns selbst widerfährt. Und zwar ausschließlich. Auch wenn unsere beste Freundin etwas »sehr Wichtiges« aufgeschnappt und unser alter Schulfreund Insiderinformationen über politische Zusammenhänge erfahren hat, bleiben diese Mitteilungen doch stets »aufgewärmt«. Es dreht sich beinahe immer um andere Menschen, die wiederum von anderen Menschen anders angesehen werden, als es weiter entfernte Menschen ursprünglich vermutet haben. Es bleibt: Gequatsche.

»Wie Frankenstein können wir durch Worte Monster in die Welt setzen«, schreibt Robert Aitken. »Obwohl diesen Kreationen letztendlich keine Wirklichkeit zukommt, verdichten sie sich doch in den Köpfen der Menschen – einschließlich der Opfer unseres Klatsches – zu Bildern. Selbst wenn wir derartige Verurteilungen mit handfesten Beweisen untermauern können, unterbinden wir durch unser Geschwätz vielleicht das menschliche und geistige Wachstum des betreffenden Menschen. Und im Verlauf eines solchen Wachstumsprozesses kann in der Tat Unaufrichtigkeit sich in wahre Liebe verwandeln, Selbstüberschätzung in ein vorbildliches Verhalten. Wenn jedoch jeder negative Qualitäten mit sich herumträgt, so wird inneres Wachstum erheblich erschwert.« (118)

Ein altes Sprichwort sagt: »Was wächst, macht nicht viel Lärm«. Und wir wollen wachsen. Deshalb beißen wir uns zukünftig auf die Zunge, um durch die Nase zu atmen. Und beim Ausatmen all die Gedankenwirbel und Wunschlisten herauszublasen, die uns normalerweise kommandieren. Im Schweigen lassen wir los, was uns im Alltag beschäftigt. Und woran wir uns normalerweise festhalten. An Äußerlichkeiten.

»Nur im Schweigen lernt man das Selbst-Beobachten«, bestätigt Tom Doch. »Das geht nicht in der Kommunikation. Was ich auch schätze, ist Gehen. Langsames Gehen in Ruhe. Ohne Menschen. Man kann die Stille auch in der Fülle erleben, in der Natur, wenn man wirklich den Vögeln zuhört oder einer Brandung. So viele Details wie möglich aufnehmen. Ohne Analyse. Wie riecht das Meer? Wenn man da einmal gezielt schnuppert, eröffnet sich eine ungeahnte Fülle. Oder nackt im Wind spazieren. Schweigen trainiert eine verschärfte Wahrnehmung.«

Es ist der (einzige) Weg, wie wir uns selbst begegnen können und damit auch »der Wahrheit«. Deshalb heißt es im *Cheng-Tao-Ko*:

»Im Schweigen wird es hörbar,
In der Rede ist es das Schweigen.« (119)

Ergänzend formuliert von Robert Aitken: »Wir wissen sofort, dass etwas nicht stimmt, wenn wir in den Worten anderer das Schweigen nicht hören können. Allerdings fällt es uns schwer, die Ursache dafür bei uns selbst zu entdecken.« (120)

Es ist der (einzige) Weg frei zu werden vom pausenlosen Beurteilen und Verurteilen. Vom Werten und Verwerfen. Wofür wir ansonsten schätzungsweise achtzig Prozent unserer Beobachtungsgabe aufwenden. Schweigen rettet uns vor der tödlichen Waffe des verbalen (Hin-)Richtens. (Die nur so scharf ist, weil wir unsere Schattenseiten auf die anderen projizieren. Weil wir unsere unterdrückte Wut bei den anderen sehen, statt sie bei uns selbst zu erkennen.)

Als Übungsfeld: Wir sollten niemals über andere reden (uns lieber auf die Zunge beißen). Und vor allem nicht werten. Es ist umgekehrt genauso unwichtig, wenn Kollegen oder »Bekannte« über uns lästern. Denn wir werden nicht dadurch zum guten Menschen, dass andere gut über uns reden. Und umgekehrt werden wir auch nicht zum schlechten Menschen, weil sie schlecht über uns reden. All das ist und bleibt: Gequatsche. Von dem sich jeder Weise distanziert – weshalb es unwichtig ist, ob unser Ruf sich plötzlich verschlechtert oder unsere Ehre beschmutzt wird, es ist und bleibt Gequatsche.

»Über niemand sagte ich etwas Böses«, notierte Theresa von Avila eine ihrer wichtigsten Übungen, »und verhinderte auch üble Nachrede. Ich hatte mir tief den Grundsatz eingeprägt, über niemand etwas erfahren oder sagen zu wollen, von dem ich nicht selbst wünschte, dass man es über mich gesagt hätte.« (121)

Als Übungsfeld: Wir sollten auch unsere zahlreichen Meinungen und Ansichten für uns behalten. Selbst wenn sie schon auf der Zunge liegen. Nicht reden. Mit einer einzigen Ausnahme: im Falle, dass wir gefragt werden. Das ist ein wichtiger Unterschied. (Ganz ehrlich, wie oft kommt es vor, dass andere Menschen ausdrücklich nach unserer Meinung fragen?) Denn »dumme Gedanken hat jeder«, schrieb Wilhelm Busch, »nur der Weise verschweigt sie.«

Wir werden nicht dadurch zum guten Menschen, dass andere gut über uns reden.

Das Nicht-Richten gilt in den Schriften als ein zentrales Kennzeichen dafür, ob ein Mensch weise geworden ist. So wurde ein Abt von einem jungen Novizen besucht, der sich damit plagte, dass er ständig über andere urteilte. Der Abt sagte: »Weil du dich selbst nicht kennst. Wer sich selbst kennt, der urteilt nicht über andere.« Und seit Jahrtausenden gilt die Regel, dass ein Mönch beispielsweise noch so streng fasten und noch so hart arbeiten kann, und dann trotzdem als »untauglich« gilt, wenn er es nicht lassen kann, über andere zu urteilen. Die Askese hat ihn dann nur dazu geführt, dass er sich über andere erheben kann. Sie hat ihn *stolz* gemacht auf seine mentale Akrobatenleistung und seine vermeintliche Überlegenheit (und ihn gleichzeitig dadurch jeglicher Weisheit wieder beraubt).

»Ich habe so viel Mist gebaut«, sagt Martina, »und ich war so tief unten und verzweifelt, dass mir jede Lust vergangen ist, andere Menschen zu verurteilen. Sie werden ihre Gründe haben für ihr Verhalten, es interessiert mich nicht mehr. Ich habe genug damit zu tun mein eigenes Leben zu führen. Ich weiß heute, wie nah wir alle am Abgrund stehen, und wie schnell es gehen kann, dass jemand den einen Schritt weitergeht.«

Bewusstes Schweigen ist übrigens auch der Königsweg um innere Ruhe zu finden. Denn indem wir andere Menschen verurteilen, alleine nur dadurch, dass wir über sie reden und ihr Verhalten bewerten, geben wir versteckt zum Ausdruck, dass auch wir selbst nicht perfekt sind. Unbewusst. (Denn in unserer Kommentatoreneigenschaft suchen wir verzweifelt zu bestätigen, dass wir selbstverständlich genau das sind: perfekt.) Aber wenn wir die anderen so lassen, wie sie sind, mit allen ihren sogenannten »Fehlern« und »Schwächen«, dann können wir gleichzeitig auch uns selbst akzeptieren. Und dieses Lassen führt spürbar zu innerem Frieden.

»Die Psychologen sagen uns«, erläutert Anselm Grün, »dass wir im Schimpfen über andere verraten, was in uns selbst ist. Wir projizieren unsere eigenen Schattenseiten, unsere verdrängten Wünsche und Bedürfnisse auf die anderen und schimpfen über sie, anstatt der eigenen Wahrheit ins Auge zu sehen. Die Mönche verlangen von uns, den Projektionsmechanismus aufzugeben und stattdessen lieber zu schweigen. Das Schweigen ist für sie eine Hilfe, das Projizieren zu lassen und stattdessen das Verhalten des anderen als Spiegel für uns selbst zu sehen.« (122)

Wenn wir »mit deutlichen Worten« über andere urteilen, sagen die Weisen, haben wir unsere Fehler und Schwächen nicht wirklich überwunden. Wir haben sie nur unterdrückt. Und nun kämpfen wir mit großen Worten gegen die sogenannten »Fehler« der anderen und meinen damit in Wahrheit (unbewusst) unsere eigenen Bedürfnisse. Ungefiltert, ungemahlen. Ohne Milde also.

Hart gegen uns selbst.

Wenn wir uns mit anderen vergleichen, sagen die Weisen, finden wir nie zur inneren Ruhe. Weil »die anderen« immer etwas besser können, besser haben, besser finden als wir. Und mit jeder Unterscheidung entfernen wir uns weiter von unserem Leben. Von unserem Kern.

Solange wir andere bewerten, sind wir nicht gegenwärtig. Dabei kommt es vor allem darauf an, dass wir in der Gegenwärtigkeit unsere Liebe ausdrücken.

Vorsicht: Es ist ein (beliebter) Irrweg die eigenen Talente und Fähigkeiten aufzublasen, um dadurch im Vergleichswettkampf besser zu bestehen. Im vorläufigen Endergebnis mag das möglicherweise dazu führen, dass wir uns *gut* fühlen und dass das Vergleichen nicht mehr so auszehrt – aber es ändert nichts daran, dass wir knöcheltief im Wettkampf stehen. Umgekehrt gilt selbstverständlich das Gleiche. Draufhauen auf die anderen, bis deren Können und Charisma auf Zwergenformat schrumpft, mag kurzzeitig befreien und sogar zu dem Ergebnis führen, dass wir uns *gut* fühlen – aber wir kommen nicht mal mehr zum Luftholen aus dem Vergleichswettbewerb heraus.

Und die zwangsläufige Folge ist: Neid.

Gerne abgestritten und verdrängt, aber Neid wächst fast immer aus chronischem Vergleichen. Wir können irgendwann nicht mal mehr Brötchen beim Bäcker kaufen, ohne in Sekundenschnelle die Frisur der Verkäuferin und deren Kittelschürze zu bewerten. Und ohne dieses Gesamtbild in Beziehung zu unserem Lebensstil zu setzen. Mit Argusaugen darauf trainiert, möglichst solche Menschen zu fokussieren, die unserem Lebenskern nicht weiter bedrohlich werden können. Aber wenn sich das Vergleichen derart verselbstständigt hat, dann reicht es bald nicht mehr zu entwerten, um uns aufzuwerten. Dann reicht es bald nicht mehr, die Freundlichkeit der Verkäuferin als aufgesetzt oder künstlich, wahlweise überheblich oder dümmlich zu definieren. Beziehungsweise den neuen Nachbarn mitsamt seines neuen Sportwagens als Blender, Schauspieler oder Angeber zu klassifizieren. Dann nagt es trotzdem.

Und zerfrisst uns langsam von innen.

»Irgendwo habe ich gelesen«, erzählt Martina, »dass man materiell nach unten schauen soll, aber geistig nach oben. Wir machen das nämlich gewöhnlich andersherum: Wir schauen materiell nach oben, was uns neidisch macht, und wir schauen geistig nach unten, was hochmütig macht.«

Langfristig geht es darum überhaupt nicht mehr zu »jagen«. Auf dem Sprung zu sein, wie es die Schriften nennen, mit allen Sinnen darauf bedacht zu kommentieren. Auch wenn es (scheinbar) keine Wertung in sich trägt, sollten wir uns davon lösen, festzuhalten, dass der Nachbar seinen Rasen früher als sonst mäht. Während die Bäckereiverkäuferin Schnupfen hat und einen abgesplitterten Fingernagel, und die neuen Lederschuhe im Vorort preiswerter sind als im Stadtkern.

Langfristig geht es darum, dass wir uns von »Äußerlichkeiten« lösen. Weil wir sonst suchtartig weiter (ent-)werten.

»Könntet ihr nur unversehens im Geiste aller Dinge verlustig gehen«, schrieb Meister Eckhart (der gerne bekannte, dass ihm inmitten des Schweigens »ein geheimes Wort« gesprochen wurde) »dann vermöchtet ihr selbst euren eigenen Leib zu vergessen.« (123)

Er möchte damit ausdrücken, dass jedes Vergleichen, jedes Urteil uns in eine scheinbare Opposition rückt, uns »über die Dinge« erhebt, in ein trügerisches *Gegenüber* von Gut und Böse. (Wobei es hierbei – Vorsicht – nicht darum geht »Gut« und »Böse« zu vermengen.) Oder wie Yamada Koun Roshi schreibt: »Wenn ihr über Gut und Böse streitet, dann seid ihr ein Mensch von Gut und Böse.«

Also streiten wir zukünftig nicht mehr, stattdessen bemühen wir uns darum, innere Ruhe zu finden.

»Der Geist, der nicht auf etwas bezogen ist, ist von tiefer Stille erfüllt«, beschreibt Robert Aitken dieses Phänomen. »Und einem derart von Stille erfüllten Geist entfällt das Selbst, und die Myriaden Dinge erweisen sich ihm als sein Wahres-Wesen. Dabei handelt es sich nicht um einen Zustand verhältnismäßiger Ruhe, vielmehr um einen Frieden, der jegliches Begreifen übersteigt. Das Selbst zu vergessen heißt allerdings nicht so viel wie: Das Selbst gleichsam über Bord werfen. Tatsächlich bewirkt die Erleuchtung eine wesentlich deutlichere Selbstwahrnehmung.« (124)

Diese Selbstwesensschau, die bewusste Erfahrung des Wahren-Wesens (wie wir behelfsmäßig den chinesischen Wortreichtum eindeutschen), genannt »Kensho«, ist gleichbedeutend mit dem Wort für »Nähe«. Es gibt also neben den klassischen Formulierungen, jeweils zum Ende der kleinen Erbauungsgeschichten: »Und dem Mönch wurde die Erleuchtung zuteil« – auch die Beschreibung: »Und so erfuhr der Mönch ›Nähe‹« Beide Sätze bedeuten das gleiche. Dahinter steckt die Erkenntnis, dass wir, wenn wir uns ausschließlich mit uns selbst beschäftigen, kaum ein Verhältnis von Nähe zu einem anderen Menschen aufbauen können. Solange wir in unserer Selbstbezogenheit verharren, mauern wir uns in unserer »kleinen Welt« ein, die sich aus unseren mitunter wirren Erfahrungen erklärt und verlieren dadurch schrittweise den Kontakt zur Wirklichkeit. Letztlich können wir auch keinen Frieden halten, »weil wir in unserem Selbstbewusstsein ausschließlich mit dem beschäftigt sind, wovon wir nur glauben, wir seien es, oder wovon wir nur denken, dass wir es tun. Die bleichen Schatten dieser Gedankenkonstruktionen verdunkeln uns den Blick auf unser wahres Leben.« (125)

Als Übungsfeld: Wir sollten uns nicht mehr davon irritieren lassen, ob unser Gegenüber die Mundwinkel hängen lässt oder strahlt wie ein Honigkuchenpferd. Selbstverständlich sollten wir einen traurigen Menschen trösten (soweit das möglich ist) und uns mit einem fröhlichen Menschen freuen, aber es darf zukünftig nicht länger vorkommen, dass ein trauriger Mensch in uns eine Gefühlseruption hervorruft. Und wir mit dessen Traurigkeit durch den Alltag schleichen.

Wir sollten stattdessen *stehen* bleiben.

Erst recht, wenn uns ein Mensch arrogant oder reserviert begegnet. Möglicherweise ist es angebracht zu lächeln, eine freundliche Frage zu stellen oder auch respektvoll zu schweigen. Auf jeden Fall beschäftigen wir uns nicht länger mit dessen Mimik und Lebenseinstellung. Sonst enden wir wie »Blätter im Wind«, die bei jedem Sturm oder Lüftchen durch die Ecken gefegt werden.

In dem Moment, in dem wir aufhören, uns selbst zu bewerten und zu verurteilen, verurteilen wir auch nicht mehr unsere Partner.

Wir sollten uns stattdessen *nahe* sein.

Langfristig lösen wir uns dadurch vom chronischen Wertungszwang, der neben dem Neid noch den unangenehmen Aspekt mit sich führt, dass wir uns dem, was *ist*, widersetzen. Und dadurch unzufrieden, nörgelnd und grummelig durch den Tag schlurfen.

Langfristig lösen wir uns sogar (in Teilen; keine Angst) vom Denken. Und ersetzen das Grübelvakuum durch Liebe und Freude.

In dem Moment, sagen die Weisen, in dem wir aufhören, uns selbst zu bewerten und zu verurteilen, in dem Moment verurteilen wir auch nicht mehr unsere Partner. Und wenn wir sie daraufhin annehmen, wie sie sind, bedingungslos, ohne Antrieb sie zu »bessern«, heißt: zu ändern (was ohnehin nicht funktioniert), stellen wir auch unsere Partnerschaft auf eine neue Stufe. Dadurch, dass wir nicht mehr in »Gut« und »Böse« aufteilen, in »Opfer« und »Täter«, »Ich« und »Du«.

Konkret also: Richten wir zukünftig nicht mehr darüber, wenn unser Partner die »unterste Schublade« öffnet und provoziert.

Die Gefahr besteht darin, dass wir diese Sticheleien »aus dem Bauch heraus« mit seiner Persönlichkeit gleichsetzen (also jetzt beim Gegenüber »zusammenkleben«, was wir bei uns selbst mühselig aufgedröselt haben) oder unser eigenes »Bauchgefühl« (meint: Verachtung, Hass, Abscheu, Ekel) auf den anderen projizieren und als vermeintlich »wahren Charakter« verurteilen. Wohlgemerkt: Es geht nicht darum, immerzu brav die Klappe zu halten. Oder pseudo-überlegen zu lächeln. Aber wir wollen »die Hosen anhaben« (in einem weisen Sinne), wir bleiben stehen und flattern nicht wie aufgescheuchte Hühner hinter jeder Äußerung her. Unser Reden und Handeln gestaltet sich unabhängig von den Mundwinkeln unseres Partners (und erst recht unabhängig von möglichen Kontraktionen in unserem Magen, zwischen Speiseröhre und Zwölffingerdarm).

Wir bleiben stehen.

Für viele Weise ist das eine prinzipielle Voraussetzung, um überhaupt zu *ver*stehen, was in der Welt geschieht. Und wir hören zu. Denn im Hasten und Jagen verstehen wir nur Bahnhof, egal, an welcher Ecke der Stadt wir uns kurz positionieren und gleichgültig mit wem wir sprechen.

Im schnellen Reden und Urteilen wühlen wir nur unser Inneres auf. Wie einen klaren Bach im Sommer, durch den wir waten, bis dass der aufgewirbelte Sandboden eine trübe Brühe erzeugt. Und wir nichts mehr erkennen können.

Voller Unruhe.

»Einsamkeit ist für mich eine Heilquelle, die mir das Leben lebenswert macht«, schrieb C. G. Jung in einem berühmten Brief an einen hartnäckigen Verehrer. »Das Reden wird mir öfters zur Qual, und ich brauche oft ein mehrtägiges Schweigen, um mich von der Futilität der Wörter zu erholen. Ich bin auf dem Abmarsch begriffen und schaue nur zurück, wenn es nicht anders zu machen ist. Diese Abreise ist an sich schon ein großes Abenteuer, aber keines, über das man ausführlich reden möchte … Der Rest ist Schweigen! Diese Einsicht wird mit jedem Tag deutlicher, das Mitteilungsbedürfnis schwindet.« (126)

Es geht auf dem Weg der Weisheit also nicht darum, lediglich weniger Worte (weniger »heiße Luft«) zu machen. Das Schweigen der Weisen betrifft vor allem unsere Gedanken und Gefühle, nicht in erster Linie ein diszipliniertes Klappehalten. Es ist ein »inneres« Schweigen.

Und ein äußeres Achten. Hochachten: Weil wir alle Menschen sind.

Auch wenn unsere beste Freundin etwas »sehr Wichtiges« aufgeschnappt und unser alter Schulfreund Insiderklatsch über das Liebesleben des neuen Vorstands mitteilen möchte, verzichten wir dankend auf alle Einzelheiten. Und beißen uns auf die Zunge. Wir verzichten dankend auf all die pikanten Details, die andere Menschen bloßstellen und die trotzdem (oder gerade deswegen) einen Großteil unserer Kantinen- und Kneipengespräche ausmachen.

Die Weisen sagen, dass es in jedem Menschen einen guten Kern gibt. (Problematisch, möglicherweise, für manchen Leser.) Also gehören auch diejenigen, die brutal und kaltherzig vorgehen, zur menschlichen Gemeinschaft. Möglicherweise steckt hinter ihrer fiesen Maske eine große Verzweiflung. Es geht nicht darum das Böse zu relativieren (vor allem nicht den Schmerz, den das Böse auslöst), aber wir werden deren Handlungen nicht rückgängig machen können, indem wir unserseits böse nachtreten.

Übrigens gehören auch »Stars«, »Bosse« und »Heilige« in diesen Schutzkreis. Nur weil sie vermeintlich weit weg von uns agieren, ist es kleinlich, sagen die Schriften, deren Himmelsstellung in den Schmutz zu ziehen. Hinter der angeblichen Gleichstellung lauert nämlich eine finstere Fratze. Weil wir es nicht aushalten, dass es möglicherweise wirklich »Größe« gibt (die uns herausfordert), lauern wir wie Aasgeier auf jeden möglichen Schwächebeweis, um eine allgemein menschliche Banalität zu beweisen. Und um damit zu rechtfertigen, weshalb wir uns nicht von der Couch bewegen müssen (weg vom Fernseher).

Selbstverständlich ist unser achtsames Augenmerk ansonsten vor allem auf das »Kleine« gerichtet. Auf die Wehrlosen, Sprachlosen, Verzweifelten dieser Erde. Aber es ist ein schweigendes Augenmerk (wortwörtlich), kein Mundwerk. Höchstens ein Handwerk, um anzupacken und zu helfen.

Als Übungsfeld: Wir sollten zukünftig ein Geheimnis, das uns anvertraut wird, tatsächlich dortbehalten. In unserem Herzen. Niemand, nicht einmal der Ehepartner, auch nicht der beste Freund soll davon erfahren. Wir wollen darüber nicht sprechen, das muss reichen als Aussage gegenüber Nachfragen. Und auch, wenn es noch so sehr reizt und pocht und wir dem Ehepartner oder dem besten Freund auferlegen könnten, er oder sie seien die Einzigen, die davon erfahren, und deshalb müsse das anvertraute Geheimnis bei ihnen bleiben …

»Reden ist Silber, Schweigen ist Gold«, heißt es nicht zufällig. Interessanterweise stammt das Wort »Diskretion« von dem lateinischen »discretio« und meint: Absonderung, Unterscheidung. Es verlangt eben ein zur Seite treten, führt möglicherweise sogar zu einer Außenseiterposition, wenn wir eben nicht pausenlos mitquatschen, und es schwingt das Überlegen mit, ob wir innere Ruhe suchen und fördern, *leben* – oder »im Trüben fischen« wollen.

Es geht nicht um ein Machtschweigen (versteht sich), um zu verletzen und Hierarchien zu zementieren. So wie »der Pate« beispielsweise, der seine Untergebenen im Unklaren lässt, was er denkt und vorhat. Und es geht auch nicht um ein Null-Bock-Schweigen, das bevorzugt in solchen Gesprächskreisen ausbricht, wo sich niemand mag und jeder nur raus will.

Konkret also geht es darum, eine »Verschwiegenheit« zu erlernen, die anderen Menschen Ruhe und Frieden bringt. Von der sie spüren, dass wir ihre intimen Geschichten nicht in den Foren dieser Republik betratschen.

Konkret also geht es darum, dass wir nicht gleich explodieren, wenn wir uns über einen Menschen ärgern. Sondern erst einmal einatmen. Ausatmen. Weil jedes Wort in dieser Situation die Feuerstelle nur weiter aufheizt.

Wir schweigen.

Und jedes spätere Wort ist durch diesen Ruhepunkt geerdet und gesiebt. »Ich hatte früher eine Menge Leute in meinem Bekanntenkreis«, erzählt Martina, »die dir ein Ohr ablabern konnten. Damals fand ich das gut. Wir haben stundenlang gequatscht. Es gab zwar Momente, wo ich dachte, mein Gott, man muss doch nicht alles verbalisieren, man muss doch nicht alles aussprechen, lass doch mal eine Sekunde Stille, aber es ging nicht. Es gibt Menschen, die können solche Momente nicht ertragen. Ich hatte auch Freunde, die mussten wieder und wieder über zerbrochene Partnerschaften reden, obwohl das Ganze schon Jahre vorbei war. Und während sie erzählten, steckten sie jedes Mal wieder mitten in den Streitereien und Verletzungen drin. Da war nichts verheilt … Heute ist mir das alles viel zu anstrengend. Ich habe den Kontakt zu meinem früheren Bekanntenkreis komplett abgebrochen. Ich will auch nicht mehr, dass alles, was ich erzähle, eine halbe Stunde später in der Stadt kursiert.«

»Was wächst, macht nicht viel Lärm«, heißt das Sprichwort, und umgedreht lässt sich sagen: Ohne Schweigen wächst nichts.

Weil dann der Lärm unserer Gedanken nicht verstummt. Und

wir durch den Krach abgelenkt sind, vom Augenblick weggezogen. Und je länger wir über den Krach nachdenken, desto weiter treibt es uns von der Gegenwart weg. Und je weiter wir abgetrieben werden, desto undurchsichtiger dümpeln die anderen Dinge in uns herum, die nur im Schweigen Gehör finden könnten.

»Was ist zu tun, wenn du dich immer mit anderen Leuten vergleichst?«, beendet Henri Nouwen eine entscheidende Passage bei seinem Erkenntnistrip. Er leidet sehr unter der Vorstellung, dass die Menschen, mit denen er spricht, von denen er auch nur hört oder liest, allesamt intelligenter, liebenswürdiger, praktischer oder sogar kontemplativer seien als er selbst. Aber er kommt von dieser Vorstellung nicht los. Auch nicht davon, sich permanent mit anderen messen zu müssen, wobei er sich selbst wertlos fühlt.

Also liefert Nouwen sich dem weisen John Eudes Bamberger im Kloster aus und lässt sich von ihm »zermahlen«. Auch wenn es wehtut, mehr über sich selbst zu erfahren. So aber wird Nouwen bewusst, in welchem Teufelskreis er lebt, wenn man mit einem schwachen Selbstbewusstsein andere in einer Weise betrachtet, das dadurch die Selbstzweifel noch verstärkt und verfestigt werden. Unabhängig davon, was andere Menschen sagen oder tun, erfahren wir sie als stärkere, bessere und wertvollere Personen. Bis die Beziehungsebene unerträglich wird.

Besonders frustrierend ist für Nouwen, den studierten Psychologen, der sämtliche Schriften der maßgeblichen Analytiker und Therapeuten kennt, dass er sein eigenes Verhalten bis in die letzte Kammer seines Herzens (oder Hirns) sezieren und die »Dynamik dieses neurotischen Verhaltens« erkennen kann. Aber er schafft es nicht, die Wucht des Verhaltens zu durchbrechen und ein reiferes Leben zu entwickeln.

Sein Mentor führt ihn daraufhin in das Schweigen.

»John Eudes sprach von dem Augenblick, von dem Punkt, von der Stelle, die vor dem Vergleichen liegt, ehe der Teufelskreis der Selbsterfüllungsprophezeiung beginnt. Das ist der Augenblick, der Punkt oder die Stelle, wo die Meditation einsetzen kann. Es ist der Augenblick, wo man mit Lesen, Sprechen oder Beisammensein aufhören und seine Zeit mit Meditation ›verschwenden‹ sollte. Wenn man seinen Geist wieder damit beschäftigt findet, sich mit anderen zu vergleichen, sollte man eine ›leere Zeit‹ der Meditation ansetzen, auf diese Weise den Teufelskreis seiner Grübeleien unterbrechen und in die Tiefe seiner eigenen Seele vorstoßen. Dort kann man bei dem sein, der da war, ehe man selbst kam, der den Menschen geliebt hat, ehe er selbst lieben konnte, und der ihm sein eigenes Ich gegeben hat, ehe irgendein Vergleich mit anderen möglich war. In der Meditation können wir die Bestätigung erfahren, dass wir nicht von anderen Menschen, sondern von Gott geschaffen sind, und dass wir nicht danach beurteilt werden, ob wir den Vergleich mit anderen bestehen, sondern ob wir den Willen Gottes erfüllen.« (127)

Was ein Mann durch Kontemplation in sich aufnimmt,
das schwitzt er als Liebe wieder aus.

D. T. Suzuki

Neunter Schritt: Der Po

Weich gepolstert. Nicht nur der Kopf ist wichtig.

Diesmal wird das Hinterteil eingesetzt. Über Stunden (keine Angst, alles ist freiwillig). Es geht um die Königsdisziplin: alleine in einem Zimmer zu sitzen.

In der Steigerungsform (keine Angst, alles ist freiwillig): alleine in einem leeren Zimmer zu sitzen, ohne zu essen oder zu trinken. Und ohne mit einem Menschen zu sprechen ...

Vorsicht: Dieser Schritt ist gefährlich.

Es erfordert Mut, seinem wahren Selbst in das Gesicht zu schauen.

Ein wenig absurd ist das schon: Wir reisen durch Wüsten und Wälder, lieben Bungee-Jumping und Marathon, suchen den Nervenkitzel in Filmen und Spielen, essen Spinnen und Heuschrecken – dabei liegt der größte »Thrill« gleich vor uns. Und kaum jemand wagt sich an dieses Abenteuer.

»Das ganze Unglück der Menschen« schrieb Blaise Pascal bereits im 17. Jahrhundert in seinem berühmten Aphorismus, »rührt allein daher, dass sie nicht ruhig in einem Zimmer zu bleiben vermögen.«

Dieses Unglück scheint sich eher noch verstärkt zu haben, denn auch wenn wir uns heutzutage kaum noch von unserem Bürostuhl oder dem Fernsehsessel erheben und aus dem Zimmer spazieren, so zappen wir doch unruhig mit unseren Augen und Gedanken zwischen mehreren Arbeitsschritten, Mailnachrichten oder Fernsehprogrammen herum. Und sitzen nicht wirklich. Weil wir es nicht aushalten würden, den Computer und den Fernseher auszuschalten und gleichmäßig weiter zu atmen. Auf dem gleichen Stuhl oder Sessel. Ohne Berieselung.

Sobald die äußere Zerstreuung eingestellt wird, leben wir offensichtlich nicht mehr. Wir sind anscheinend mit den Medien verkabelt.

Ohne Wachstum. »Der Computer ist die logische Weiterentwicklung des Menschen«, notierte John Osborne, »Intelligenz ohne Moral.«

Ohne Wahrheit.

Was jetzt eher unangenehm kulturkritisch klingt (gewissermaßen unweise), aber doch konform geht mit den Schriften. Denn überall dort steht verzeichnet, dass (menschliche) Reife und damit Wahrheit *Ruhe* braucht.

Also strapazieren wir das Hinterteil.

Denn nur das leere Zimmer führt uns zur (eigenen) Wahrheit.

In dem Moment, sagen die Weisen, in dem wir aufhören zu »jagen«, zu rennen und zu hetzen, in dem wir aufhören »wichtig« und beschäftigt zu sein, sondern einmal wirklich nur auf unseren vier Buchstaben sitzen – in dem Moment setzen sich auch unsere Gedanken. Zum ersten Mal müssen wir nicht vor ihnen weglaufen oder ihnen hinterher spurten. Sondern wir lassen sie träge an uns hinabperlen und interessieren uns nicht mehr für die Welt außerhalb unserer vier Buchstaben.

Dieser eine Moment wird mythologisch mit dem Bild des »stillen Sees« ausgedrückt.

Zu Beginn ist das Wasser trübe und von Sandschlieren durchzogen, aufgewühlt von unruhigen Tieren (oder Menschen), die in hektischer Flucht ans Ufer trampeln. Aber nach einiger Zeit sinken die Schwebestoffe und Sandpartikel zu Boden, die Wasseroberfläche beruhigt sich wieder, bis wir auf den Grund sehen können. Alles ist klar.

Wenn wir uns nun über den Uferrand beugen, können wir uns in der Oberfläche spiegeln – und erkennen. (Weitergehende Betrachtungen, wonach die Klarheit des Wassers auch Aufschluss über die Struktur unseres Charakter gibt, spielen jetzt keine Rolle.)

Letztlich lässt sich der Weg der Weisheit in diesem Schwebebild symbolisieren. Das Schlierenchaos in unseren Gedanken soll sich setzen und wird durchsichtig. Aber dazu müssen wir uns überhaupt erst einmal ans Ufer setzen – und akzeptieren, dass die Unruhe zu Beginn jeden Frieden verwirbelt.

»Wer nach außen schaut, träumt.« So lautet eine berühmte Notiz von C. G. Jung. »Wer nach innen blickt, erwacht.« (128)

Und in dem Moment, sagen die Weisen, in dem wir uns *setzen* – erwachen wir.

Klingt paradox, in einer zu wörtlichen Auslegung, aber es geht darum, dass wir so lange in einer Scheinwelt leben, solange wir uns mit unseren Illusionen verheiraten. Erst dann, wenn wir nach innen schauen, unsere Träume respektieren und die kleinen »Zeichen« archivieren, die aus scheinbar zufälligen Belanglosigkeiten Botschaften weben, erst dann werden wir *ganz*.

Normalerweise weichen wir dieser Innenschau aus, solange es möglich ist. Und erst recht der (bewussten) Gegenwart. Aber wie sollen wir weise reagieren, in einer Krisensituation, in einer handfesten Katastrophe, umgeben von Chaoten, wenn wir schon dem unspektakulären Alltag (als Lernprogramm) aus dem Weg gehen?

Es geht nicht ohne Training. Letztendlich nämlich erwartet uns in der Katastrophe, wenn uns der Boden unter den Füßen weggezogen wird: die reine Angst.

Weisheit wiederum zeigt sich darin, wie wir mit diesem Erdrutsch umgehen. Es ist eher unerheblich, ob wir stundenlang auf einem Kissen sitzen können und grandiose Uferbilder produzieren, wenn wir mit den wirklichen Herausforderungen nicht umgehen können.

Aber *sitzen* trainiert.

Nicht herumflezen, versteht sich, mit Chips und Schokolade vor dem Fernseher. Es geht um eine Lebenshaltung. Sitzen (als bewusstes Trainingsprogramm) bedeutet: Gegenwart. Nichts anderes. Ohne Widerstand gegen das, was gerade ist, auch wenn die Erde schon zu rutschen beginnt. (Übrigens ist das auch im Stehen eine ideale Übungseinheit, wenn wir auf etwas »warten« müssen, auf ein verspätetes Date beispielsweise. Oder auf einen verspäteten Schnellzug. Denn: Auf dem Weg der Weisheit »warten« wir nicht mehr. Das hieße schließlich, dass wir das, was gerade *ist*, ablehnen oder zumindest infrage stellen. Selbst eine überfällige Frühlingsliebe. Und dass wir längst irgendwo anders sein möchten. Nur nicht in der Gegenwart ...)

Sitzen bedeutet: Genießen.

Und in diesem Moment, sagen die Weisen, verstehen wir, dass es unerheblich ist, ob wir beruflich erfolgreich sind oder zurückgestuft werden. Ob wir versagt haben oder unentwegt gewinnen. Wohlgemerkt: Die Schriften sprechen nicht davon, dass wir unseren Job kündigen sollen. Aber sie betonen, dass unsere sogenannten Karriere- oder Lebensziele letztlich nur Spielsteine sind, die uns zum Träumen verführen. Und die den Spielregeln gemäß irgendwann zwangsläufig umgestürzt werden.

»Satori« heißt dieser Erenntnismoment im Zen-Buddhismus, wenn wir völlig gegenwärtig sind. Ein Vorgeschmack auf völlige Erleuchtung.

Als Übungsfeld: Wir sollten in einer sternenklaren Nacht die Unendlichkeit des Universums bewundern. Und dabei einfach nur schauen. Zum Zweiten sollten wir uns bei einem Waldspaziergang an einen kleinen Bachlauf setzen und auf das Glucksen und Plätschern des Wassers achten. Und dabei einfach nur lauschen.

Auf dem Weg der Weisheit »warten« wir nicht mehr. Das hieße schließlich, dass wir das, was gerade ist, ablehnen oder zumindest infrage stellen.

Und überhaupt sind wir dazu verdonnert, viel mehr in der Natur zu wandern. Und dabei einfach nur unsere Sinne zu öffnen. Für das Tirilieren und Tröten, Summen und Surren, die Beschaffenheit des Bodens und der Bäume.

Ohne zu denken.

Um »Satori« zu erlangen (was als aktive Handlungsanweisung idiotisch ist, denn es geht gerade um das Loslassen, um das Zulassen, um bewusste Passivität), müssen wir unser »Päckchen«, mit dem wir uns abmühen, am Parkplatz oder an der Wohnungstür abgeben. Inklusive sämtlicher Terminvorgaben und Engpässe. Und dazugehöriger Statistiken und Analysen.

Und schweigen.

Auf die Stille zu hören, zwischen den Worten, nach den Tönen, hinter dem Lärm der Welt, ist der beste Weg, um gegenwärtig zu werden. Und sie wandelt sich unmittelbar in innere Stille um. Von Kierkegaard stammt deshalb der Ausspruch, dass er, wenn er Arzt wäre, den Menschen raten würde: »Schafft Schweigen!« Und

Rabindranath Tagore forderte: »Bade deine Seele in Schweigen.«
Es gibt wahrscheinlich nur noch wenige Plätze in einer westlich
orientierten Großstadt, die nicht akustisch zugemüllt werden
und in der wir noch ungestört lauschen können. Dabei brauchen
wir die Stille, um das Kleine, Zarte in uns selbst wahrzunehmen.
Pathetisch gesprochen tragen wir derart viel Krach und Lärm in
unseren Gedanken, dass wir »feinere Sphären« gar nicht mehr
wahrnehmen. Äußerst tumb, denn: »Die erste Sprache Gottes ist
das Schweigen«, warnt Thomas Keating.

Seit Jahrtausenden sind die Weisen davon überzeugt, dass wir
dieses Schweigen verkörpern müssen. Nicht nur in verbaler Zu-
rückhaltung (außen), sondern auch dadurch, dass wir eine »Kammer« in unserem Inneren öffnen, die nur für Stille zugänglich
sein soll. Nicht für Gedanken, Emotionen, Ziele, Ärgernisse,
Bitterkeiten, Begierden und Vergleiche. Sondern ausschließlich
für das nackte Schweigen.

Zum Dank ist es ein Ort der Freiheit (innen), denn niemand
kann uns dort unterdrücken oder auslachen oder herabsetzen. Es
ist ein Kraftraum, der uns verwandelt und heilt.

Und der unsere Lebensangst besänftigt.

Dabei ist diese »Kammer« kein Resultat magischer Hexereien
oder jahrelanger asketischer Fakirübungen. Die einzige Voraussetzung ist, dass wir nach innen schauen und schweigen. (Hilfreich besonders an den Tagen, wenn wir von Bittstellern und
Planern belagert werden, die uns alle »jetzt gleich« und »sofort«
sprechen wollen und keine zehn Minuten warten können.) Um
den Silbenmüll, der in uns scheppert und wütet, das tägliche Gequatsche auszublenden.

Neuzeitlich nennt man diesen Kammerbau Meditation.

Im allgemeinen Sprachgebrauch ist dieser Begriff vor allem
mit fernöstlichen Sitzhaltungen verbunden. Das war aber nicht

immer so. Thomas Keating betont, dass für die ersten fünfzehn christlichen Jahrhunderte eine positive Einstellung zur sogenannten Kontemplation »charakteristisch« war. Der Übungsteil, in dem über die Worte des Schrifttextes nachgedacht wurde, hieß beispielsweise »Meditatio«. Ohne jetzt die Gründe für den Wandel im Einzelnen zu erläutern, lässt sich für die Zeitspanne um das 12. Jahrhundert herum eine wachsende Fähigkeit zur Analyse feststellen (ohne das kritisieren zu wollen, dafür ist es zu bedeutsam) mit allen Aufteilungen in Ober- und Unterbegriffe, Definitionen und Klasseneinteilungen.

Gregor der Große beschrieb die Kontemplation (die ich jetzt einfach mal mit »Meditation« gleichsetze) Ende des 6. Jahrhunderts als von der Fülle der Liebe durchdrungene Erkenntnis Gottes. »Für Gregor«, schreibt Keating, »ist sie das Ergebnis des Nachdenkens über das Wort Gottes in der Schrift und gleichzeitig ein Geschenk Gottes. Es ist ein Ruhen in Gott. In diesem Ruhen, dieser Stille, sind Verstand und Herz eigentlich nicht mehr aktiv auf der Suche nach ihm, sondern beginnen schon zu erfahren, was sie gesucht haben. Dies versetzt sie in einen Zustand der Gelassenheit und tiefen inneren Friedens. Dieser Zustand bedeutet nicht Aufhebung jeder Art von Tätigkeit, sondern nur das Zusammenfallen einiger weniger Willensakte, um mit der liebenden Erfahrung seiner Gegenwart die aufmerksame Hinwendung zu Gott nicht abbrechen zu lassen.« (129)

Diese Bedeutung von Kontemplation blieb bis zum Ende des Mittelalters unverändert.

Berühmt wurde der Ausspruch von Meister Eckhart: »Ich will sitzen und schweigen und hören, was Gott in mir spricht.« (130)

Im Laufe der letzten Jahrhunderte ist dieses *Sitzen* im westlichen Denken ein wenig in den Hintergrund gerückt. Es war nie verschwunden, das ist wichtig festzuhalten, aber durch die Vorrangstellung des Intellekts konnte es dazu kommen, dass »meditieren« in der öffentlichen Wahrnehmung zu einem Alleinstellungsmerkmal östlicher Religionen wurde.

»Man hört heute oft den Vorwurf«, erläutert Gabriel Bunge, »das – sowieso ›leibfeindliche‹ – Christentum messe dem Körper im geistlichen Leben eine viel zu geringe Bedeutung bei. Man vermisst all jene ausgefeilten ›Methoden‹ des Sitzens, Atmens usw., die für die ostasiatischen Religionen so charakteristisch sind. Man sehnt sich danach, von einer ›Verkopfung‹ des geistlichen Lebens wegzukommen und auch ›mit dem Körper zu beten‹.« (131) Erstaunlicherweise gab es das alles längst – und noch viel mehr. Bunge zeigt eine unglaubliche Meditationsfülle des Westens, im Sitzen, im Stehen, Verneigen, im Ausstrecken der Hände und mit gezielten Kniebeugen. Zudem noch an Orte und Zeiten gebunden. Ein Reichtum, der (beinahe) verloren gegangen ist, sich aber auf jeden Fall nicht hinter östlichen Meditationstechniken verstecken muss.

»Der moderne westliche Mensch«, schreibt er, »ist, so sehr er sonst Sport und Bewegung hoch schätzt, im geistlichen Leben zu seinem sitzenden Wesen geworden.« (132) Insofern wurde auch die Meditation auf einem Kissen oder auf einem kleinen Hocker zum Stereotyp. Früher aber kennzeichnete das *Stehen* den Beter. Soviel schon mal als Hilfestellung für Leser, die sich das Beste heraussuchen wollen. Meditieren muss nicht im Sitzen erfolgen, denn die »Technik« erzwingt nicht den Erfolg.

Hilfreich könnte ein Blick auf die Wortherkunft sein. »Kontemplation« stammt aus dem Lateinischen (»contemplari«) und heißt »schauen«. Mit diesem Verb ist das Wesen der Meditation idealtypisch umfasst. In der christlichen Literatur wird der Begriff nicht einheitlich verwendet. Manchmal wird er im Sinne von Meditation oder Betrachtung verwendet und meint dann ein Meditieren über etwas, über einen Inhalt, sei es ein Spruch, ein Bild, eine Vorstellung. Dann wieder dient er zur Bezeichnung einer ungegenständlichen Form des Betens. »Kontemplation meint dann kein Meditieren über einen Inhalt, sondern einen Zustand des Erfahrens jenseits der aktiven Kräfte unseres Tagesbewusstseins. Ziel der Kontemplation ist das Schauen ins eigene Selbst, Schauen des Göttlichen in uns und in der Schöpfung in Form des Innewerdens oder Erfahrens jenseits unserer intellektuellen Fähigkeiten«. (133)

Egal, welchen Begriff (oder welche Weltanschauung) wir bevorzugen, es geht stets darum, uns in einen Zustand großer Ruhe und tiefen Friedens zu führen. Das ist auch der erste spürbare »Effekt«, mit meist deutlichen Folgewirkungen für die Persönlichkeit. Allerdings ist es damit nicht getan. Nur: Die sogenannte Erleuchtung oder der sogenannte mystische Zustand kann nicht per Willenskraft herbeigezwungen werden.

Wie schon erwähnt (weil ewige Voraussetzung für jegliche Form der Weisheit) müssen erst alle Vorstellungen und Bilder ausgelöscht werden. Verstand, Gedächtnis und Wille dürfen nur noch auf Sparflamme arbeiten (die dann aber effektiver »funktioniert« als unser sonstiger Gasbrenner). Nicht einmal fromme Gedanken sind erwünscht.

Hadewijch v. Antwerpen drückte diese Erfahrung in den folgenden Worten aus: »Wenn die Seele allein steht in der uferlosen Ewigkeit, weit geworden, gerettet durch die Einheit, die sie aufnimmt, dann wird ihr etwas Einfaches enthüllt, das Unaussprechliche, das reine und nackte Nichts.« (134)

Und der Mensch erwacht.

»Unser tiefstes Wesen hat kein Alter. Es ist zeitlos wie Gott selbst. Wenn wir diese zeitlose Existenz erfahren, sind wir auferstanden.« (135)

Nun klingt das alles erst mal ziemlich abgehoben und pathetisch. Auf jeden Fall unerreichbar und für einen normalen Menschen nicht erstrebenswert.

»Unsere Zeitgenossen in der westlichen Welt«, erläutert Thomas Keating, »haben ihre besonderen Schwierigkeiten mit Meditation, weil ihnen zutiefst die Neigung verwurzelt ist, alles maßlos zu analysieren. Das ist eine Geisteshaltung, die sich aus der kartesianisch-newtonschen Weltanschauung entwickelte und die zur Unterdrückung unserer intuitiven Fähigkeiten geführt hat.« (136) In weniger philosophischen Worten heißt das: Wir grübeln uns zu Tode.

Denn dieses »starre Festgelegtsein auf das Begriffsdenken« erschwert uns heute den Übergang in die Meditation.

Und einfach mal still werden. Und schweigen.

Sich von dieser (Fachwort: dualistischen) Vorstellung lösen, das Universum bestünde aus uns und daneben den anderen. Getrennt. Und über allem noch – getrennt – ein »Gott« (oder so was Ähnliches), der auf uns hinunterschaut und zwischen Langeweile und Unwohlsein schwankt.

Stattdessen: Still werden, schweigen, und dann erfahren, dass all diese scheinbaren Trennwände nicht existieren. Sondern dass alles eine Einheit ist. Jetzt und hier. »In Gott leben wir«, heißt es in der Bibel, »bewegen wir uns und sind wir«. (Apg. 17, 28) Und: »Nicht ich lebe, sondern Christus lebt in mir.« (Gal. 2, 20)

»Jeder muss selbst mit Geduld hinschauen«, schreibt Hannjürg Neundorfer. »Das ist mystisch schauen – hinter die Kulissen schauen. Wie schauen wir hinter die Kulissen? Wir sitzen und schauen eben. Wir betrachten, was wir sehen, als SEINE Gegenwart. Wir lassen das Vordergründige, das uns anfliegt, gehen und schauen, ins Nichts, das alles zusammenhält. Jetzt, hier.« (137)

Und das ist der wesentliche Punkt aller großen spirituellen Strömungen, die die Weltreligionen hervorgebracht haben: das Loslassen der Gedanken. Alles andere ist nur zweitrangig.

Eine Anleitung zur Meditation (Übung)

Vorweggesagt: Allein mit der »richtigen« Meditationstechnik ist es nicht getan.

Ost und West, alte Traditionen und junge Methoden verbindet eine Gemeinsamkeit: die Suche nach Ruhe. Und die Absicht, Abstand von den Einbildungen, von den Sorgen zu nehmen, die wir uns machen. Dafür jedoch müssen wir *leer* werden.

Und wie können wir das schaffen?

Indem wir uns zuerst einmal locker und aufrecht hinsetzen. (Beliebtes Bild: Jemand zieht uns am Schopfe aufrecht, wie eine Marionette, sodass wir gerade sitzen.) Auf einen Stuhl, auf ein Kissen, auf ein Bänkchen. Eine zusammengesunkene Haltung bringt langfristig Haltungsschäden (Hallo, Bandscheibe!) und verhindert das ruhige und tiefe Atmen.

Das Ziel ist anfänglich ausschließlich Ruhe. Loslassen.

Das lässt sich nur mit einer Haltung erreichen, bei der die Blutzirkulation nicht gehemmt wird und wir nicht unentwegt an die unbequeme Haltung denken müssen.

Um »Ruhe« zu finden, sollten wir zudem von außen nicht unbedingt von einem Bautrupp und Pressluftgehämmer gestört werden.

Kein Leistungsdruck, keine Vorgaben, gar nichts.

Wenn möglich, mit geschlossenen Augen. Andernfalls nehmen wir gerne das, was wir sehen, in unsere Wahrnehmung auf. Falls es geschlossen nicht geht oder zu viele Gedanken auftauchen gerade vorwärts schauen, zum Beispiel gegen eine Wand (nicht zu viel Abwechslung), den Blick leicht nach unten gesenkt.

Es empfiehlt sich, auf den Atem zu achten (gleichmäßig, tief und ruhig). Wo geht er hin, der Atem, in den Rachen, hinunter in den Bauch? Je deutlicher wir auf den Atem »lauschen«, um uns nicht verbissen zu konzentrieren, desto weniger Ablenkung wird in unserem Bewusstsein Platz haben. Und umso besser finden wir in die *Leere* (die in manchen Traditionen »Gott« ist, aber das ist jetzt nicht so wichtig).

Wir horchen in uns hinein. Gedanken und Gefühle dürfen (und werden) aufkommen, die man nicht bekämpfen sollte, aber sie werden wie »Laufkundschaft« begrüßt. Die laufen genauso schnell wieder raus, wie sie reingelaufen sind. Unbedingt vermeiden, sich mit ihnen zu identifizieren.

Stattdessen schauen wir in »die Tiefe«, (wichtig: wir schauen – wir suchen nicht). Auf das, was uns trägt. Bis uns nichts mehr bedrängt oder angreift, bis wir eine Phase glückseliger Freiheit erfahren.

Kleiner Dämpfer: Das wird alles nicht so leicht »funktionieren«. Weil wir es nämlich erreichen wollen. Aber diese Form der *Leere*, dieses pure Dasein, können wir nicht erzwingen. Im Gegenteil: Sobald wir danach streben und bohren, verzieht es sich. Wir können nur immer wieder versuchen Schicht um Schicht der Gedanken und Gefühle, die uns begleiten, abzuziehen.

Zu lange sind wir daran gewöhnt uns vom Fluss unserer

214

Gedanken überschwemmen beziehungsweise mitreißen zu lassen. Robert Aitken verweist beispielsweise immer wieder auf den »Zeit-Diebstahl« als eines der schwersten Vergehen. »Wie viel Zeit verbringen wir nicht auf dem Kissen und hängen dabei müßigen Gedanken nach, und gleichzeitig verrinnt unsere Lebenszeit langsam, aber unaufhaltsam. Während wir angeblich das Leben eines Bodhisattva führen, können wir Zeit für allen möglichen Stumpfsinn erübrigen. Und so verschwenden wir häufig mehr Zeit, als im Hinblick auf unser wirkliches Erholungsbedürfnis notwendig wäre.« (138)

Meditation bekämpft diesen großen Strom aus Erinnerungen, Bildern, Gefühlen, inneren Erlebnissen und äußeren Wahrnehmungen nicht. Aber (um im Bild zu bleiben): So wie Schiffe oder Hölzer auf der Wasseroberfläche treiben, brauchen auch unsere Gedanken und Gefühle einen »Körper«, um zu schwimmen. Das Ziel ist es, diese Gedanken im Bewusstseinsstrom treiben zu lassen, ohne sie weiter zu beachten. Weil wir – in der fortgeschrittenen Phase – unsere Aufmerksamkeit auf das Strömen des Wassers richten. Im (geistigen) Augenwinkel flitzt manchmal noch ein Schiff vorbei, aber wir achten nicht mehr auf die Größe des Dampfers oder seine Passagiere.

In der fortgeschrittenen Phase finden auftauchende Gedanken (Boote) gar keine Beachtung mehr. Stattdessen entfaltet sich eine spezifische Form der inhaltsleeren Aufmerksamkeit.

Übrigens ist ein Gedanke nicht nur dann ein Gedanke, wenn er »wichtig« ist. Jede noch so verschrobene Form der

Wahrnehmung, die auf der inneren Bildfläche erscheint (also zum Beispiel auch ein bizarres Bild oder eine längst vergessene Erinnerung, ein merkwürdiges Gefühl, Krach von den Nachbarn, oder sogar eine Vision) gehört in diese Kategorie. Und damit: losgelassen.

Keine Vorstellung (und sei sie noch so klein und unbedeutend) darf einen »Körper« erhalten. Fallen lassen! Jeder einzelne Gedanke darf dankend seine eigenen Wege gehen, stattdessen lauschen wir auf das Fließen des Gewässers, statt auf das Treibholz an seiner Oberfläche zu blicken.

Und wenn die Schiffe trotzdem zu groß, zu schnell, zu bunt sind und deshalb unsere Aufmerksamkeit erheischen? Wenn wir bei den Anstrengungen unseres Bewusstseins »von der Ablenkung durch Ablenkung abgelenkt« werden, wie sich T. S. Eliot einmal mokierte?

In verschiedenen Traditionen kennt man den »Trick«, mit einem sogenannten »heiligen Wort« zu arbeiten. Ein Klassiker, wenngleich eher in Parodien, wäre das »OM«. Genauso möglich sind: Liebe, Frieden, Jesus, Amen etc. Es klingt läppisch, aber so ein verbaler Impuls begrenzt die Gedanken.

»Das heilige Wort ist nicht einfach nur ein Mittel, um von der Oberfläche des Flusses in die Tiefe zu kommen«, betont Thomas Keating, »es ist vielmehr die Voraussetzung dafür. Wenn ich einen Ball in meinen Händen loslasse, fällt er auf den Boden; ich brauche ihn nicht zu werfen. Ähnlich hilft das heilige Wort, alle Gedanken loszulassen. Dies ermöglicht es den vom inneren Schweigen angezogenen spirituellen Fähigkeiten, sich spontan und mühelos in diese Richtung zu bewegen. Wir müssen nur bereit sein, unsere Alltagssorgen fallen zu lassen.« (139)

Wenn nur nicht die Schwierigkeit bestünde, überhaupt einmal ruhig zu werden …

Erst bei dem Versuch wird uns bewusst, mit welcher Wucht und Penetranz immer wieder neue Gedanken durch unseren Schädel rasen. Eine einzige Gedankenautobahn.

Tückisch daran ist, dass viele Gedanken nicht einfach nur beschleunigen, sondern dass sie heimlich Gefahrgut transportieren. Im Kofferraum. Darunter versteht man gefühlsmäßige Bindungen, die bis in die Kindheit zurückreichen können. Sobald so ein Transporter auftaucht, ist auf dem Highway die Hölle los. Wir können ihn nicht einfach durchwinken, sondern blockieren das gesamte Straßennetz, um uns mit dem Inhalt des Kofferraums zu beschäftigen.

Erst durch regelmäßiges Trainieren gelingt es auch solche Gedanken und Strukturen, Bindungen und Zwänge passieren zu lassen. »Niemand wird auf Anhieb in einen Ozean des Friedens fallen, in dem es keine Ablenkungen mehr gibt.« (140)

Also: Üben, üben, üben.

Meint: Gedanken ziehen lassen. Ohne Widerstand, ohne Hektik. Und darauf gefasst sein, dass immer wieder neue »Schiffe« auftauchen. Die Auslöschung aller Gedanken ist nicht durchzusetzen (und ist wahrscheinlich auch nicht erstrebenswert). Und nicht enttäuscht sein, wenn ei-

217

nige Zeit lang keine »Fortschritte« erzielt werden. Denn »Enttäuschung« ist auch nur ein Gedanke (einer voller Emotionen) und raubt damit die Ruhe.

Die meisten Menschen brauchen ungefähr zwanzig Minuten, um inneres Schweigen zu »erreichen«. Mehr Zeit ist anfänglich auch nicht notwendig. Am besten morgens, bevor der berufliche Alltag ruft, und abends, nach der Arbeit. Jeweils ein Versuch.

Vorsicht: Ein plötzliches Geräusch wie Tür- oder Telefonklingeln stört ungemein! Aber auch dann gilt: Bitte nicht aufregen. »Wut«, ist ein emotional geladener Gedanke, der das innere Schweigen zerstört.

Für solche Fälle empfiehlt Thomas Keating die Visualisierung eines Retrocomputerspiels. Der unersättliche »Pack Man« wandert über den Bildschirm und verschlingt alle Kreaturen, sobald sie auftauchen. »Eine ähnliche Rolle spielt das heilige Wort, das alle unsere übrigen Gedanken verschlingt; nur macht es das sehr friedlich und zwanglos. Wem nicht wohl ist bei dem Gedanken, während einer festgelegten Zeit nichts zu tun, denke daran, dass niemand zögert, 6 oder 7 Stunden lang zu schlafen jede Nacht. Die Übung dieses Gebetes ist aber kein Nichtstun. Es ist eine sehr sanfte Art von Tätigkeit. Der Wille bleibt durch ständige Rückkehr zum heiligen Wort mit Gott im Einklang und dies ist normalerweise genug Aktivität, um hellwach zu bleiben.« (141)

Ziel ist ein (ewiger) Moment, in dem wir überhaupt keine Gedanken mehr haben. In dem es auch kein Zeitgefühl mehr gibt, weil es keinen Anknüpfpunkt mehr für solche Maßeinheiten gibt. Es geschieht schließlich nichts mehr. Und die Zeit bleibt stehen, beziehungsweise: sie existiert nicht mehr.

Meist aber werden wir lange vorher ausgebremst. Meist erleben wir bei einer einzigen »Session«, wie das innere Schweigen rhythmisch auftaucht und wieder verschwindet. Einige Lehrer versinnbildlichen diesen Wechsel mit dem Bild einer Feder im Wind. Kurz bevor sie aufsetzt, bläst es von einer anderen Seite – und schwupps, ist sie schon wieder verschwunden.

Und dabei standen wir kurz davor, in tiefem Frieden zu baden. Aber genau das ist das Wesen der Meditation: Geduld.

Ähnlich wie bei Sisyphos, wobei wir keine schweren Steine rollen sollen. Aber auch wir müssen unverdrossen neu ansetzen und dürfen nicht einmal darüber jammern oder wüten. Immer wieder geht es ausschließlich darum, neu anzufangen. (Ist das nicht ein treffendes Bild für einen Großteil unseres Lebens?) Und immer wieder geht es darum, sich davon zu lösen, die Welt verändern oder beherrschen zu wollen.

Was sind nun die stärksten Verhinderer der Ruhe?

Am häufigsten bedrängt uns das gewöhnliche Im-Kreis-herum-denken. »Gedanken sind nicht das ›Ich‹ selbst«, erläutert Franz Jalics, »sondern Satelliten des wahren Ich. Mit ihnen bist du bei deinen Satelliten und nicht bei der Sonne deines Selbst.« (142) Dieser Gedankentypus ist zudem ohne feste Laufbahn, ziellos in Bewegung und pausenlos zugange. Wenn die Meister von innerem Schweigen reden, so werden immer noch einige von diesen Satelliten auftauchen. Aber: Sie meinen einen Zustand, in dem uns die vorbeirasenden Kolosse nicht mehr interessieren.

Um das zu verdeutlichen, wird gerne das Bild herangezogen, wie wir mitten in einem anregenden Gespräch von dem Geplauder am Nebentisch abgelenkt werden.

Wenn wir uns jetzt ärgern, können wir unserer eigenen Unterhaltung nicht mehr richtig folgen. Unsere Mine verfinstert sich. Auf jeden Fall ist die Stimmung im Keller. Also: Setzen wir besser unser Gespräch fort, stellen einige Fragen, hören aufmerksam zu, ohne den nervigen Nachbarn weiter zu beachten – und schließlich stört er mit jedem Satz weniger.

Genau das ist auch die empfohlene Vorgehensweise, wenn wir meditieren. Wir sollten die Satelliten einfach vorbeifliegen lassen, als Teil der gemeinsamen Weltraumbelegschaft.

Auch dann, wenn es vor Weltraumschrott nur so wimmelt und die Dinger schon miteinander kollidieren. Einfach hinnehmen.

Eine solche »Session« muss nämlich nicht verkorkst sein. Es kann trotzdem sein, dass wir aus dem Anflug eines inneren Schweigens einen enormen Nutzen ziehen.

Wichtig ist nur: Geduld. Und der Wille weiterzumachen.

Langfristig führt eine solche Sisyphosarbeit dazu, dass wir äußeren Lärm wahrnehmen und gleichzeitig ignorieren können. Und zwar so sehr, dass wir trotz Krach »tief innen« von einer geheimnisvollen Wirklichkeit erfüllt werden. Als ob unser Inneres von einer Glaskapsel versiegelt würde, die von dem Karnevalszug draußen nicht mehr durchdrungen werden kann. (Es gibt übrigens Zen-Meister, neben deren Ohr man eine Pistole abfeuern kann, ohne dass sich deren Herzschlag beschleunigt oder dass sie mit der Wimper zucken.)

Vielen Menschen wird dieses Gesumme zwischen ihren Ohren übrigens erst dann bewusst, wenn sie sich einer solchen Meditation ausliefern. Und sie sind schockiert.

All diesen Verunsicherten sei gesagt (zur Beruhigung): 95 Prozent der Satelliten sind Schrott. Wir brauchen sie nicht, sie stören nur und haben keinen erkennbaren Nutzen.

Einige Menschen allerdings (auch das sei erwähnt) fürchten sich vor der drohenden Leere in ihrem Kopf. Auch wenn es sie oftmals zu Boden drückt, was man sich da so zusammendenkt, im Laufe eines Tages, so wollen sie lieber mit diesem banalen Plätschern alt werden. In solchen Fällen hat es selbstverständlich keinen Sinn zu meditieren.

Allen anderen sei gesagt: Es ist halb so schlimm.

Der zweithäufigste Ruhestörer sind Gefühlsreaktionen. Sie lösen automatisch Lust- oder Unlustgefühle aus. Je nachdem, wie angenehm oder unangenehm, desto stärker ziehen sie uns in ihren Bann (oder stoßen uns ab). Beispielsweise erinnern wir uns plötzlich an eine heftige Auseinandersetzung mit einem Ex-Partner, die uns heute noch ärgert. ZACK. Schon verloren.

In solchen Fällen empfiehlt sich ein deutliches »Stopp!«
oder eines der sogenannten »heiligen Wörter«. Vor allem
aber der wiederholte Hinweis darauf: Bitte nicht ärgern!
Weder über die (längst vergangene) Auseinandersetzung,
noch über den Umstand, sich dadurch abgelenkt zu haben.

Die dritte Gruppe der Ruhestörer bilden vermeintliche
»Einsichten«. Unser Verstand ist nun mal ein durchtriebener Schuft, er belässt es nicht bei destruktiven Ablenkungen. Und bei den Einsichten haben wir plötzlich das
Gefühl, jawoll, genau das ist es, jawoll, jetzt hab ich's verstanden, jetzt bin ich auf dem besten Weg zur Erleuchtung,
nur noch ein bisschen mehr … ZACK. Schon denkt man
wieder.

Nicht vergessen: die Feder im Wind.

Also: Nicht aufgeben!

Eng verwandt damit ist das »Sinnieren«. In der Meditation bezogen auf die eigene Person, also beginnend mit der
Haltung (»ja, so sitze ich endlich richtig«), weiter mit dem
Zwischenergebnis (»gestern war ich um diese Zeit schon
abgelenkt«) und letztlich der Gesamtrückschau (»ich fühle
mich insgesamt schon viel besser, auch freier«). ZACK.

Blöderweise ist dieses Abschweifen am schwierigsten zu
»beherrschen«, weil das Sinnieren zunächst nicht auffällt.
Aber prinzipiell gilt die Regel: Wenn ein Gedanke uns fes-
selt, ist die einzige richtige Reaktion der rettende Rückzug,
wie die Konzentration auf ein heiliges Wort.

»Der eigentliche Willensakt besteht nicht in der Anstrengung«, ermutigt Thomas Keating, »sondern in der

> Zustimmung. Das ganze Geheimnis, mit den beim kontemplativen Gebet auftretenden Schwierigkeiten fertig zu werden, liegt darin, sie anzunehmen. Der Wille sollte Impulse setzen, aber nicht Leistungen bewirken. Der Versuch, etwas durch Willenskraft zu erreichen, bedeutet, wieder das Ego zu stärken. Das entbindet uns natürlich nicht davon, zu erbringen, was wir erbringen müssen. Anfangs ist der Wille aufs Engste mit selbstsüchtigen Gewohnheiten verknüpft. Unser Zutun muss dahin gehen, von ihnen loszukommen.« (143)

Der Weg der Weisheit ist nun mal eine der spannendsten Entdeckungsreisen, die es gibt. Mitunter steinig, stark verregnet oder wenn sonnig, dann derart grell, dass die Strahlungsintensität nicht zu ertragen scheint. Zudem gehört Mut dazu, bis zur Schlussetappe mitzureisen. Aber niemand geht verloren.

Allein der Versuch stärkt. Selbst, wenn meditieren abgrundtief langweilig anmutet (oder wenn das Bombardement der Gedanken uns zermürbt) und jede konkrete Tat sinnvoller wirkt, greifbarer, so zeigt sich nach einiger Zeit, dass etwas geschehen ist.

Um es bildlich auszudrücken: Wenn es im Sommer plötzlich regnet und wir keinen Schirm mit uns tragen, uns nun aber nicht unterstellen wollen, weil wir unbedingt noch einen Termin – einhalten müssen, dann bringt es so ziemlich überhaupt nichts, wenn wir uns den Rest der Spurtstrecke darüber aufregen, dass es nun mal plästert. Und wir folglich nass werden. Die einzig sinnvolle (weise) Form des Umgangs mit dieser Situation besteht darin, »Ja« zu sagen.

Auf die Meditation bezogen heißt das: Wichtig ist die *Bereitschaft*, sich der Meditation auszusetzen. Und die Freude daran. »Bevor du darüber nachdenkst, ob dein Gebet gut ist oder nicht, ist es gut; nachdem du nachgedacht hast, ist es weniger gut.« (144)

Außerdem ist der Weg der Weisheit die einzige Route, um mit unserem »wahren Selbst« in Kontakt zu treten. Deshalb erkoren die sogenannten Wüstenväter, die zu Tausenden in der Wüste meditierten, das Sitzen in der Zelle zur alles entscheidenden Grundvoraussetzung. »Ein Bruder kam in die Sketis zum Altvater Moses und begehrte von ihm ein Wort. Der Greis sagte zu ihm: Fort, geh in dein Kellion und setze dich nieder, und das Kellion wird dich alles lehren.« (145) Dieses Kellion (gemeint ist die »Zelle«, die Behausung) der Eremiten war nicht nur eine selbst zusammengebaute spartanische Hütte, ein kleiner Raum. Es war der absolute Lebensmittelpunkt. Dort sitzen sie und bleiben sitzen. Entweder meditierend oder sie flechten Körbe, die einmal im Monat auf dem Markt verkauft werden. Außenstehende würden wahrscheinlich von einem Gefängnis, einem Kerkerloch sprechen. Interessant ist nicht die Einfachheit der Möblierung, sondern die Erkenntnis dieser Weisen, dass es wichtiger sein kann »zu verharren«, sich selbst auszuhalten, als beispielsweise großartig zu fasten und zu schweigen. Selbst wenn sie *nicht* meditierten, sondern einfach nur in ihrer Zelle blieben, verwandelte sich etwas in ihnen. Das war ihre prägende Erfahrung. Durch die Konfrontation mit dem Chaos der Gedanken – und dem festen Vorsatz, davor nicht wegzulaufen, wie die meisten Menschen. Wir alle wissen, welchen Aufwand wir mitunter betreiben, um nur ja nicht mit uns alleine zu sein.

Diese Männer (und einige Frauen) waren dabei keine weltfremden Spinner. Sie hatten psychologische Einsichten, zu denen wir heute kaum noch fähig sind. Denn in der Einsamkeit konnten sie ihren Gedanken und Gefühlen nicht ausweichen (wollten das auch nicht) und besprachen sie dann am Sonntag, nach dem gemeinsamen Gottesdienst, mit ihrem geistlichen »Vorgesetzten«. Eben deshalb, um nicht zu weltfremden Spinnern zu degenerieren. Bis in die letzten Verästelungen analysierten sie ihre Gedanken und Gefühle und ihren Weg zu Gott. Auf diesem Weg entstand die Mönchsbeichte, bei der es nicht in erster Linie um die Vergebung der Sünden ging, sondern um geistliche Begleitung, um Seelenführung. »Es war eine Vorform des therapeutischen Gesprächs, wie es die moderne Psychologie entwickelt hat«, schreibt Daniel Hell. (146) Die Ausstrahlung dieses *Sitzens* war enorm. Aus der ganzen bekannten Welt pilgerten Tausende Menschen zu diesen Einsiedlern, um Antworten zu finden. Das Ganze erinnert ein wenig an den heutigen Indientourismus, wo man Gurus in Ashrams aufsucht (wenn sie nicht schon längst in den USA eine Dependance gegründet haben).

Der Unterschied ist nur, dass die frühchristlichen Eremiten ihre Behausung in der Wüste errichteten, in einer unwirtlichen Umgebung. Und dass sie keine »Schule«, keine »Lehre«, keine »Bewegung« begründen wollten. Auch die verschiedenen Askeseformen (mitsamt Vorsichtsmaßnahmen und Regeln) haben sie nicht erfunden, sondern aus anderen religiösen Bewegungen übernommen. Sie sind nicht naiv in die Einöde gezogen, sondern sie wussten, auf was sie sich einlassen. Ansonsten hätte ihr einsames Leben in der Wüste wahrscheinlich im Wahnsinn geendet. (Wichtig auch für uns Warmduscher: Es wird dringend davon abgeraten, das Wagnis der Einsamkeit über längere Zeiträume alleine durchzustehen. Alleinsein führt nicht notwendig zu innerem Frieden, sondern eher zu Groll und Bitterkeit, in Härtefällen zu »Verschrobenheit«.) So allerdings konnten sie eine beispiellose Menschenkenntnis erwerben und ein wirkliches Gespür für »Gott«.

Bei aller Radikalität, die ihr Vorhaben ausstrahlt, war es das, was sie am wenigstens beabsichtigten. Es ging ihnen nicht um die Sensation des Außergewöhnlichen. Auch Benedikt von Nursia (in der Höhle von Subiaco) sprach immer vom rechten Maß, erst recht, als sich ein Haufen Schüler um ihn sammelte. »Die Suche nach dem Unendlichen beginnt mit der rechten Ordnung der kleinen endlichen Dinge, des Schlafens und Aufstehens, des Essens, Trinkens und des Arbeitens.« (147)

»Stabilitas, die Beständigkeit«, ergänzt Anselm Grün aus heutiger Sicht, »das Sich-Aushalten, das Bei-sich-bleiben – ist die Bedingung für jeden menschlichen und geistlichen Fortschritt. Es gibt keinen reifen Menschen, der nicht den Mut hatte, sich selbst auszuhalten und seiner eigenen Wahrheit zu begegnen.« (148)

Auf dem Weg der Weisheit geht es also nicht darum, den harten Asketen heraushängen zu lassen. Es geht nicht einmal darum, wie wahnsinnig zu meditieren. Aber es sollte einen Versuch wert sein, einfach mal »auszuharren«. Einfach mal sitzen zu bleiben.

Dann wird sich etwas in uns verwandeln, dann wird etwas »in uns« neu ausgerichtet. Wir werden »aufs Trockene gesetzt«, schreibt Henri Nouwen. »Die üblichen Möglichkeiten der Ablenkung, Zerstreuung und Flucht werden ihm entzogen, und er ist mit sich allein, mit seinen Stimmungen, seinen Gedanken, seinen Fragen. Eine Art innerer Gärungsprozess setzt ein.« (149)

Wohlgemerkt: Es geht nicht um ein »Abhängen«, nicht um »chillen«, rumdösen in Fantasien und Tagträumen, sondern um bewusstes *Sitzen*. Und aushalten. Auch wenn die Satelliten durcheinanderwirbeln und aufeinander zu stürzen. Standhalten!

Bis sich Ruhe einstellt.

Bildlich gesprochen ist *Sitzen* auch eine Form von Umweltschutz. Dadurch nämlich, dass wir unsere Umgebung langfristig vor Ärger und Bitterkeit, Zorn und Hass bewahren und wir dadurch in unserem Viertel ein wenig »saubere Luft« erzeugen. Eine Atmosphäre von Liebe und Barmherzigkeit.

»Ein Bruder fragte Abbas Antonius: ›Wie soll man sitzend in der Zelle bleiben, mein Vater?‹ Der Alte antwortete: ›Das, was den Menschen sichtbar ist, ist das Fasten bis zum Abend, jeden Tag, das Wachen und die Meditation. Doch das, was den Menschen verborgen bleibt, ist die Geringschätzung deiner selbst, der Kampf gegen die schlechten Gedanken, die Sanftheit, die Betrachtung des Todes und die Demut des Herzens, Fundament alles Guten.‹« (150)

»Wer die letzte Einsamkeit kennt«, schrieb Friedrich Nietzsche, »kennt die letzten Dinge.« Es empfiehlt sich daher, sagen die Weisen, sich das eigene Sterben vor Augen zu halten. Diese *meditatio mortis*, die bildliche Vorstellung des eigenen Ablebens, ist inzwischen bis in Coachingseminare für Führungskräfte gerutscht. (Das ändert natürlich nichts an ihrer Nützlichkeitsausrichtung.)

Ziel ist es: uns die verrinnende Zeit bewusst zu machen und die Wichtigkeit des kleinen Augenblicks. Denn morgen schon (heute?) könnte unser letztes Stündlein geschlagen haben.

Als Übungsfeld: Wir sollten uns in einer stillen Minute sammeln und im Hinblick auf den eigenen Tod einatmen. Und wieder ausatmen. Und uns spüren.

Und den Gedanken einsickern lassen, dass alles einmal zu Ende geht. (Damit aber auch alles Schlechte, Leidvolle, jede Form der Folter und Unterdrückung, der Bevormundung, der Verachtung ...)

»Sterbe, bevor du stirbst«, heißt es in der Sufitradition.

»Das Denken an den Tod nimmt uns die Angst«, verdeutlicht Anselm Grün, »weil wir aufhören, an der Welt, an unserer Gesundheit, an unserem Leben zu hängen. Und das Denken an den Tod ermöglicht es uns, bewusst jeden Augenblick zu leben, zu spüren, was das Geschenk des Lebens ist, und es täglich zu genießen.« (151)

Insofern führt *meditatio mortis* nicht zu depressiver Verzweiflung. Das hat auch der Psychotherapeut Irvin Yalom in seiner Arbeit mit krebskranken Menschen erfahren.

»Sterbe, bevor du stirbst«

Er beschreibt in seinen Büchern, wie das Wissen um den bevorstehenden Tod bei den Menschen zu einer Verwandlung führt. »Es trivialisiert sich, was am Leben trivial ist. Es führt dazu, nein zu sagen zu den unwichtigen Dingen«. Dagegen wird die volle Aufmerksamkeit demjenigen zugewandt, was einem am Herzen liegt, »dem geliebten Menschen, der Erde, den wechselnden Jahreszeiten ...« Yalom ist der Auffassung, dass »das Wissen um den Tod in einer gewissen Weise die Neurose heilt ... Der physische Tod zerstört den Menschen. Aber die Idee des Todes kann Menschen retten«. Immer wieder in den Therapiestunden sagten Krebskranke zu ihm: »Wie schade, dass ich so lange auf Weisheit warten musste, bis mein Körper vom Krebs zerfressen war«. (152)

Rückbezogen auf den Alltag erreicht diese Übung, dass wir »der Welt gestorben sind«, also nicht mehr unser Leben dafür geben, um für den neuen Abteilungsleiter eine überflüssige Routineangelegenheit zu erledigen. Wohlgemerkt: Es geht nicht darum, faul zu werden oder schlechte Arbeit abzuliefern. Sie versperrt sich keiner Karriere. Aber die Übung verhindert, dass wir uns mit Leib und Seele mit unserem Job identifizieren und unser Selbstwertgefühl, ja unseren Lebenssinn damit verknüpfen. (Was im Endeffekt bei vielen Menschen nur dazu führt, ausgebrannt zu sein, weil sie sich nur noch selbst im Wege stehen, vor lauter Ehrgeiz und Perfektionswahn.)

Erstaunlicherweise führt diese Form des vorweggenommenen »Sterbens« in vielen Fällen dazu, dass wir erst dadurch richtig gute Arbeit leisten können. Weil wir *erleichtert* sind, befreit von hinderlichen Gedanken und Bestrebungen. Und weil es für unser Ego nicht mehr so existenziell ist, ob der neue Abteilungsleiter anschließend einen feuchten Händedruck schenkt. Wir erledigen unsere Arbeit – aber wir *sind* nicht mehr länger unsere Arbeit. (Und umgekehrt, nach einem verweigerten Dankeschön des Vorgesetzten: Wir haben Ärger – aber wir *sind* nicht mehr länger unser Ärger.)

»Sterbe, bevor du stirbst«, heißt es in der Sufitradition.

Ohne theatralische Traurigkeit, ohne depressive Melancholie, selbstverständlich auch ohne pathetische Fröhlichkeit. Wenn wir stattdessen vor dem unausweichlichen Ende davonlaufen (in der Hoffnung, schneller zu rennen als der Sensenmann), verschließen wir uns vor einer zentralen Lebensfrage. Dabei scheint es eine durchgehende Linie zu geben zwischen Lebensangst und Todesfurcht, meint: dass sich Menschen mit einem abenteuerlichen, erfüllten Leben weniger vor dem Ende verkriechen, als die Couchkartoffeln. »Denn«, so schreibt C. G. Jung, »es ist ebenso neurotisch, sich nicht auf den Tod als ein Ziel einzustellen, wie in der Jugend die Fantasien zu verdrängen, welche sich mit der Zukunft beschäftigen.« (153)

Als Übungsfeld: Wir sollten uns vorstellen, heute sei der letzte Tag unseres Lebens. Was könnte auf der Beerdigung über uns gesagt werden? Was ist der Kern, der Sinn unseres Lebens? Wo hätten wir etwas ändern müssen, wenn wir noch leben könnten?

Viele Menschen empfinden bei dieser Übung eine große Einsamkeit.

Das ist nicht schlecht. Denn wir *sind* allein (in letzter Konsequenz). Aber mit einer Betonung auf all-eins. Also mit allem eins, mit dem All vereint. Mit uns selbst eins. Wir sind »der Welt gestorben«, haben uns von den Äußerlichkeiten getrennt und sind gleichzeitig mit allen Menschen verbunden, weil wir alle vereint sind. Auch in unserer gemeinsamen Angst, den länderübergreifenden Schmerzen und Sorgen.

Insofern ist es wichtig weiter nachzufragen, wenn wir Angst vor dem Alleinsein verspüren: ob da nicht eine tiefer gehende Angst vor dem Leben, vor den Menschen steckt? Vor Gefühlen? Ob wir also »Trouble«, »Action«, »Leute« um uns herum brauchen, in möglichst großer Zahl und Wahllosigkeit, bei möglichst vielen »Events«, um uns überhaupt noch lebendig zu fühlen?

Der Weg der Wüstenväter (und aller Weisen in den letzten Jahrtausenden) verlief in genau entgegengesetzter Richtung, nämlich in die Stille hinein. In die Einsamkeit. In das Schweigen.

Wir *sind* allein. Und ohnmächtig (in letzter Konsequenz).

In der Übung können wir das erfahren. Unsere Gleichartigkeit zu allen Menschen, bei allen eingebildeten Unterschieden bezüglich »Rasse« und »Status«, »Intelligenz« und »Kreativität«. In der Übung können wir uns in dieser Vorstellung entspannen, erleichtern. Endlich einmal müssen wir nicht besser sein als die anderen, weder hübscher noch »interessanter«, schlagfertiger oder mutiger. Und bei vielen Menschen setzt mit diesem Ruhepunkt zum ersten Mal ein Gefühl von »Menschheit« ein. Ein Gefühl von »archetypischer« Gemeinsamkeit.

Und es löst sich die Angst vor dem Alleinsein. Vor dem Verlassensein.

»Einsamkeit entsteht nicht dadurch«, schreibt C. G. Jung, »dass man keine Menschen um sich hat, sondern vielmehr dadurch, dass man ihnen die Dinge, die einem wichtig erscheinen, nicht mitteilen kann oder dass man Gedanken für gültig ansieht, die den anderen als unwahrscheinlich gelten.« (154)

Aber der Weise akzeptiert selbst eine solche Verbannung, weil er sich auch darin mit vielen Verbannten der Erde (und der Geschichte) vereint weiß. Er ist von einem *Geheimnis* erfüllt, haben wir zu Beginn des Weges gelesen, und in diesem Wort steckt die entscheidende Wurzel: *Heim.*

»Zeitweilige Einsamkeit«, notierte Dostojewski, »ist für einen normalen Menschen notwendiger als Essen und Trinken.«

Wir können dem Leiden nicht ausweichen, sagen die Weisen. Es geht vielmehr darum, das Leiden zu tragen. Oder ansonsten »verschroben« zu werden. Phobisch, psychotisch, überempfindlich. Voller Widerstand und Ablehnung und Illusionen.

»In unserer Zivilisation sind Gefühle negativer Selbsteinschätzung weit verbreitet«, erklärt Thomas Keating. »Sie haben ihre Ursache in dem in früher Kindheit nur schwach entwickelten Selbstwertgefühl, was wiederum eine Folge unserer in höchstem Grad auf Konkurrenzkampf eingestellten Gesellschaft ist. Wer sich nicht durchsetzt, hat das Gefühl, in dieser Zivilisation wertlos zu sein. In der Ruhe der tiefen Versenkung sind wir dagegen eine neue Person, oder vielmehr, wir sind wir selbst.« (155)

In dem Moment, sagen die Weisen, in dem wir aufhören zu »jagen«, zu rennen und zu hetzen, in dem wir aufhören »wichtig« und beschäftigt zu sein, sondern einmal wirklich nur auf unseren vier Buchstaben sitzen – in dem Moment werden auch unsere verborgenen Süchte hochkriechen.

Weshalb wir wieder einmal nicht still bleiben können.

Aber auch in diesem Fall gilt: Wir dürfen unsere Süchte nicht verurteilen, sonst fühlen sie sich erst recht bedroht und herausgefordert. Genauso wenig sollten wir heroische Kampfstrategien planen, denn jeder Angriff mobilisiert nur weitere Verteidigungslinien.

Stattdessen könnten wir einen Waffenstillstand aushandeln und uns mit ihnen unterhalten. Getreu der alten Maxime: »Hinter jeder Sucht steckt eine Sehnsucht« sollten wir uns mit ihnen um ein Lagerfeuer versammeln und genaustens zuhören. Jede Einzelheit ist interessant. Also: Was zieht uns Abend für Abend in eine Kneipe, in einen Klub? Wonach sehnen wir uns, wenn wir dort »versacken«? Und wonach sehnen wir uns, wenn es immer noch ein Bier mehr wird? Und ein wahlloser Flirt.

»Es ist dieser verfluchte Job«, antwortet vielleicht eine leise Stimme. »Ich bin ein Niemand, es ist langweilig, ich werde nicht akzeptiert und stehe auf der Liste derjenigen, denen gekündigt werden soll … Aber in diesem Klub fühle ich mich wie ein anderer Mensch. Meine Witze sind beliebt, ich werde umschwärmt, das Bier löst meine Zunge, die Musik macht mich fröhlich, das Leben hat einen Sinn …«

Du bist kein Niemand. Aber das Trinken bringt uns nicht weiter.

Also: Was treibt uns an, dass wir schon eine Stunde vor dem offiziellen Arbeitsbeginn am Schreibtisch sitzen, um eine fällige Sache abzuschließen? Wonach sehnen wir uns, wenn wir noch eine Stunde nach Dienstschluss an weiteren Akten sitzen, um die nächste Sache vorzubereiten? Und wonach sehnen wir uns, wenn wir mit Schlafproblemen durch die Wohnung tigern, weil eine Kollegin ständig Mails von diversen Vorgesetzten erhält, während wir schon von der Sekretärin abgewimmelt werden?

»Es ist dieser verfluchte Job«, antwortet vielleicht eine leise Stimme. »Ich bin ein Niemand, ich fühle mich nutzlos und übergangen. Aber wenn ich mehr arbeite als die anderen, dann werde ich vielleicht wahrgenommen. Außerdem muss ich dann nicht mit mir alleine in der Wohnung sein. Ich ertrage mich selber nicht länger. Aber wenn ich mehr arbeite als die anderen, dann bekomme ich vielleicht eine Anerkennung.«

Du bist kein Niemand. Aber du suchst an der falschen Stelle.

Also: Warum greifen wir nach dem Abendbrot noch mal zur Schokoladenpackung? Wonach sehnen wir uns, wenn wir ziellos weiterschlingen, ohne noch ein Hungergefühl zu spüren? Und obwohl wir uns vor uns selbst ekeln. »Es ist dieses verfluchte Leben«, antwortet vielleicht eine leise Stimme. »Ich bin ein Niemand, voller Ärger

»Alles, was einem Bedürfnis ähnlich ist, hat die Eigentümlichkeit, dass man es viel weniger genießt, wenn man es hat, als es schmerzt, wenn man es entbehrt.«

und Wut, aber ich will das nicht spüren. Und ich fühle mich so verdammt einsam. Mein ganzer Körper verzehrt sich nach Liebe und Ekstase, stattdessen sitze ich in meiner Wohnung und glotze Fernsehen. Ich habe das Gefühl, alle anderen leben ein wunderbares Leben und ich kriege nichts davon mit. Ich habe Angst davor, zu kurz zu kommen ... Der volle Magen soll mich trösten.«

Du bist kein Niemand. Aber du solltest aufstehen und genießen lernen.

»Alles, was einem Bedürfnis ähnlich ist«, schrieb Wilhelm von Humboldt, »hat die Eigentümlichkeit, dass man es viel weniger genießt, wenn man es hat, als es schmerzt, wenn man es entbehrt.« Und die Liste der möglichen Süchte ist grenzenlos.

Auch wenn es so scheint, als ob Pornografie an Umsatzkraft und Medienmythos verliert, ändert es nichts daran, dass Sexualität weiterhin einen Spitzenplatz in der Suchtskala einnimmt. In ihr wuchert die Sehnsucht nach Lebendigkeit, nach Abenteuer, Rausch, Bestätigung, Ekstase – und nach einem verborgenen Sinn im Leben.

»Es ist ja nicht eine besondere Veranlagung zur Untreue«, erklärte Regisseur Dieter Wedel in einem Interview lapidar, als man ihn auf die sexuellen Eskapaden des Golfers Tiger Woods ansprach. »Es ist vielleicht die Unfähigkeit, Hotelzimmer am

Abend alleine zu ertragen.« Bei Woods sei es wohl das gleiche Problem wie bei ihm, sagte Wedel. »Da ist so'ne Verlorenheit, da ist plötzlich das Bedürfnis nach Nähe. Da ist sicherlich auch eine Anspannung, die man kompensieren will nach einem Turniertag. Ich kann mir das vorstellen, weil ich glaube, das ist nicht sehr viel anders, als nach einem Drehtag.« (156)

Sexualität ist heutzutage oft nicht länger ein geschützter Bereich intimer Liebe, sondern vielleicht eher eine Beschäftigungsmaßnahme. Es geht weniger um ein Einswerden mit dem geliebten Menschen, wie man das früher ausdrückte, sondern um ein Abreagieren, Flüchten, Fantasieren. (Kleiner Einschub: Interessanterweise haben »neurotische« Menschen oft eine äußerst geringe Hemmschwelle mit anderen Menschen »in die Kiste zu steigen«. Sie lassen niemanden an sich, an ihr »Herz« heran, aber sie haben keine Probleme damit, mit fremden Menschen »intim« zu werden. Es ist ihr Ziel niemandem wirklich zu begegnen und sich zu öffnen.)

Deshalb müssen wir uns auf dem Weg der Weisheit umso deutlicher die Frage stellen: Was ist unsere wirkliche, unsere tiefste Sehnsucht?

»Wir leben in einer Suchtgesellschaft«, schreibt Jürgen Leinemann. »Weil den meisten von uns das Wichtigste fehlt, das, was wir am meisten brauchen – innere Sicherheit, Glaube, Liebe, Zuversicht, Hoffnung –, weil wir das nicht haben, uns leer und unzufrieden fühlen, suchen wir Ersatz. Wir betäuben uns mit Arbeit, mit Reisen, mit Schallplatten, Computern, Handys, Sex. Es gibt nichts, was man nicht als Droge benutzen kann.« (157)

Einfach mal so stehen lassen, auch wenn diese Zusammenstellung möglicherweise ein bisserl platt klingt. Auf dem Weg der Weisheit (ganz wichtig) geht es schließlich nicht mehr darum

Meinungen zu produzieren, also bestehende Thesen zu kommentieren und gegebenenfalls zu berichtigen.

Tatsächlich leben wir in den Industrienationen seit mehreren Generationen in beispiellosem Wohlstand (Wirtschaftskrise hin oder her), die durchschnittliche Lebenserwartung hat sich auf einem Allzeithoch verfestigt. Aber gleichzeitig nimmt die Verbitterung und Frustration in der Bevölkerung weiter zu. Wenn man die statistische Zunahme an psychischen Erkrankungen (und Kurzschlusshandlungen) an einen Aktienindex koppeln könnte, würden wir im Geld schwimmen. Und was das alles hier auf Erden soll, scheint unklarer denn je. Befeuert noch von aktuellen Diskussionen über genetische Experimente, die uns offensichtlich den letzten Rest einer vermeintlichen menschlichen »Sonderstellung« madigmachen wollen.

Deshalb, sagen die Weisen, ist es so entscheidend, dass wir uns von derartigen Negationen abkoppeln. Und nur auf unseren Körper achten, auf das, was wir fühlen und spüren. Solange der Homo sapiens sich als Gattung nicht abschafft, ist *das* unsere einzige Realität und Wahrheit. In der Gegenwart.

Auf der Suche nach dem Geheimnis. Alleine.

»Ohne Einsamkeit kann es keine echten, wahrhaftigen Menschen geben«, erläutert John Bamberger im Gespräch mit Henri Nouwen. »Je mehr man entdeckt, was der Mensch als Person ist und welche Ansprüche eine menschliche Beziehung stellt, wenn sie tief und fruchtbar und eine Quelle des Wachstums und der Entfaltung bleiben will, desto mehr entdeckt man auch, dass man einsam ist – und dass das Maß der eigenen Einsamkeit zugleich das Maß ist, in dem man zu echter Gemeinschaft, zu Verbundenheit und Austausch fähig ist.« (158)

Deshalb, sagen die Weisen, ist es so entscheidend, dass wir uns von unseren Ansprüchen lösen. Denn nur wer verzichten kann, ist zum Genuss fähig. Interessanterweise stammt der »Verzicht« vom mittelhochdeutschen »Verziht« und meint: verzeihen. In der veralteten Rechtssprache heißt es: versagen. Der negative Beigeschmack, den der Verzicht bis heute hin mit sich trägt, war ursprünglich nicht gemeint. Erst seitdem es das Größte und Beste überhaupt zu sein scheint, zum Jetset zu gehören, ein Schloss mit Park und Personal und was sonst noch dazugehört, zu besitzen, gilt es umgekehrt als Tiefpunkt, wenn wir uns davon befreien sollen. (Wobei kein Weiser davon spricht, dass wir in Lumpen herumlaufen müssen. Jesus Christus beispielsweise wurde als »Fresser und Säufer« beschimpft.)

Aber wenn wir das Verzichten nicht lernen (»Alles und zwar sofort!«), bestärken wir bloß unsere Süchte. Und wir opfern unsere Willenskraft. Unser Leben.

Wohlgemerkt: Wir wollen genießen (lernen), es geht nicht um eine neue, schärfere Variante der Kasteiung. So mag die Forderung heroisch wirken, den Kauf von Silvesterraketen zu überdenken, weil so viele Menschen hungern – aber diese Menschen hungern trotzdem weiter, auch wenn wir kein Feuerwerk zünden. Bleibt es nur bei einem moralinsauren Appell, ohne den Armen zu essen zu geben, dann ist diese Form von (geiziger) Gedächtniskultur noch widerwärtiger, als jede Art des Prassens. Die Devise muss daher lauten: Brot und Böller. (In die gleiche Richtung zielt der altbekannte mütterliche Ansporn an ihre Kinder gefälligst den Teller leer zu essen, weil so viele Menschen auf der Welt dankbar über so ein Essen wären ...)

Wir wollen verzichten, um uns von unseren Süchten zu lösen.

Und dieser Anspruch hat wiederum eine globale Ausrichtung. Denn wir sind nicht nur »spirituell« miteinander verwoben, sondern auch »materiell«. Die Armseligkeit weiter Teile dieses Planeten ist verknüpft mit unserem Haben. Und wenn es denn stimmen sollte, dass unsere fossilen Ressourcen begrenzt sind, beziehungsweise dass wir eine neue Form des Energiehaushalts entwickeln müssen, dann können wir alleine in unserem Glashaus (voller Steine) nicht überleben.

Dann sind wir gezwungen, uns zu bescheiden.

Und in dem Moment, sagen die Weisen, in dem wir aufhören zu »jagen«, zu rennen und zu hetzen, in dem wir aufhören »wichtig« und beschäftigt zu sein, sondern einmal wirklich nur auf unseren vier Buchstaben sitzen – in dem Moment lieben wir auch die Bescheidenheit.

»Gewisse Erfahrungen können durch die Sprache vermittelt werden«, betont Elie Wiesel in einem Roman, »andere – tiefere – durch Schweigen; und schließlich gibt es Erfahrungen, die nicht vermittelt werden können, auch nicht durch Schweigen.« (Sein Gegenüber:) »Das macht nichts. Wer sagt denn, dass man Erfahrungen macht, um sie mitzuteilen? Man muss die Erfahrungen *leben*. Das ist alles. Und wer sagt denn, dass die Wahrheit dazu da ist, um enthüllt zu werden? Sie will gesucht werden. Das genügt. Angenommen, sie liege in der Schwermut verborgen, ist das ein Grund, sie anderswo zu suchen?« (159)

*Wovor du wegläufst und wonach du dich sehnst,
beides ist in dir selbst.*

Anthony de Mello

Zehnter Schritt: Die Träne

Fließt versöhnlich. Entspannend.

Es wäre zumindest wünschenswert.

Falls Gedanken an die Vergangenheit hochkommen, an all die Verletzungen, die uns zugefügt wurden (und die wir anderen zugefügt haben), vor allem wenn wir an all die Aktionen denken, die wir eigenwillig verbockt haben.

»Wenn man das rückgängig machen könnte ...«, sagen wir und sind schon wieder auf dem Sprung. Nur schnell weg von hier!

Viele von uns, sagen die Weisen, rennen durch ihr Leben und sie flüchten vor sich selbst. Dabei gibt es keinen Verfolger. Wir haben Angst (die wir mehr oder minder gut verstecken) vor allem und jedem, stellen uns aber nicht diesen Gefühlen, sondern spurten erst einmal weit davon. Wir waten oft bis zum Schaft in Schuldgefühlen, stellen uns aber nicht diesen Gefühlen, sondern beschleunigen nur noch mehr.

Dabei, betont Anthony de Mello, ist all das, wovor wir fliehen, längst in uns. Der einzig richtige Umgang damit besteht darin, dass wir bremsen und stehen bleiben. Und möglicherweise eine Träne fließen lassen. Um uns mit uns selbst zu versöhnen.

Wichtig: Nichts bereuen. Wirklich gar nichts.

Es geht nicht darum, das gutzuheißen, was geschehen ist. Im Gegenteil, wir sind sogar dazu herausgefordert begangene Fehler, wenn möglich, wieder »auszubügeln«.

Aber wichtiger ist es, sagen die Schriften, dass wir erst einmal stehen bleiben. Dass wir nicht weiter vor uns selbst davonlaufen.

Denn die Dinge sind geschehen. Es lässt sich jetzt nichts mehr daran ändern.

Also geht es darum, dass wir wieder leben. Und lieben. Ohne Ausnahme, weshalb wir auch auf die dunklen Abschnitte in unserem Leben schauen müssen, die wir so gerne abgeschnitten sehen würden. »Einer der größten Feinde der Kontemplation ist die innere Härte«, sagt Franz Jalics. »Sie ist wie ein verborgenes Virus, das man nicht leicht entdeckt, das aber die Meditation blockiert.« Der Weg der Weisheit verfolgt einen anderen Ansatz. »Er ist ein innerer und sanfter Weg. Er ist wie das Lauschen auf den Gesang der Vögel. Er ist so sanft, wie man mit einer Blume umgeht, die sich öffnet. Versucht man, sie gewaltsam und mit Härte zu öffnen, zerstört man sie. Sie braucht eine zarte Offenheit. Der Weg der Weisheit bedarf der Stärke des Menschen, der sich in feindlicher Umgebung nicht verschließt, weil er an die Liebe glaubt und vor notwendigen Schmerzen keine Angst hat.« (160)

Auch die sogenannten dunklen Abschnitte (Trennungen, Misserfolge, Krankheiten usw.) in unserem Leben sind ein Teil von uns.

All das, wonach wir uns sehnen (also nach Erfolg, nach Frieden, nach Stabilität, um nur die »vorzeigbaren« Dinge zu nennen), ist als entscheidender Teil unserer Gedanken lange schon Teil unseres Lebens. Die Sehnsucht nach Erfolg zum Beispiel ist kein Nebenprodukt ausgeklügelter Marketingstrategien. Ganz besonders gilt das für unsere Sehnsucht nach Liebe (auch sie ist ursprünglich kein Produkt aus Hollywood).

Als Übungsfeld: Wir sollten zukünftig eine gelungene Arbeit, die uns zu Recht stolz macht und die von allen Seiten gelobt wird, daraufhin abklopfen, ob diese positiven Gefühle nicht alle schon in uns vorhanden

»Früher war sogar die Zukunft besser.« waren? Ob wir also diese Glückshormone nicht auch ohne berufliche Prüfung produzieren können?

Dann nämlich (ohne den Erfolg zu schmälern) sind wir unabhängig von Schulterklopfereien und den lobenden Worten des Vorgesetzten. Und es ist nicht mehr wichtig, ob die Kollegen aus der Nachbarabteilung das mitbekommen haben oder schlimmer noch: uns weiterhin ablehnen. Weil wir auf ihre Anerkennung nicht mehr angewiesen sind (sie ist längst ein Teil unseres Lebens). Die Glückshormone zirkulieren dennoch.

»Früher war sogar die Zukunft besser«, sagte Karl Valentin.

Rückblickend gilt wahrscheinlich für die meisten von uns, dass das Leben nicht immer (manchmal sogar nicht einmal annähernd) so verlaufen ist, wie in unseren Pubertätsträumen erwartet. Es gab viele traurige Momente, die nicht vorgesehen waren und viele überraschende Einschnitte, die alles auf den Kopf gestellt haben. Vor allem besteht das Leben aus einer Kette von Enttäuschungen. Die erste Liebe hat (im Durchschnitt) nicht vor dem Traualtar geendet, sondern in Streit und Verachtung, und die zweite Liebe, der Beruf, besteht meist aus einer Vielzahl von Frustrationen. Ganz zu schweigen von den Momenten, die uns bis heute sprachlos zurücklassen, weil ein sogenannter Freund sein wahres Gesicht gezeigt hat.

Wichtig: Nichts bereuen. Wirklich gar nichts.

Auch wenn wir diesem »Freund« vertraut haben und bitterlich enttäuscht wurden und wir uns daraufhin geschworen haben niemals mehr einen Menschen so nah an uns heranzulassen. Mit diesem Vorsatz befinden wir uns nämlich pausenlos auf der Flucht. Der einzig richtige Umgang besteht darin, dass wir ausatmen und stehen bleiben. Und möglicherweise eine Träne fließen lassen. Um uns mit uns selbst zu versöhnen.

Immer wieder sprechen die Weisen davon, dass wir unsere inneren Wunden mit einem liebevollen Blick bedecken sollen, mit liebevoller Zuwendung. Und sie fordern uns heraus, mit dem gleichen Blick auf unsere Schwächen zu reagieren.

Erstaunlicherweise verwandeln sich alle diese Seelenkrater nur durch einen zärtlichen Blick. Niemals durch Härte. Aber wenn wir es schaffen unsere Enttäuschungen liebevoll zu beleben, dann können sie zum Auslöser für euphorisierende Glückshormone werden. Wir sind nicht fehlerlos, sagen die Schriften, und wir werden immer wieder neu verletzt werden. Aber zukünftig werden wir uns durch unsere Schwächen und Wunden nicht mehr aus dem Tritt bringen lassen. Stattdessen bedecken wir sie mit einem liebevollen Blick und überlegen, wie wir mit ihnen zusammen aus dem Leben lernen können. Ohne sie zu verachten oder zu hassen. Ohne mit einem Büßerhemd herumzulaufen, selbstanklagend, in Schuldgefühlen verloren und stets nur die eigene Schlechtigkeit vor Augen.

Wichtig: Nichts bereuen. Wirklich gar nichts.

Wir müssen uns vielmehr mit unserem Leben versöhnen. Mit allen Tälern und Wüsten. Mit allen Umwegen und Einbahnstraßen.

Es gibt nicht wenige Menschen, die stattdessen mit ihrer Biografie hadern und noch im hohen Alter davon erzählen, wie sich ihr Leben hätte entwickeln können, wenn sie mit zwanzig Jahren auf das verlockende Angebot eines Fremden eingegangen wären. Oder wenn sie eben ein anderes Angebot besser ausgeschlagen hätten. Selbstverständlich wären sie dann alle heute reich und berühmt und glücklich und zufrieden. Aber weil das Leben so böse zu ihnen war, können sie nicht davon lassen zu granteln, zu sticheln, zu stänkern und zu verfluchen.

»Eine der wichtigsten Einsichten«, sagt Martina, »die ich erleben durfte, war der Punkt, zu mir selber zu stehen. Trotz allem, was passiert ist. Gerade, weil das alles passiert ist. Ich wollte immer eine selbstbewusste, kluge, wunderschöne, humorvolle, erfolgreiche, tolle Frau sein – und bin heute eine ehemalige Insassin einer psychiatrischen Klinik. Ich trage sogar immer noch die gleiche Frisur, seit zwanzig Jahren. Aber ich mag mich damit. Sehr sogar!«

»Versöhnung« stammt von der mitthochdeutschen Versühnung, und »Sühne« wiederum hat eine althochdeutsche Wurzel, die »beschwichtigen und still machen« möchte.

Letztlich steckt in der Versöhnung also wieder: Ruhe.

Wir akzeptieren unsere Täler und Wüsten, wir beschwichtigen alle Ankläger (in unserem Herzen). Und werden still.

So ist das Leben. »Die zehntausend Dinge steigen auf und fallen unaufhörlich.«

Vor allem: So ist das Leben bei allen Menschen. Es gibt keinen Weisen ohne Krise, der nicht gefallen, gestrauchelt wäre und dessen Leben nicht aus der Bahn gerissen wurde.

Wir müssen uns also mit unserem Leben versöhnen, sagen die Schriften, und uns einverstanden erklären mit jeder einzelnen Einbahnstraße.

»Man gibt immer den Verhältnissen die Schuld«, notierte George Bernard Shaw, »für das, was man ist. Ich glaube nicht an die Verhältnisse. Diejenigen, die in der Welt vorankommen, gehen hin und suchen sich die Verhältnisse, die sie wollen, und wenn sie sie nicht finden können, schaffen sie sie selbst.«

In dem Moment, sagen die Weisen, in dem wir aufhören unser Leben zu verurteilen, sind wir plötzlich auch in der Lage die Menschen um uns herum zu versöhnen. Umgekehrt, sagen die Schriften, zeigt sich immer wieder, dass Menschen, die sich nicht »still gemacht« haben, auch um sich herum Krach und Lärm hinterlassen, und dass Menschen, die sich »nicht beschwichtigt« haben, um sich herum Streit und Hass produzieren.

Es geht dabei nicht darum, zu allem und jedem »Ja und Amen« zu sagen. Es geht nicht darum, alles gut zu finden und ansonsten die Klappe zu halten.

»Das war lange Zeit mein großes Problem«, erzählt Martina, »weil ich als Kind glaubte, daran schuld zu sein, wenn sich meine Eltern stritten. Das hat mich völlig aus der Bahn geworfen, weil sich beide danach auch nicht um mich kümmerten und mich alleine ließen. Bis zu meinem Klinikaufenthalt hat es mir den Boden unter den Füßen weggerissen, wenn mein Partner oder eine Freundin einmal lauter wurde und sich aufregte. Für mich war das gleichbedeutend mit Trennung. Jede Form von Konflikt hieß für mich Trennung und damit Liebesverlust. Dann habe ich sofort klein beigegeben, obwohl das gar nicht nötig war. Meinen Partner damals hat das sogar noch mehr auf die Palme gebracht, denn er wollte über etwas reden, das ihn störte und nicht, dass ich sofort alle Schuld auf mich nehme. Aber ich konnte nicht anders. Das habe ich erst in der Therapie gelernt, dass zwei Menschen unterschiedliche Standpunkte haben können.«

Und auch hier gilt: Nichts bereuen. Wirklich gar nichts.

Es gibt ein häufig benutztes Bild, das trotzdem noch nichts von seiner Eindringlichkeit verloren hat. Die Menschheit bildet demnach ein großes Orchester mit verschiedensten Instrumenten (wobei jeder Mensch ein eigenes Instrument darstellt). Die Tuba ist größer und glitzernder, als die kleine Piccoloflöte (die dafür ungleich schriller ist), die Geige gebärdet sich virtuoser als der Kontrabass. Aber erst im Zusammenklang entsteht Musik. Kein Instrument darf fehlen.

Erst im Zusammenklang ergibt sich: Harmonie.

Das griechische Wort Harmonia heißt dabei eigentlich »Fügung«. In der antiken Philosophie war die Seele die »Harmonie des Leibes«. Fügen wir uns also in die Gegensätze unseres Charakters, in das unverwechselbáre Gemisch aus Verletzungen, Empfindlichkeiten, Talenten, Stärken und Schwächen. Und fügen wir diese Gemengelage zu einem harmonischen Ganzen zusammen.

Um dem Orchester einen unverwechselbaren (meint: unseren) Klang beizufügen.

Bis Ein-Klang herrscht.

In diesem Akkord, wenn alle Stimmen sich einander fügen, entsteht Harmonie vor allem aus den Dissonanzen und Überlappungen. Ein kleines »c« im Bass verlangt nach dem »e« im Holz, um zu wirken. Und wird ergänzt durch ein reibendes »f« in allen Tonlagen und Stimmführungen. Himmlisch! Aber erst im Gesamtgefüge ergibt sich das erhebende Gefühl.

Falls Gedanken an die Vergangenheit hochkommen, an all die Verletzungen, die wir anderen zugefügt haben (und die uns zugefügt wurden), vor allem wenn wir an all die Aktionen denken, die wir eigenwillig verbockt haben – ist es wichtig vergesslich zu werden. Um genau diese verletzten Gedanken an der Niederkunft zu hindern.

Erst einmal klingt das natürlich falsch.

Denn Vergesslichkeit nervt. Zumindest, wenn es darum geht, sich an einem festgelegten Platz zu treffen und wir dort dann alleine auflaufen und Minute um Minute durch den Regen waten. Und niemand kommt ... Oder es nervt, wenn wir krank im Bett liegen und einen Freund bitten, uns ein Medikament aus der Apotheke zu besorgen. Und er lässt sich einfach nicht blicken.

Aber das ist nicht gemeint. Die Weisen sprechen von der wohltuenden Kraft der Vergesslichkeit, wenn wir spüren, dass uns ein Freund eine verpatzte Verabredung nicht übel nimmt. Er will nicht mal eine Entschuldigung. Da rumort auch nichts »im Verborgenen« (denn es gibt diese Menschen, die zwar ein Missgeschick lächelnd abtun, aber in Wahrheit tief gekränkt sind oder sogar auf Rache sinnen).

Als Übungsfeld: Wir sollten zukünftig alles und jedes vergessen – solange es sich um sogenannte »Fehler« anderer Menschen handelt. (Keine Termine versteht sich)

Und zwar restlos. Ohne Speichervorgang im Haupthirn.

Ansonsten müllen wir unser Gedächtnis mit Fakten voll, die uns dazu zwingen wieder und wieder bei dieser »einen Sache«, diesem »einen Abend«, diesem »einen Wort« zu verharren. Als hätte die Lebens-DVD einen Sprung. Was als Nebeneffekt auch dazu führt, dass unser Denken und Streben plötzlich fremdbestimmt wird, weil wir in der Gegenwart dieses Menschen nur noch eingeschränkt leben können (was in der Potenzierung, bei einem größeren Bekanntenkreis zu »quasi« autistischen Verhaltensweisen führt). Nebst lebenslanger Wundflüssigkeit. Denn jedes Mal, wenn wir diesen Menschen auch nur von Weitem sehen, frisst sich das »eine Wort«, das uns so empfindlich getroffen hat, in die frisch verheilte Wunde und reißt die Verletzung erneut auf. Manchmal (besonders tückisch) nistet sich diese »eine Sache« auch unabhängig von der körperlichen Präsenz des anderen in unseren Gedanken fest und verschafft sich Bedeutung. Bis es wie ein Tumor wuchert.

Deshalb: Sollten wir zukünftig alles und jedes vergessen.

Wobei es sich hierbei um eine Übung, um eine Aufgabe handelt. Vergesslichkeit darf dauern. Es geht nicht darum, eine unverheilte Wunde sich selbst zu überlassen. Vergesslichkeit ist die Endstufe der Liebe, nicht der Türöffner.

Denn manchmal schmerzt diese »eine Sache«, dieser »eine Abend«, dieses »eine Wort« so sehr, dass es nur zu neuen Infektionen führen würde, wenn wir die Wunde nicht verarzteten (sehr effektiv mit Tränenflüssigkeit). Aber gleich danach sollte es darum gehen uns von diesen »Dingen« zu lösen.

Ohne Hintertür (Rache), ohne Notausgang (Verbitterung).

Sodass wir irgendwann bereitwillig an diese Wunden und Wüsten zurückdenken und sie als wichtigen Abschnitt unseres Lebensweges gutheißen können.

Bis wir uns letztlich sogar selbst vergessen können.

In der Gegenwart, im Augenblick und nicht mit den Gedanken, den Augen, den Wünschen schon wieder auf dem Sprung. Beim Essen, beim Trinken, beim Küssen und nicht mit den Gedanken, den Augen, den Wünschen schon wieder beim morgigen Tag. Im Gespräch (aufmerksam) und nicht mit den Überlegungen schon wieder in heillosen Vermutungen (was der andere in Wahrheit mit diesem Gespräch bezwecken mögen könnte).

Nur wenn wir uns selbst vergessen, sagen die Weisen, davon lassen nachzufassen, wie wir wirken (und wie diese Wirkung sich auswirken möge), sind wir wirklich gegenwärtig.

Und damit *ganz.*

Warte auf das Wunder —
wie der Gärtner auf das Frühjahr.

Antoine de Saint-Exupéry

Nachwort

Wir denken immer wieder fälschlicherweise, ein Weiser müsse vor allem cool sein. Also steht uns dieses Ideal vor Augen, überlegen, unnahbar, unangreifbar zu wirken.

Deshalb wollen wir auch unsere Wunden verdecken.

Niemand soll sehen, was uns früher einmal verletzt hat, und niemand soll erfahren, was der Auslöser dafür war. Alles andere wäre eine Form von Schwäche, denken wir, und Schwäche gilt als untragbar.

Vor allem, weil wir unbewusst davon überzeugt sind, dass »die anderen« unsere Schwächen gnadenlos ausnutzen würden, um auf uns herumzutrampeln und uns zu demütigen.

Erstaunlicherweise gilt genau der Umkehrschluss. In dem Moment, in dem wir uns öffnen, in dem wir unsere Verletzungen und »Fehler« ohne Hintergedanken ausbreiten, zeigt sich, dass Menschen vor allem dankbar reagieren. Und gleichfalls von ihren Wunden und Verletzungen sprechen. Und dass sie sich nicht über unsere Schwächen hermachen.

Stattdessen funktioniert zum ersten Mal ein unverfälschter Dialog.

»Es ist nicht weise zu sicher über seine eigene Weisheit zu sein«, schrieb Mahatma Gandhi. »Es ist gesund daran erinnert zu werden, dass die Starken schwach werden und die Weisen sich irren.« (161)

Natürlich gibt es Menschen und Momente, bei denen es besser ist, eher weniger von sich preiszugeben. Aber in den meisten Fällen wirken Wunden Wunder.

In diesem Sinne möchte ich die Schilderung einer (weisen) Frau hervorheben, die in einem Kinderhospiz arbeitet. »Diese kranken Kinder sind hier auf unserer Welt. Sie leben, sie haben Zukunft – so kurz die auch sein mag. Deshalb zählt hier der Moment, immer wieder zählt der einzelne Moment.«

Diese Haltung, die sie durch die Arbeit im Hospiz gewonnen hat, hat sie auch persönlich verändert. »Ich habe selbst zwei gesunde Kinder. Dafür bin ich viel dankbarer als früher. Und ich habe mir abgewöhnt, mir ständig Gedanken um ihre Zukunft zu machen.

Heute denke ich: Was kommt, das kommt.« (162)

Quellen

S. 5: Helge Timmerberg in: Berliner Morgenpost, 29.10.06

1 Wittgenstein, 1984
2 Bibel (Buch der Weisheit, 7, 22–24)
3 Augustinus, 2010
4 Hosseini, 2007
5 Hosseini, 2007
6 Wittgenstein, 1984
7 Dostojewski, 2004
8 Erdheim in: Assmann, 1990
9 Erdheim, 1990
10 Hosseini, 2007
11 Rilke, 1937
12 in: Panikkar, 2002
13 Panikkar, 2002
14 in: Süddeutsche Zeitung, 21.12.2009
15 Schloemann, 2009
16 Hosseini, 2007
17 Haug, in: Assmann, 1990
18 Hosseini, 2007
19 Dickinson in: Femers, 2007
20 Wittgenstein, 1984
21 Hosseini, 2007
22 Gandhi, 2006
23 Schoen, 1996
24 in: Shibayama, 2000
25 Hell, 2007
26 Hell, 2007
27 Hell, 2007
28 Hell, 2007
29 Schoen, 1996

30 Schoen, 1996
31 Amichai, 1998
32 Gandhi, 2006
33 Spaemann, 1997
34 Spaemann, 1997
35 Spaemann, 1997
36 Aitken, 1989
37 Hell, 2007
38 Hell, 2007
39 Aitken, 1989
40 May, 1993
41 May, 1993
42 May, 1993
43 May, 1993
44 May, 1993
45 Cornelius, 2005
46 Nouwen, 2004
47 Grün, 2008
48 Cornelius, 2005
49 Nouwen, 2004
50 Grün, 1987
51 Thich Nhat Hanh, 2006
52 Schoen, 1996
53 Seneca, 2007
54 Chapman, 2003
55 Diadochus, 2008
56 Nouwen, 2004
57 Nouwen, 2004
58 Cornelius, 2005
59 Schoen, 1996
60 Nouwen, 2004
61 Schoen, 1996
62 in: Assmann, 1990
63 Keating, 1983
64 Cornelius, 2005
65 Aitken, 1989

66 Aitken, 1989
67 Grün, 2008
68 Schoen, 1996
69 Aitken, 1989
70 Nouwen, 2004
71 in: Assmann, 1990
72 Aitken, 1989
73 Tao te King (= Lao tse), 2006
74 Schoen, 1996
75 Schoen, 1996
76 Maezumi, 2002
77 Schoen, 1996
78 Gandhi, 2006
79 Gandhi, 2007
80 Aitken, 1989
81 Wittgenstein, 1984
82 Gandhi, 2007
83 Schoen, 1996
84 Grün, 2008
85 Heidegger, 2003
86 Brecht, 1986
87 Thich Nhat Hanh, 2009
88 Gandhi, 1993
89 Pirsig, 1989
90 Hosseini, 2007
91 Hosseini, 2007
92 in: Schulz, 1969
93 in: Gründer, 1971
94 Jung, 1984
95 Jalics, 2009
96 Goethe, 2000
97 in: Hosseini, 2007
98 Fromm, 1966
99 Blake, 2007
100 Blake, 2007

101 Aitken, 1989
102 in: Jäger, 2007
103 Keating, 1983
104 Buber, 1995
105 Bultmann, 1993
106 Cornelius, 2005
107 Eckhart, 1991
108 Eckhart, 1991
109 Neundorfer, 2007
110 Neundorfer, 2007
111 Maslow, 1982
112 Indische Märchen, 1972
113 in: Süddeutsche Zeitung, 16.03.2010
114 in: Westfälische Rundschau, 27.03.2010
115 Moser, 1986
116 Gryphius, 2006
117 C. G. Jung, 1984
118 Aitken, 1989
119 Suzuki, 2008

120 Aitken, 1989
121 in: Herbstrith, 1996
122 Grün, 2008
123 Eckhart, 1979
124 Aitken, 1989
125 Aitken, 1989
126 C. G. Jung, 1984
127 Nouwen, 2004
128 C. G. Jung, 1984
129 Keating, 1983
130 Eckhart, 1991
131 Bunge, 1999
132 Bunge, 1999
133 Keating, 1999
134 in: Jäger, 2007
135 Jäger, 2007
136 Keating, 2003
137 Neundorfer, 2007
138 Aitken, 1989
139 Keating, 2003
140 Keating, 2003
141 Keating, 2003
142 Jalics, 2009

143 Keating, 2003
144 Keating, 2003
145 Cornelius, 2005
146 Hell, 2007
147 www.erzabtei.de/antiquariat/Benediktusregel.html
148 Grün, 2008
149 Nouwen, 2004
150 Cornelius, 2005
151 Grün, 2008
152 Yalom, 2008
153 C. G. Jung, 1984
154 C. G. Jung, 1984
155 Keating, 2003
156 bild.de 11.01.2010
157 Leinemann, 2005
158 Nouwen, 2004
159 Wiesel, 1994
160 Jalics, 2009
161 Gandhi, 2007
162 Westfälische Rundschau, 10.02.2010

Literaturverzeichnis

Adler. Alfred: Der Sinn des Lebens. Fischer Verlag, 1989
Aitken, Robert: Ethik des Zen. Diederichs Verlag, 1989
Amichai, Jehuda: Zeit. Suhrkamp Verlag, 1998
Ariès, Philippe: Geschichte des privaten Lebens. Fischer Verlag, 1989
Assmann, Aleida (Hg.): Weisheit, Archäologie der literarischen
    Kommunikation. Fink Verlag, 1990
Augustinus: Bekenntnisse. dtv Verlag, 2010
Avila, Teresa von: Die innere Burg, Diogenes Verlag, 2006
Bach, George R.: Ich liebe mich, ich hasse mich. Rowohlt Verlag, 1989
Bernanos, Georges: Tagebuch eines Landpfarrers, Johannes Verlag, 2009
Blake, William: Zwischen Feuer und Feuer. Dtv, 2007
Borsche,Tilman: Wilhelm von Humboldt. Beck'sche Reihe, 1990
Brecht, Bertolt: Buckower Elegien. Suhrkamp Verlag, 1986
Buber, Martin: Ich und Du. Reclam Verlag, 1995
Bultmann, Rudolf: Glauben und Verstehen, Band 1. J. C. B. Mohr, 1993
Bunge, Gabriel: Irdene Gefäße. Verlag der christliche Osten, 1999
Capra, Fritjof: Der kosmische Reigen. O. W. Barth Verlag, 1983
Chang, Johan: Das Tao der Liebe. Rowohlt Verlag, 1991
Chapman, Gary: Die andere Seite der Liebe. Brunnen Verlag, 2003
Cornelius, Michael: Die Weisheit der Wüstenmönche. Heyne Verlag, 2005
Dalai Lama: Der Weg zum Glück. Herder Verlag, 2002
Dalai Lama: Weisheit erkennen. O. W. Barth Verlag, 2007
De Bono, Edward: Laterales Denken für Führungskräfte. Rowohlt Verlag, 1982
Dostojewski, Fjodor Michailowitsch: Die Brüder Karamasow. Patmos Vlg, 2004
Dürckheim, Karlfried Graf: Meditieren. Herder Verlag, 1976
Dürckheim, Karlfried Graf: Hara. O. W. Barth Verlag, 1983
Elias, Norbert: Über den Prozess der Zivilisation. Suhrkamp Verlag, 1977
Femers, Susanne: Die ergrauende Werbung. Verlag für Sozialwiss., 2007
Flusser, Vilém: Dinge und Undinge. Hanser Verlag, 1993
Flusser, Vilém: Die Geschichte des Teufels. European Photography Verlag, 1993
Foucault, Michel: Der Mensch ist ein Erfahrungstier. Suhrkamp Verlag, 1996
Forschner, Maximilian: Thomas von Aquin. C. H. Beck Verlag, 2006
Forschner, Maximilian: Die stoische Ethik. Wissenschaftliche Buchges., 1998
Frankl, Viktor E.: Das Leiden am sinnlosen Leben. Herder Verlag, 1987
Freeman, Arthur-DeWolf, Rose: Die 10 dümmsten Fehler kluger Leute.
    Piper Verlag, 2002
Fridell, Egon: Kulturgeschichte Griechenlands. Dtv Verlag, 1981

Fromm, Erich: Psychoanalyse und Religion. Diana Verlag, 1966
Gandhi, Mahatma: Denken mit Mahatma Gandhi. Diogenes Verlag, 2006
Gandhi, Mahatma: Mein Leben. Suhrkamp Verlag, 2007
Gandhi, Mahatma: Sarvodaya. Hinder + Deelmann Verlag, 1993
Gay, Peter: Erziehung der Sinne. C. H. Beck Verlag, 1986
Giebel, Marion: Seneca. Rowohlt Verlag, 1997
Gladwell, Malcolm: Überflieger. Campus Verlag, 2009
Goethe, J. W.: West-östlicher Divan, Manesse Verlag, 2000
Grün, Anselm: Der Himmel beginnt in dir. Herder Verlag, 2008
Grün, Anselm: Einreden. Vier Türme Verlag, 1987
Gründer, Konrad (Hrsg.): Wort und Sinn, Schöningh Verlag, 1971
Gryphius, Andreas: Gedichte. Reclam Verlag, 2006
Harp, David: Meditieren in drei Minuten. Rowohlt Verlag, 1997
Heidegger, Martin: Sein und Zeit. Rowohlt Verlag, 1986
Heidegger, Martin: Gelassenheit. Klett-Cotta Verlag, 2003
Hell, Daniel: Die Sprache der Seele verstehen. Herder Verlag, 2007
Hemmerle, Klaus: Aus den Quellen leben. Herder Verlag, 1983
Herbstrith, Waltraud: Aufbruch nach innen. Verlag Neue Stadt, 1996
Hesse, Herrmann: Siddhartha. Suhrkamp Verlag, 1998
Höffe, Otfried: Aristoteles. Lesebuch. A. Francke Verlag, 2009
Höffe, Otfried: Immanuel Kant. C. H. Beck Verlag, 2007
Holmsten, Georg: Jean-Jacques Rousseau. Rowohlt Verlag, 2005
Hosseini, Malek: Wittgenstein und Weisheit. Kohlhammer Verlag, 2007
Hossenfelder, Malte: Epikur. C. H. Beck Verlag, 2006
Huxley, Aldous: Eiland. Piper Verlag, 1995
Indische Märchen. Fischer Verlag, 1972
Jäger, Willigis: Westöstliche Weisheit. Theseus Verlag, 2007
Jalics, Franz: Kontemplative Exerzitien. Echter Verlag, 2009
Jaspers, Karl: Was ist Philosophie? Dtv Verlag, 1980
Jung, Carl Gustav: Gesammelte Werke. Walter Verlag, 1984
Jung, Carl Gustav: Erinnerungen, Träume, Gedanken. Olten Verlag, 1984
Keating, Thomas: Das Gebet der Sammlung. Vier Türme Verlag, 1983
Kierkegaard, Sören: Ausgewählte Texte. Goldmann Verlag, 1988
King, tao te: Das Buch des alten Meisters. Anaconda Verlag, 2006
Le Goff, Jacques: Der Mensch des Mittelalters. Campus Verlag, 1989
Leinemann, Jürgen: Höhenrausch. Heyne Verlag, 2005
Marcuse, Ludwig: Philosophie des Glücks. Diogenes Verlag, 1972
Maslow, Abraham: Psychologie des Seins. Kindler Verlag, 1982
Maezumi, Taizan: Erleuchtung, was ist das? O. W. Barth Verlag, 2002
May, Gerald: Sehnsucht Sucht und Gnade. Claudius Verlag, 1993

Meister Eckhart: Deutsche Predigten und Traktate. Diogenes Verlag, 1979
Meister Eckhart: Mystische Schriften. Insel Verlag, 1991
Moser, Bruno: Bilder, Zeichen und Gebärden. Südwest Verlag, 1986
Neundorfer, Hannjürg: Ich werde euch aufatmen lassen. Unitas Verlag, 2007
Nouwen, Henri J. M.: Ich hörte auf die Stille. Herder Verlag, 2004
Nietzsche, Friedrich: Menschliches, Allzumenschliches. Anaconda Verlag, 2006
O'Connor, Peter: Innere Welten. Rowohlt Verlag, 1988
Panikkar, Raimon: Einführung in die Weisheit, Herder Verlag, 2002
Pirsig, Robert M.: Zen und die Kunst, ein Motorrad zu warten. Fischer Verlag, 1989
Platon: Apologie des Sokrates. Reclam Verlag, 1986
Pontikus, Evagrius: Praktikos. Vier Türme Verlag, 1997
Ratzinger, Joseph Kardinal: Salz der Erde. Heyne Verlag, 1996
Riemann, Fritz: Grundformen der Angst. Reinhardt Verlag, 2003
Rilke, Rainer Maria: Briefe aus Muzot, Insel Verlag, 1937
Roshi, Yamada Koun: Die torlose Schranke, Kösel Verlag, 2004
Rucker, Rudy: Wunderwelt der vierten Dimension. Scherz Verlag, 1988
Russel, Bertrand: Die Analyse des Geistes. Meiner Verlag, 2004
Sapientia Romanorum: Weisheiten aus dem alten Rom. Reclam Verlag, 2008
Schoen, Stephen: Wenn Sonne und Mond Zweifel hätten. Peter Hammer Verlag, 1996
Schulz, Hans Jürgen (Hrsg.): Wer ist das eigentlich, Gott? Kösel Verlag, 1969
Seneca: Über die Wut. Reclam Verlag, 2007
Sennet, Richard: Civitas. Fischer Verlag, 1994
Shibayama, Zenkei: Eine Blume lehrt ohne Worte. O. W. Barth Verlag, 2000
Spaemann, Heinrich: Er ist dein Licht. Herder Verlag, 1992
Staudinger, U. M., & Baltes, P. B.: Weisheit als Gegenstand psychologischer
Forschung. Psychologische Rundschau, 1996
Störig, Hans Joachim: Weltgeschichte der Philosophie. Kohlhammer Verlag, 1980
Suzuki, Shunryu: Zen-Geist. Theseus-Verlag, 2008
Thich Nhat Hanh: Lächle deinem eigenen Herzen zu. Herder Verlag, 2009
Thich Nhat Hanh: Umarme deine Wut. Theseus Verlag, 2006
von Photike, Diadochus: Die Gabe der Unterscheidung. Echter Verlag, 2008
vom Scheidt, Jürgen: Der Weg ist das Ziel. Knaur Verlag, 1989
Wiesel, Elie: Geschichten gegen die Melancholie. Herder Verlag, 1994
Wiesel, Elie: Die Nacht zu begraben, Elischa. Ullstein Verlag, 2004
Wilber, Ken: Wege zum Selbst. Goldmann Verlag, 2008
Wilhelm, Richard: I Ging. Diederichs Verlag, 2002
Wilhelm, Richard: Lao-Tse und der Taoismus. Frommann Holzboog Verlag, 1987
Wittgenstein, Ludwig: Werkausgabe, Suhrkamp Verlag, 1984
Wolf, Doris & Merkle, Rolf: Gefühle verstehen. PAL Verlag, 2001
Yalom, Irvin D.: In die Sonne schauen. btb Verlag, 2008

**Das ganze Leben
ist ein Quiz?
Dann schauen wir
doch mal hinter
die Kulissen!**

PETER WIESMEIER

Ich war Günther Jauchs Punching-Ball!

Ein Quizshow-Tourist packt aus.

SOLIBRO KLARSCHIFF

Peter Wiesmeier ist erfolgreicher „Quiz-Tourist" – von Gottschalk im Radio bis zu Jauch im TV, von ZDF bis RTL.

Was ist das für eine Unterhaltungsmaschinerie, die jede Woche Kandidaten castet, vorführt, beschenkt oder abserviert? Wie bereiten Sie sich am Besten vor? Dieses Buch gibt viele wertvolle Tipps!

Ob mit einer Nullnummer oder dem besten Ergebnis in der Geschichte von „Der große Preis": Wiesmeier erzählt mit viel Ironie vom ganz normalen Wahnsinn unserer TV-Realität.

Peter Wiesmeier:
**Ich war Günther Jauchs
Punching-Ball! Ein Quiz-
show-Tourist packt aus.**
Münster: Solibro Verlag 2010
[Klarschiff Bd. 2]
ISBN 978-3-932927-45-4
Broschur • 240 Seiten

mehr **Infos & Leseproben:**
www.solibro.de

Das erste Buch für Männer, die sich mit Zicken einlassen. Und für Frauen, die unter Zicken leiden.

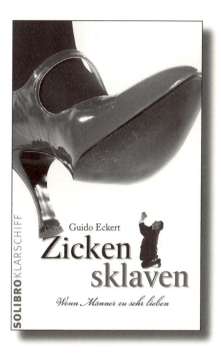

Erstmals erklärt ein Buch, was genau in den Köpfen von Zicken vorgeht. Jenen Wesen, die mehr und mehr zum dominanten Ideal moderner Weiblichkeit werden – und in so mancher (Männer-) Seele Spuren der Verwüstung hinterlassen.

Es wurde Zeit für ein Buch, das das Weltbild und die Strategien moderner Zicken entlarvt.

Karrierefrau als Schönheitsideal, *Kalte Sexualität* oder *Schleichende Unterwerfung des Mannes* sind nur einige brisante Aspekte, die dieses Buch beleuchtet.

Guido Eckert:
Zickensklaven.
Wenn Männer zu sehr lieben.
Münster: Solibro Verlag 2009
[Klarschiff Bd. 1]
ISBN 978-3-932927-43-0
Broschur • 256 Seiten

mehr **Infos & Leseproben:**
www.solibro.de